ソーシャルワーカーのための研究ガイドブック

実践と研究を結びつけるプロセスと方法

日本ソーシャルワーク学会＝監修

中央法規

はじめに

日本ソーシャルワーク学会
会長　小山　隆

　日本ソーシャルワーク学会の監修になる『ソーシャルワーカーのための研究ガイドブック』が、上梓の運びとなった。本学会は前身である日本社会福祉実践理論学会の活動初期から、「学的蓄積」への努力だけでなく、その蓄積を広く世に問い、便に供するという姿勢を大切にしてきた。具体的には、複数の辞典や事例集を発行している。学会が書物を出すという試みとしては、早い段階のものであったように思う。

　しかしながら、ソーシャルワークに限らず福祉領域では、「研究者」と「実践家」の連携が必ずしも円滑に進んでいないように思える。実践家にとって研究論文は、しばしば「役立たない」し「難しい」。また研究者が、アンケートやインタビューへの協力の要請といった形で実践サイドに（一方的に）負荷をかけてくることにも現場（実践家）は疲弊している。これら実践と研究の対立的または不均衡とも見える状況に対する1つの答えが、実践家が自らの実践を対象とし自身の関心事項について研究していくというあり方＝「実践家による研究」の推進である。本書はここ（実践家による研究）を1つの大きな目標とした。

　具体的には全体を三部構成とし、第Ⅰ部では、疑問をもつことの大切さ、研究にあたって知っておくべきことなど、研究の「基礎」的な事柄について論じた。第Ⅱ部では、これから研究しようとする人たちが研究の実際をイメージできるように、研究デザインから、データ収集、分析、考察といったプロセスに従って記述を進めた。そして第Ⅲ部ではできるだけ多様な研究のあり方を知ってもらうために、各執筆者が自身の実際の論文をもとに具体的な研究法等を紹介している。

　福祉領域で「研究法」に関する本は何冊かみられるが、現職のソーシャルワーカーを主要な読者層として全編の構想を行った本書は類をみないのではないだろうか。これが本書の第一の特徴である。また第二の特徴としては、各執筆者が極力実際の論文を紹介し、また具体的な思考のプロセスを開陳するように努めていることがあげられる。

　もちろん、実践家だけでなく院生など若手研究者にも役立つ内容になっている。これから研究を始める人たちにとっての参考書になることを願っている。

　執筆者全員、なかでも編集委員の強い熱意によって本書はできた。関係者の皆さんに感謝したい。

　また、中央法規出版第一編集部の野池隆幸さんには、構想から完成に至るまですべての面で全面的に支えていただいた。最後になるが特別な感謝を表したい。

Contents

はじめに i
読み方ガイド vi

第 I 部 研究の基礎

第 1 章 研究することの大切さ

1 実践のなかで疑問をもとう—問いへと開かれる研究 4
- 自明としていることに埋もれている課題 4
- 問いを発することと私—2種類の問い— 5
- 問いを明確化する—先行研究とのかかわりから— 6

2 疑問をどのように解決すればよいのだろう 8
- 疑問（問い）の整理 8
- 疑問（問い）の解決方法を知る 9
- 問いを解決する方法の種類 10

3 現場実践者が研究することはなぜ大切なのだろう 13
- 研究と実践の役割分担—研究成果の利用者としての実践家— 13
- 研究と実践の共同—研究協力者としての実践家— 14
- 研究と実践の統合—研究者としての実践家— 15
- 実践報告と実践研究 16

第 2 章 研究活動にはどのようなものがあるのか

1 研究活動とは何か 20
- 何かを知りたい 20
- 明らかにするとは、どういうことか 21
- ソーシャルワークにとっての研究活動とは 22

2 研究活動の実際とはどのようなものか 25
- 現場での実践における気づきから研究活動へ 25
- 実践者の研究活動を支えるもの 26
- 実践における気づきを研究活動に発展させるポイント 27
- 研究活動の成果と発表について 28

第 3 章 研究ができる環境をつくろう

1 いつどこで誰と研究を行うのか 30
- 個人研究の場合 31
- 共同研究の場合 32
- さまざまな研究活動の組み合わせと留意点 32

2 研究資源を活用しよう 34
- 研究資源とは 34
- 研究の機会 34
- 研究にあたって指導してくれる人 35

- 文献・研究情報収集 ……………………………………………………………… 36
- 研究資金の確保 …………………………………………………………………… 36
- 現場で働くソーシャルワーカーが実践研究を行う際の研究資源活用例 ……… 37

第Ⅱ部 研究プロセスの実際

第4章 研究をデザインしよう

1 リサーチクエスチョンを明らかにしよう …………………………………… 43
- リサーチクエスチョンの萌芽 …………………………………………………… 43
- 実践現場での経験を通して生まれていったリサーチクエスチョンの種 ……… 45
- 研究方法との出会い ……………………………………………………………… 46
- 研究テーマと研究方法の選択の関係 …………………………………………… 48
- 分析しながら研究テーマが絞り込まれる ……………………………………… 49

2 自分の関心についてどんな研究があるかを調べよう ……………………… 52
- 先行研究と出会う ………………………………………………………………… 52
- 研究レビューの内容 ……………………………………………………………… 54

3 研究計画書を書こう …………………………………………………………… 57
- 研究計画を立てるということ …………………………………………………… 57
- 先を見通すことの重要性 ………………………………………………………… 59
- 本章のポイント …………………………………………………………………… 62

第5章 研究の倫理・ルールを知ろう

1 研究倫理とは何か ……………………………………………………………… 68
- 研究倫理の目的 …………………………………………………………………… 68
- 倫理審査委員会（Institutional Review Boards） …………………………… 70

2 研究倫理の実際 ………………………………………………………………… 72
- 基本的な研究倫理 ………………………………………………………………… 73
- 研究倫理をめぐるジレンマ ……………………………………………………… 77
- 本章のポイント …………………………………………………………………… 81

第6章 データを集めよう

1 質的データを集めよう ………………………………………………………… 86
- 調査対象の決定と注意点 ………………………………………………………… 86
- どんな方法で集めるのか ………………………………………………………… 87
- データの集め方の実践例（インタビューによるデータ収集）………………… 91
- 集めたデータの保存の仕方 ……………………………………………………… 93

2 量的データを集めよう ………………………………………………………… 95
- 調査対象を決定する ……………………………………………………………… 95
- どんな方法で集めるのか ………………………………………………………… 97

- ▶ 対象者とのラポールをとる　100
- ▶ データの適切性（妥当性）　102
- ▶ データの有効性と限界―例外事例の扱い―　103
- 本章のポイント　105

第7章 データを分析・考察しよう

1 質的研究のデータに基づき結果を整理しよう　108
- ▶ データの分析前に確認すること　108
- ▶ データを整理してなじむ　111

2 質的研究の結果の分析・考察をしよう　112
- ▶ 質的研究の一般的な分析　112
- ▶ 分析の進め方　112
- ▶ 質的研究の正当性　115

3 量的研究のデータに基づき結果を整理しよう　117
- ▶ 分析に入る前に考えるべきこと　117
- ▶ 分析の目的と方法について　118
- ▶ 全体像をイメージする　120

4 量的研究の結果の分析・考察をしよう　123
- ▶ データ分析の手法について　123
- ▶ 結果の解釈と応用　128
- 本章のポイント　132

第8章 学会発表をしてみよう

1 抄録を書いてみよう　136
- ▶ 学会発表の意義　136
- ▶ 研究における学会発表の位置づけ　137
- ▶ 発表する学会の選択　138
- ▶ 学会発表の形式（口頭発表とポスター発表）　139
- ▶ 抄録作成と学会発表の申し込み　141

2 学会発表を行おう　148
- ▶ 発表の準備　148
- ▶ 学会発表当日　151
- 本章のポイント　154

第9章 研究論文を書いてみよう

1 作法に則って論文を書いてみよう　158
- ▶ 研究論文とは　158
- ▶ 研究論文を書く前の準備　159
- ▶ 研究論文の執筆　160

2 研究誌に投稿しよう　167
- ▶ 研究誌とは　167
- ▶ 投稿の基本―あなたに合う雑誌を探し、執筆要領に従う―　168

- ▶ 評価のポイント ... 169
- ▶ 修正を求められた場合 ... 170
- ▶ 掲載不可となり、不満があるあなたへ ... 171
- ▶ 査読者への回答書 ... 172
- ▶ 不適切な査読について ... 173
- **本章のポイント** ... 175

第Ⅲ部 研究の実際

第10章

- ① 評価研究 ... 182
- ② 政策研究 ... 192
- ③ 実証研究① ... 197
- ④ 実証研究② ... 202
- ⑤ プログラム評価研究 ... 208
- ⑥ 理論生成研究 ... 213
- ⑦ 事例研究 ... 220
- ⑧ 国際研究 ... 225
- ⑨ 文献研究① ... 231
- ⑩ 文献研究② ... 237
- ⑪ 文献研究③ ... 242
- ⑫ 歴史研究 ... 247
- ⑬ アクションリサーチ ... 252

参考図書一覧 ... 258
文献・研究情報検索サイト一覧 ... 259
索引 ... 260
監修・編集・執筆者一覧 ... 270

読み方ガイド

　医療ソーシャルワーカーの山内萌香さんをモデルに、彼女が現場で抱いた疑問から研究に取り組むストーリーを紹介しています。

　彼女の研究への取り組みのプロセスを通して、より早く、学びたい内容や知りたいところを見つけてください。

> 第Ⅰ部
> 研究の基礎
>
> 第1章
> 研究することの大切さ

　山内萌香さんは医療ソーシャルワーカーになって4年目を迎えた。相談室には、20年目の相談室長・6年目の木下さん（第Ⅰ部第3章で登場）・1年目の後輩がいる。

　自らが新人期を脱し、今年から後輩の指導を任された山内さんは、後輩を見ていて自分の新人期を振り返る機会を得ていた。後輩は患者に言われた些細なことで動揺し、その動揺を抑えることに苦しんでいるように見えた。一方、20年目の相談室長はいつも冷静に構えているように思えた。6年目の木下さんは冷静なときもあるが、時に感情が揺れて面接後にそのときの気持ちについて相談室で話すことがあった。では、自分はどうかと振り返ってみたところ、医療費の相談ケースでは冷静に対応できるものの、末期の疾患患者の家族面接後には感情が不安定になってしまうことに思いあたった。

　山内さんは、いったいこの差はどこから生じてくるのか疑問に思った。大学で勉強したバイステックの原則には「統制された情緒的関与」がある。しかし実際は、自らの感情を十分にコントロールできていない。では、どうすれば感情のコントロールができるのか。その一方で、果たしてすべて感情をコントロールすることが本当にワーカーには求められるのかについて、常々疑問に思っていた。

　いつしか、これまでの自らの実践の振り返りもかねて、感情コントロールについて何らかの形でまとめてみたいと思うようになった。

第2章 研究活動にはどのようなものがあるのか

　後輩指導のなかで疑問をもった山内さんは、月1回行われる相談室の勉強会で、同僚たちに感情コントロールについて聞いてみることにした。すると、それぞれの立場から日頃感じていることが出された。それは、おおむね山内さんが日頃から感じていることと相違なかった。しかし、それらはあくまでも個人の主観であり、そこから普遍性は見出せない気がして、山内さんのなかでのもやもやは解消されなかった。

　そんな山内さんを見て相談室長が、「看護師は古くから人材育成に力を入れているため、感情コントロールについても教育や研修が行われているのではないかと思う。一度、地域連携室の看護師長に聞いてみたらどうか」という提案をしてくれた。

　そこで、地域連携室の看護師長に問い合わせてみたところ、看護師の感情コントロールに関する学術雑誌を手渡された。目を通してみると、看護分野では感情に関する実に多くの研究が行われてきていることがわかった。そして、そこでキーワードになるのは「感情労働」という概念であることを山内さんは初めて知った。

　山内さんは自分が知らないことがまだまだあること、それらを知ることにより、これまでの実践が整理でき、今後の方向性が見出せるような気がした。また、自らの実践を整理することは、今後の後輩指導にも活かせると考えた。しかし、どのような方法で整理をすればよいのかがわからなかったため、大学時代のゼミ担当の佐々木先生に相談してみることにした。佐々木先生は、長年医療ソーシャルワーカーを行った後に大学教員に転身した人で、主に医療福祉領域の質的研究に携わっていた。

第3章 研究ができる環境をつくろう

　久しぶりに母校で佐々木先生に会った山内さんは、これまで考えてきた課題意識について語った。すると佐々木先生からは、「勉強家の山内さんらしい疑問ですね。卒業式であなたが卒論表彰されたときに、きっと山内さんはこれからも自分なりのテーマを見つけ、研究を続けると思っていました。もし条件が許すのなら、本学の夜間大学院への通学を考えてみ

たらいかがですか。そのテーマについては、私が以前研究をしていたことがあるので指導できますよ。大学院には、山内さんのような現場で働きながら通っている人がほとんどです。それぞれの人の事情に合わせて、2年コースもあれば長期履修の3年コースもあります」と言われた。

　これまで大学院進学について考えたことがなかった山内さんだったが、もともと勉強したり調べたりするのが好きなうえ、これまで支給されたボーナスのほとんどは貯金しており、学費が捻出できる貯えはあった。また、先頃結婚した木下さんのようなプライベートでの予定はなく、自分で貯えたお金を自分に投資することができた。そして何より、新人の頃とは異なり仕事の見通しが立てられるようになったため、余裕をもって仕事ができるようになっていた。さらに、職場全体で残業を減らすことを推奨しているため、夜間大学院に通える17時半には職場を出ることができた。

　そこで、山内さんは母校の大学院進学を決めて、「2年コースで必ず修了する」と決意し、その年の入試を受けて見事合格したのだった。

第Ⅱ部　研究プロセスの実際

第4章　研究をデザインしよう

大学院1年生4月

　佐々木研究室には山内さんを含めて3人の社会人が所属した。医療ソーシャルワーカーの山内さんに加え、保健所で課長職に就いている精神保健福祉士と、地域包括支援センター勤務の社会福祉士だった。これからの大学院生活に期待を抱く4月初頭に、佐々木先生から出された課題は研究計画書の作成であった。

　5月末日の研究計画書提出に向けて、自分が行いたい研究のデザインをするようにと指示された。具体的には、計画書のフォーマットに、研究テーマ・研究の背景・研究目的と意義・研究内容・研究方法を書き込むのだ。オリジナルな研究にするためには、先行研究を整理・検討し、現在のそのテーマの到達点を確認し、そのうえでどのような研究を行うのかを明確にすることが必要となる。

　そこで山内さんは、授業の前後に大学図書館に通い、自分

のテーマに関連する論文を収集し、読了する作業に取りかかった。山内さんが取り組みたいテーマに関する先行研究は、どうやらソーシャルワーカーよりも看護師やケアワーカーという対人援助職を対象としたものが多いことがわかった。そのなかで、「感情労働」「共感疲労」「バーンアウト」「レジリエンス」等の関連する鍵概念があることを知った。しかし、まだ医療ソーシャルワーカーを対象にした研究は十分に行われていないことが確認できた。

大学院1年生5月末

そこで、それらの作業を踏まえて研究計画書を作成した。研究目的は、「医療ソーシャルワーカーの感情労働の実態を明らかにすることと、それに対するサポートのあり方を検討すること」である。研究方法は、さらなる文献検討を進めながら、郵送によるアンケート調査と医療ソーシャルワーカーへのインタビュー調査を実施することとした。そして、5月末に研究計画書を提出した。

大学院1年生7月

その後山内さんは、7月に行われた大学院中間報告会で研究デザインについて院生や他の教員たちの前で発表した。研究デザインについては多くの質問やコメントが出された。なかでも考えさせられたのは、「医療ソーシャルワーカーの感情労働の実態把握について調査を行うのみでは、研究の域には達せず調査報告に留まってしまうのではないか」という他教員からの指摘であった。当初は、調査を実施し実態を明らかにすることで修士論文が執筆できると考えていたが、その教員の指摘は、まず理論的枠組みを固めてからの調査の実施が必要ではないかということであった。そこで山内さんは、さらに他分野も視野に入れた先行研究レビューを行いながら、研究の枠組みを作成することにした。

大学院1年生8月

夏休みに図書館で収集した論文を自宅で読んでいたところ、看護師を対象として実施した1つの論文に目が止まった。看護師の共感性や社会的スキルが感情労働に影響を及ぼすとい

う趣旨である。その論文を読んで山内さんは閃いた。「そういえば相談室長と新人とでは感情コントロールの仕方が異なっている。その背景には、おそらく共感性や社会的スキルの高低の違いがかかわっているのではないか」。また、自らの体験から、感情コントロールがしやすいケースとしにくいケースがあることを思い出し、その違いが何かを知りたいと思った。そこで、3点のリサーチクエスチョンを作成した。①共感性や社会的スキルが高いと感情労働がスムーズに行えるのではないか。②多様なスキルが習得できているベテランは新人に比べて感情労働がスムーズに行えるのではないか。③感情コントロールがしにくいケースとは、相手の内面に深く触れる可能性が高いものではないか。

第5章 研究の倫理・ルールを知ろう

大学院1年生9月

　調査の枠組みを作成するなかで、山内さんは大学の倫理審査委員会で研究計画の承認を得なければならないことを知った。「そういえば、病院でも人を対象とする研究や医療行為を行う際には、病院の倫理審査委員会にはかる必要があったなぁ。その大学院版なんだ」と思いつつも、これまでそのような経験をしたことはなかった。

　折しも、先日佐々木先生よりいかに研究倫理を守ることが大切かという話を聞いたばかりであった。どうやら、社会福祉領域で他者の論文を無断引用した「剽窃」があり、複数の学会誌が掲載していたその人の論文を取り消しにする事件が起こったようだ。佐々木先生は「くれぐれも研究倫理は遵守するように。他者への迷惑もさることながら、自分自身の研究者生命に関わることだから」と口をすっぱくして言った。そのため、山内さんも倫理審査委員会での審査が必要なことは、よく認識していた。

　審査申請書には、大学院で定められているフォームに従い、人を対象にしたインタビュー調査やアンケート調査を実施する旨を書いた。特に、人間の感情を対象とするテーマだけに、調査協力者には心理的負担がかからないよう留意することに力点を置いた。

> 大学院1年生 10月

倫理審査委員会では、修正条件つきで山内さんの研究計画が承認された。修正条件というのは、一人につきインタビュー時間はどれくらいで回数は何回までかを調査承諾書に明示すること、インタビューやアンケート調査のデータ保管を厳重にする必要があり、それを申請書に明記することであった。それらについて補足を行い、無事に倫理審査委員会の承認を得ることができた。そして、いよいよ調査の実施段階に入っていった。

第6章 データを集めよう

> 大学院1年生 11月

山内さんは、量的調査と質的調査の2段階でデータを集めることにした。量的調査については、山内さんが所属する職能団体に協力してもらい、そこに所属する医療ソーシャルワーカーに対して感情労働に関する郵送によるアンケート調査を行うことにした。質的調査については、相談室長のようなベテランと後輩のような新人はどのような感情コントロールを行っているかについて、グループインタビューを実施し、特徴を比較することを考えた。

> 大学院1年生 12月～2月

量的調査については、看護師対象の研究も参考にしながら調査票を作成し、職能団体で一緒にグループスーパービジョンを受講している仲間6人と、大学院の同期生2人にプレ調査を行った。その際、調査票に答えてもらうだけでなく、調査票の表記で答えにくい点もコメントしてもらい修正を行った。

その後、職能団体の理事会で承認を経たうえで、調査票をニュースに同封してもらい、350人の会員に発送した。回収は山内さん宛の封筒に入れ返送してもらうことにした。

> 大学院1年生 3月

徐々に調査票が返送されてきて、届いた調査票のデータをパソコンに打ち込んでいった。

また、この頃には質的調査も実施した。やはり山内さんが所属する職能団体の理事会から15年以上のベテラン5人と

3年未満の新人5人を推薦してもらい、調査協力の了承を得た。ベテラングループと新人グループのグループインタビューは、別々に実施した。同じ相談室の木下さんが山内さんの研究に関心をもっていたため、書記としてグループインタビューに立ち会ってもらうことにした。木下さんには、その後の分析過程でもかかわってもらうことにした。

> 大学院2年生4月

　グループインタビューのデータについては、ICレコーダーに録音したものを山内さん自らが文字起こしを行った。お金があれば業者に依頼するところだったが、そこまでの金銭的余裕がないためと、質的データは自ら文字を起こすなかでデータになじむのが大切と佐々木先生から言われていたからである。

> 大学院2年生5月〜6月

第7章 データを分析・考察しよう

　春になり無事に量的調査と質的調査が終了し、次はデータを分析し考察する段階に入った。

　収集した量的調査データについては、シンプルな統計処理を行うことを念頭に置いていたが、初めての経験のためにアドバイザーが必要だと感じていた。しかし、佐々木先生は統計処理にはあまり詳しくないため、実質的な指導は難しい状況だった。ただ幸いなことに、病院の医事課に社会学部出身者で量的調査に基づいた卒論を書いた人がいた。山内さんがかけ合ったところ、安価でアドバイザーを引き受けてくれることになった。そして、量的調査の結果については医事課の職員の指導を受けてχ^2検定（カイ二乗検定）を行い、調査項目に盛り込んだ社会的スキルおよび共感性と感情労働について、有意差の有無を明らかにした。

　質的調査の結果については木下さんの協力も得てデータ分析を行い、ベテランと新人の違いを明らかにした。

> 大学院2年生7月〜8月

　その後、佐々木先生の指導のもと分析結果についての考察を行った。当初設定したリサーチクエスチョンに応えられたのかどうか、もし応えられなかったとしたらその理由として

考えられることは何か、先行研究と比較すると何が言えるのかを山内さんなりに考察を進めていった。そして、書けるところから修士論文を執筆していった。

第8章 学会発表をしてみよう

🏷 大学院2年生9月

年明けの修士論文提出を目前に控えた10月に、山内さんの通っている大学では毎年、学内学会が開催される。大学院2年生はそこで発表することが、修士論文を提出する要件の一つとなっていた。そこで、山内さんも初めての学会発表に向けた準備に取り組んだ。

まず抄録の作成である。学会の規定はA4判で2ページであり、目的・研究方法・倫理的配慮・研究結果・考察・文献を盛り込む必要がある。これまで書いてきた修士論文は4万字以上という要件が課せられていたので、できるだけ詳しく丁寧に書くことに努めた。しかし、学会発表の抄録は2ページと決められており、簡潔に要点をまとめることは意外と難しいことを感じた。

抄録を作成した後に発表の準備を行った。パワーポイントの作成、発表原稿の作成、当日配布資料の作成、そして佐々木先生から指示された質疑応答対策で想定される回答を用意した。さらに、15分という発表時間を守れるように、時間を計りながら声に出して5回程練習した。そして学会前には、佐々木研究室のメンバーで予行演習も実施した。それらの作業を行うなかで、「これで万全な態勢で学会に臨める」という自信が出てきた。

🏷 大学院2年生10月

学会当日、大教室には大学院生のみならず、来年度の大学院受験を考えている学生や関心をもっている一般市民が参加し、徐々に座席が埋まっていった。山内さんは、あれほど練習してきたにもかかわらず、壇上に向かうときには動悸が激しくなり、一瞬ではあるが頭が真っ白になる緊張感を覚えた。しかし、発表が始まると落ち着きを取り戻し、無事に15分間の発表を終えることができた。その後の質疑応答では佐々木先生に言われたとおり、準備していった想定問答集から1つ、

新たな質問1つ、論文に対するコメントが出された。新たな質問については何とか回答することができ、無事に自分の発表を終えることができた。

第9章 研究論文を書いてみよう

大学院2年生 11月～1月

　学会終了後は、1月10日の修士論文の締め切りに向けて、ひたすら執筆にいそしんだ。それまでにかなり執筆は進んでいたものの、学会で出された質問やコメント部分について補足をしたり、図表や注、引用文献の体裁を整えたりと、細部にわたり整理する部分がかなりあった。また、全体の目次はページの増減があると変更するため、何度かつくってみたものの、結局は全ページが確定した最後に作成することにした。

　さらに、修士論文本体と同時に、1万字の要旨の提出が義務づけられていた。これまた学会の抄録と同じように、書いてみると案外難しいことを感じていた。要旨というのは、単に修士論文の切り貼りではなく、1つの完結した作品でなければならない。要旨を書くなかで修士論文を修正したり、修士論文を修正するなかで要旨を変更したりと、相互に作用し合っていることを感じた。

　修士論文と要旨を一通り書き終えた後には、何度も論文を推敲した。佐々木先生にも何度も添削してもらい、いつも真っ赤になった原稿が戻ってきた。推敲をしていると、いつも完璧に修正したはずなのに、読むたびに誤字・脱字が出てくるという不思議な出来事もあった。

　そして、松の内が明ける1月7日に修士論文を完成させることができた。修士論文の最後には、これまでお世話になった調査協力者、分析を一緒にしてくれた木下さん、大学院に行かせてくれた病院や相談室の仲間、互いに支え合った大学院の仲間、そして懇切丁寧に指導をしてくれた佐々木先生への謝辞を記した。最初は自分のなかのもやもやした状態から出発し、試行錯誤を繰り返しながら何とか形にできた2年間であった。印刷所に発注した黒表紙の修士論文を手にしたときに、その重みをしみじみと感じるのであった。

　その後、口頭試問も無事に通過することができた。

> **大学院2年生3月**
>
> 　学位授与式の日、職場の仲間が駆けつけてくれた。実践現場に身を置きながら修士号を取得し、研究面から相談室を主導していかなければならないという新たな決意を胸に、山内さんは無事に大学院修士課程を修了することができたのだった。

第 I 部

研究の基礎

第I部では、研究の基礎について述べる。

第1章　研究することの大切さ
　実践や日常生活のなかで生じた疑問をもつことの大切さや2種類の疑問、その疑問の解決方法と現場実践者が研究することの大切さについて論述する。

第2章　研究活動にはどのようなものがあるのか
　何かを知り納得がいくように明らかにする一連の作業である研究活動とはどのようなことか、また現場実践者にとっての研究活動の実際について解説する。

第3章　研究ができる環境をつくろう
　いつどこで誰と研究を行うのかを個人研究と共同研究の視点から、また現場実践者が活用できる研究資源について研究の機会、指導してくれる人、文献・研究情報収集、研究資金の確保の面から解説する。

第 **1** 章

研究することの大切さ

1 実践のなかで疑問をもとう―問いへと開かれる研究
- 自明としていることに埋もれている課題
- 問いを発することと私―2種類の問い―
- 問いを明確化する―先行研究とのかかわりから―

2 疑問をどのように解決すればよいのだろう
- 疑問（問い）の整理
- 疑問（問い）の解決方法を知る
- 問いを解決する方法の種類

3 現場実践者が研究することはなぜ大切なのだろう
- 研究と実践の役割分担
  ―研究成果の利用者としての実践家―
- 研究と実践の共同―研究協力者としての実践家―
- 研究と実践の統合―研究者としての実践家―
- 実践報告と実践研究

1　実践のなかで疑問をもとう
　　　　　—問いへと開かれる研究

　研究の第一歩を踏み出すのに不可欠なのが、実践のなかで「疑問をもつ」ことである。日々の実践は、研究の宝庫なのだが、宝物を発見するためには疑問をもち、当たり前にしていることを問いかけてみよう。そうすることで、日常の実践で見えないことが見えるようになると研究の面白さがわかってくる。

▶ 自明としていることに埋もれている課題

　以前に大学院博士前期課程で社会人学生として研究に取り組んだAさんの研究動機を最初に紹介してみたい。大学を卒業後に、地域医療支援病院でソーシャルワーカーとして働いているAさんは、5年目にして初めて後輩の教育を担当することになった。それまで実践を積み重ねることで、自身もソーシャルワーカーとして自信がついてきたと思っていた。ところが、後輩の教育を担当してみると、業務を覚えてもらうことはできるのだが、クライエントの話を聴く態度が気になり、気持ちを受けとめることができないことがわかる。また、そのことの大切さが後輩に伝わらないと、悩むようになった。そうしたなかで、これまで自身の実践において、できていると思っていた自分の聴く態度が気になり出した。「自分は本当にできているのだろうか、聴くとはどのようなことか」ということが疑問になったのである。そのため、あえて「聴く態度」という基本的なテーマから、ソーシャルワーカーの専門性を支える基礎となることを改めて問いかけてみようと決意した。その取り組みは、多くの人がすでに学んで、理解していると思っている自明なことを確認することであった。

　ここで紹介したAさんのように、実践のなかで当たり前にしてきたこと、また、ソーシャルワーカーとしてできていると思っていたことへの疑問が研究の動機となる。研究と聞くと大上段に構えて難問を見つけようとイメージしがちだが、実際には私たちの身の回りにたくさんの課題がある。要は、それに気づくか、気づかないかである。

　併せて大切にしておきたいことがある。私たちは疑問をもつと答えを欲しがる。答えを手に入れることによって安心するのだが、その前提には答えを教えてもらいたい、あるいはあらかじめあるという発想がある。そのため、疑問を

早急に解消することを求める態度によって、わからないことを大切にできていない。反対に、わからないことを大切にすると、「疑問から問い」が生まれる。先のAさんの研究動機にも、このことが大きくかかわっていることがわかるだろう。したがって、安易に答えを求めることではなく、まず「問いを発する」ことが研究の始まりになる。

　Aさんの疑問は、「なぜ、自分が実践でできていることが、後輩に伝えられないのだろう」ということだった。その理由を、単純に自分の伝える能力が不足しているということですませてしまえば、問いは素朴なままで終わってしまう。できていない自分と向き合うことは苦しいことだが、Aさんは逃げずに疑問のなかに身を置き、問いを深めていった。そのことにより、日常の実践のなかで問いは素朴なものとして生まれたが、問いを洗練することができたのである。このように、問いを洗練することが研究には欠かせないが、そうした態度を身につけるためには、改めて学ぶ態度から問いを発することを検証してみることが必要になる。

▶ 問いを発することと私─2種類の問い─

　多くの人にとって学ぶとは、既に知っていることに新たな知識を増やして、蓄積していくことだと考えられている。例えば、制度改正について学ぶこと、あるいは障害や疾患について新たな知識を得ることがあげられる。この学びにおける問いとは、自分の知らないことへの問い、すなわち「未知への問い」を発していることになる。この問いが魅力的なのは学んだことを明示でき、成果として示せることにある。同時に、未知への問いにおいては、自分のことは横において、切り離して問いを発していることがわかるだろう。

　他方で、学ぶとは、未知の知識を獲得する側面もあるが、それ以上に、これまで当たり前にしてきたこと、わかっていると思っていたことへ疑問をもつことである。このことによって、私たちは「既知への問い」を行うことになる。Aさんのように、実践のなかで聴く態度ができていると思っていたのに、できているかが改めて問われた。つまり、既知への問いにおいては、自分の実践が、さらには自分が問われることになる。同時にこの作業は、自身が主観的に見ていることを明らかにし、問いを洗練化することになる。

　研究を行っていくためには、単に未知のことへの関心ではなく、既知への問いを発することができるようになることである。ソーシャルワークのように実

践を前提とする学問においては、実践者がどのように行っているかが、常に出発点になるだろうし、また、問われ続けることになる。この既知への問いを発することとは、自分が問われることで、ほかの誰のものでもない私が発する問いになる。したがって、研究のオリジナリティを出発点から生み出してくれるものとなる（図 1-1）。

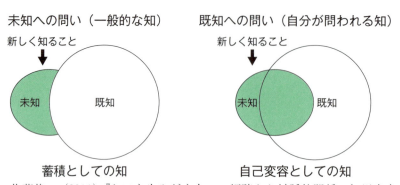

佐藤俊一（2011）『ケアを生みだす力——傾聴から対話的関係へ』川島書店，23

図 1-1　2 種類の問い

▶ 問いを明確化する―先行研究とのかかわりから―

　実践において問いを発することは、個々の体験が基礎となっている。体験とは身をもって学ぶことであり、そこには一人ひとりが主観的に見ていることが表れている。この主観に個人の独自性がある。したがって、単純に主観を排除して客観的なとらえ方を求めるのではなく、まずは自分がどのように主観的にとらえているかを明らかにすることである。問いを、より客観的にし、社会や学問にとって意義のあるものにしていく必要がある。

　そのための方法としては、まずは実践と理論の関係に着目してみることである。理論を実践の現場において検証していくことが一般的な研究方法であるが、実践から生まれた問いにおいては、実践から理論や理念を問いかけることになる。具体的には、自身の研究しようとする領域ですでに行われている先行研究や自明とされている考え方に結びつけて、問いを確かなものにしていくことである。そこから明らかになったことを、まずは自分で言葉にし、レポートしてみる。あるいは周囲の関心のある人たちとディスカッションしてみる。そのようにして、個人の主観的なものを、共同主観化[1]し客観的なものに近づけることができる。個別的な問いを普遍化していくために必要なことになる。

問いを確かなものにするには、先行研究とのかかわりが大切になる。特に、研究するテーマについて、挑戦するのにふさわしい研究や研究者を見つけるとやりやすくなる。研究においては、先行研究と対峙することであるが、先行研究を問いかけるだけでなく、研究者のほうも先行研究から問われている。そうしたプロセスを通して、問いはブラッシュアップされていく。

　もう1つ注意しておきたいことがある。研究のスタンスとして、先行研究のないものを探すことをしがちだが、実際には大変難しいことである。なぜなら、すでに多くのものが研究されているからである。したがって、ないものを探すのだけではなく、あるものを問いかけることである。これまでの研究がある一面しかとらえていないことを指摘し、全体的、総合的な視点を見出すことが可能であろう。そのときに、先に指摘した「既知への問い」が大きな意味をもつ。当たり前にしている見方から外れることで、自身のよって立つ基盤がゆらぐことになる。しかし、そのゆらぎのなかで新たな問いが生まれるのである。

　教育哲学者ボルノー（O.Bollnow）が指摘するように、「インフォメーションを求める問いのように知ることで問いを完結させるのではなく、問いの中で自分自身を振り返る内省の問い」（Bollnow＝1978：182-4）を発することができると、私たちは問いへと開かれ、永遠に続く問いへの旅立ちができる。そして、問いをもち続けることが、単に研究のためだけではなく、実践を見直し、大切にすることになる。研究をしていくことで、一人ひとりが実践を大切にしているかが問われていることを忘れてはならない。

（佐藤俊一）

注
1) 例えば、ベテラン医師のレントゲン読影においては、トレーニングを受けていない多くの人には見えない像を見ることができる。こうした医師の主観は個人的ではあるが私的ではなく、一般的ではないがベテラン医師に共有化される高度の共通感覚としての共同主観となる。早坂泰次郎（1991）『人間関係学序説―現象学的社会心理学の展開』川島書店，82-91

文献
Bollnow, Otto F.（1978）*Erziehung zur Frage*（＝1978, 森田　孝・大塚恵一訳編『問いへの教育』川島書店．）

2 疑問をどのように解決すればよいのだろう

▶ 疑問（問い）の整理

　先の節で提示された疑問であるが、研究ではリサーチクエスチョン（研究に関する問い）といわれる。ここでは以下、問いとする。

　まずは、その問いを整理する必要がある。例示すると、次のようなことが考えられる。

　①そもそも、現在、何が起こっているのだろうか。
　②起こっていることの頻度はどれくらいあるのだろうか。
　③なぜ、そのようなことが起こるのだろうか。
　④そのようなことが起こるときに、何が影響しているのだろうか。
　⑤どのような状況でそれは起こるのだろうか。
　⑥それが起こる原因は何だろうか。
　⑦結果はどのようになっているのだろうか。
　⑧そのプロセスはどうなっているのだろうか。

　書き出してみると、いろいろな問いが考えられる。実践をするソーシャルワーカーが出会うこれらの問いは、ソーシャルワーク実践のなかで、その人が何に関心を持っているのか、実践を通じてどのようなことに気づくのか、何に疑問を抱き、あるいは問題だと感じるのか、何を明らかにしたい（あるいは解決したい）と考えるのかによって異なってくる。

　一例をあげると、ソーシャルワークの実践現場では、利用者の希望をなかなか実現することができないという現実がある。このような現実がどうして起こっているのかを考えたときに、いろいろなことが想定できる。そのときに、利用者をエンパワー（その人が本来もっている力・パワーが発揮されること）できないということと同時に、ソーシャルワーカー自身がエンパワーできないということがあるかもしれない。また、そこにソーシャルワーカー自身の問題だけではない環境やシステムの問題があること、希望を実現できるようにするために必要なことになかなか取り組めないことがあると気づく。さらに、同僚はそのことに共感はしてくれるが、取り組めない現実を変えようとはしていないということもある。そして、どうしてこんなことが起こるのだろうかなどと

いう疑問をもつことが起こる。

この疑問に対して、先の問いの例示を使うことができる。

①そもそも、現在、ソーシャルワーカーがエンパワーできないということは起こっているのだろうか。それは、どのようなことなのだろうか。

②起こっていることは、自分だけのことだろうか。他のソーシャルワーカーにも起こっているのだろうか。（頻度はどうなっているのだろうか）

③なぜ、そのようなことが起こるのだろうか。

④そのようなことが起こるときに、何が影響しているのだろうか。

⑤どのような状況でそれは起こるのだろうか。

⑥それが起こる原因は何だろうか。

⑦ソーシャルワーカーがエンパワーできないことが起こっていることが明確だとしたら、そのことによって、どのような結果が生じているのだろうか。

⑧ソーシャルワーカーがエンパワーできないというプロセスは、どのようなプロセスなのだろうか。

そして、どうすれば、この問いに答えることができるだろうかということを考えることができる。このような、実践を行うときに生まれる問いに答えようとすることは、ソーシャルワークをよりよいものにすることにつながると考えられる。

これは、実践を通じて生まれた疑問を問いに変え、リサーチクエスチョンとして研究につなげることになる。そして、研究を通して疑問を解決して、そこから理論をつくり、その理論をもとに実践に活かすという、実践と研究の相互作用・円環的循環が必要となるということである。

▶ 疑問（問い）の解決方法を知る

次に、自分が抱いた問いであるが、人間が考えることなので、先人（先輩たち）や他のソーシャルワーカーが似たようなことを考えていた（る）可能性は高い。そうすると、その疑問を解決するために、何かの対応（実践や研究）をしている可能性も高くなる。

そこで、疑問を解決するためにその人たちが行った（行っている）対応を知ることが重要になる。そして、問いを解決するためには、研究として取り組まれ、結果が研究論文として公表されているかどうかを調べることが必要となる。この場合、研究として取り組まれていても、取り組みが始まったばかりという

こともある。そのような場合には、研究構想発表、研究レポート、などの形式での発表になっている可能性がある。また、研究されていなくても、実践のなかで創意工夫がなされている場合もあり得る。そのような場合には、実践報告、実践発表等の形での情報があるかもしれないと考えるとよい。このほか、研修会やさまざまな会議などで何らかの、問いに対するその人の考え方や実践を知ることができるかもしれない。そのようなときには、その人に会って話を聴く（ヒアリングやインタビューを行う）ということも解決につながる方法としてある。

　そこで、重要になることは、それらの研究において、どのような研究方法が使用されているのかに着目することである。例えば、慈善組織協会（以下、C.O.S.）のケースワーカーは、実践のなかで何をしているのだろうかという問いを立てたのは、ケースワークの母と称されるリッチモンド（Mary E. Richmond）である。リッチモンドは、当時 C.O.S. での活動を体系化したいと考えており、ケースワークをきちんとしたものにするために、ケースワーカーがどのような実践をしているのかを明らかにしたいと考え調査を行った。使われた研究方法は、ヒアリング調査（聞き取りを行って調査すること）である。これは、その当時は明らかになっていなかったケースワーカーの仕事の実態を明らかにするために行われた。ここでの調査研究は、ある現象について調べることであった。そして、調査で得たことを、対象に手を加えずに記録・分析して、そのありようを明らかにしている。

　このように、問いを解決するためにどのような方法が使用されているのかを知ることはとても重要である。そして、その方法によって、問いへの答えが明らかになっているのかを確認することが必要となる。

▶ 問いを解決する方法の種類

　調査を行う研究のほかにも、さまざまな研究方法がある。研究方法は、一般的には量的研究と質的研究に分けられる。量的研究は、現象について明らかにする際に、数値を用いてデータ化し、統計的な方法で解析する方法である。解析の方法については、研究の目的に沿った分析である二次集計をしていく。二次集計では、データ間に差があるかどうかや、データ間に関係があるかどうかを、統計的な手法で確認する。例えば、差あるかどうかについては、いくつかの尺度の組み合わせと、対応する統計学的仮説検定を用いて検定を行う。その

際に用いられる検定としては、χ^2検定（カイ二乗検定）（反応比率の検定）、t検定、F検定（一元配置分散分析）、U検定、符号付順位和検定、等がある。このほか、変数間に関係があるかどうかについては、相関分析という方法を用いる。これは、2つの尺度（間隔尺度・比尺度や、5段階以上に分かれている順序尺度同士）について、関係があるかどうかを調べる方法である。その際、相関係数によって、0.20以下はほとんど相関なし、0.20〜0.40はやや相関あり、0.40〜0.70はかなり相関あり、0.70〜1.00は強い相関ありと判断される。

これに対し、質的研究法は現象の性質や特徴など数値で表せないデータ（質的データ）を扱う研究法であると説明されている[1]。

質的研究は、クレスウェル（Creswell 2003）によると5つに分類される[2]。それは、①ナラティブ研究（Narrative Reseach）、②現象学（Phenomenology）、③エスノグラフィー（民俗学・記述民俗学／Ethnography）、④事例研究（Case Study）、⑤グラウンデッド・セオリー（Grounded Theory）、である。

それぞれの特徴は、次の**表1-1**で確認していただきたい。

なお、これ以外の研究方法を含む分類がp.110に示されている。

表1-1 質的研究の種類と特徴

研究の種類	研究の特徴
ナラティブ研究 (Narrative Research)	語りはその人経験をその人が構成したものと考える。語りからその人が彼らの人生をどのように構成して理解しているのかを明らかにしようとして、個人に質問して探求して行く。
現象学 (Phenomenology)	現象にかかわる人間の経験の「本質」を理解し、明らかにしていく。生きられた経験の研究であり、理解することは哲学的である。
エスノグラフィー (民俗学・記述民俗学) (Ethnography)	未知の文化集団を長期にわたってそのままの状態で研究する。観察と面接方法からデータを収集し、濃密な記述を特徴とする。プロセスは柔軟性があり、フィールドで遭遇した実際の現実位に対応するよう、文脈に応じて展開する。
事例研究 (Case Study)	プログラム、出来事、活動、プロセスについて、1名〜数名の個人を徹底的に探究する。事例は時間と活動に関係しており、研究者は一定期間を通じて、多様なデータ収集の手順を用いて詳細な情報を収集する。
グラウンデッド・セオリー (Grounded Theory)	研究協力者の観点で、プロセスや行為や相互行為に関する一般化された抽象的な理論を引き出すことを目指す。データ収集、情報に関するカテゴリーの生成、カテゴリー相互の関係づけという、いくつかの段階を経て理論化する。

クレスウェル（Creswell 2003）の整理をもとに、筆者が修正

このように、問いに答えるために、どの研究方法が適切なのかを考える必要がある。そのためには、それぞれの研究方法はどのような特徴があるのかを学

ぶと共に、実際にその方法を使って研究にチャレンジすることが必要となる。しかし、これらの方法は、書籍で読んだからといって、すぐに活用できる訳ではない。そのため、ソーシャルワーカーが研究するときには、すでに研究を行ったことがある先輩、あるいは同僚ソーシャルワーカーや大学等の研究機関において研究している研究者に相談しながら行うことや、一緒に研究することも検討する必要がある。また、大学院に入学して学び、指導を受けながら研究するという選択肢もある。

（長崎和則）

注
1) 質的研究と量的研究は、さまざまに説明される。例えば、寺下は、「質的研究とは現象の性質や特徴など数値で表せないデータ（質的データ）を扱う研究法である．一方，件数や頻度，身長や体重など数値で表されるデータ（量的データ）を扱う研究法は量的研究法」と説明している。寺下貴美（2011）「教育講座 研究方法論（第7回）質的研究方法論——質的データを科学的に分析するために」『日本放射線技術学会雑誌』67（4），413-7.
2) Creswell, J. W. (2003) *Research design：Qualitative, quantitative, and mixed methods approaches,* 2nd Ed., Thousand Oaks, CA：Sage.（＝2007，操 花子・盛岡 崇訳『研究デザイン——質的・量的・そしてミックス法』東京：日本看護協会出版会.）この分類は一例であり、さまざまな方法がある。

文 献
Creswell, J. W. (2003) *Research design：Qualitative, quantitative, and mixed methods approaches,* 2nd Ed., Thousand Oaks, CA：Sage.（＝2007，操 花子・盛岡 崇訳『研究デザイン——質的・量的・そしてミックス法』東京：日本看護協会出版会.）

3 現場実践者が研究することはなぜ大切なのだろう

本章では、未知のことに「問い」をもち、さらにはすでに明らかになっていることに対しても「疑問」をもつことが大切であることを論じ、それらの「問い」を明確化し解決していくためには先行研究をしっかりと学ぶことが大切であることについて触れた（ 1 「実践のなかで疑問をもとう―問いへと開かれる研究」参照）。そして、その「問い」をリサーチクエスチョンの形に整え、問いを解決するための適切な解決法を選ぶ（研究方法の選択）ことが大切であることを論じた（ 2 「疑問をどのように解決すればよいのだろう」参照）。

ここでは、この「問いをもち解決する」という一連の作業（つまり「研究」するということ）がなぜ実践家にとって必要なのか、研究に対して実践家はどのような形でかかわり得るのかについて考えていくことにしたい。

▶ 研究と実践の役割分担
―研究成果の利用者としての実践家―

論文という形をとるにせよ、口頭発表という形をとるにせよ[1]、「研究」には成果を生産し発表する人（発信者）がいて、その研究成果を受け取り活用する人（受信者）がいる。一般的には、発信は大学等に所属する研究者が行うというイメージがある。本当にそうであるかどうかは後に検討するが、このイメージは理解しやすい。

次に受信者についてはどうか。これはだいぶあいまいになる。まずは、研究者仲間がイメージされるだろう。例えば教員が書いた論文を他の研究者が読む。これはわかりやすい。大学院生等もここに入れてよいだろう。では、ほかにどのような読者や聞き手が想定されるか。本書で扱う「研究」がソーシャルワーク研究であることからすれば、研究者仲間以外としては、ソーシャルワークを「実践している者」になるだろうか。（プロの）研究者[2]が生み出した研究成果を実践家が利用する。これが実践家と研究のかかわりの第一のタイプである。

例えば内外の先行研究や哲学、心理学等他分野の知見を踏まえたうえで研究者がつくった理論を、実践家は研究成果として享受することになる。ソーシャルワーカー養成の段階で学ぶさまざまなソーシャルワーク理論（生活モデル、

機能的アプローチ、課題中心アプローチ等々）がそれにあたるだろう。一般に「研究」というとこのタイプ（研究者がさまざまな先行研究や自らの見解を前提に編み出した理論）をイメージする。

実際、実践家が研究成果（理論やモデル、アプローチなどさまざまな形で呼ばれる）から学び、実践をよいものにしていくためにはこの第一のタイプが基本になる。岡村理論[3]を通してわれわれは「社会関係の主体的側面」にこだわることが実践家にとって大切であることを知ることができるし、バイスティックの著書を通して、ワーカーは「意図的な感情の表出」や「統制された情緒的関与」等々の援助関係にあたって必要な概念について学ぶのである。これらの知見を、実践家が経験的に体得することも全く不可能とはいえないが、体系的に理解することは困難である。（プロの）研究者の研究成果としての理論を実践家が学ぶことの大切さは強調してもしすぎることはない。

▶ 研究と実践の共同―研究協力者としての実践家―

実践家が研究にかかわる第二のタイプは研究協力者・情報提供者としてかかわるというものである。福祉現場に対してアンケートやインタビューへの協力や記録の提供を研究者が求めてくる場合がしばしばある。これなどは実践家が自らのもつ情報を提供することで、研究に協力していこうとするもので、研究に対して実践が貢献する場合の代表的な例といえる。

例えば、現在の社会福祉施設の人材確保の問題を研究しようとするとき、研究者の考えや先行研究だけで解決策を論ずることはできない。福祉施設の職員に対して、なぜ福祉業界に進んだのか、さらにはこの施設を就職先に選んだ理由をインタビューやアンケートで尋ねることが必要だろう。さらには、施設長や人事担当者にリクルーティングにあたって重視していることを問うことも大切になる。また別の例としては、SST（社会生活機能訓練）の理論に基づくかかわりが施設実践において効果があるかどうかを検証とする場合（実証研究）も、実践家の協力が不可欠になる。（プロの）研究者が、研究を計画し実行する場合にも、実践家が情報提供者・協力者として不可欠な役割を果たす。これも重要な実践と研究の関係のあり方といえる。実践家が協力した研究成果が結果的に実践家にとって役立つ研究成果として還元されるのである。

▶ 研究と実践の統合―研究者としての実践家―

　前述した、2つの研究のタイプも実践に十分な意義をもつ。しかし、同時に実践側にとっては一定の不満足がしばしば発生することにもなる。第一のタイプの研究の場合は、しばしば隔靴掻痒な状態になる。（プロの）研究者が行う研究は、どうしてもその背景となる問題意識が実践家にとっては縁遠く感ずるものである場合が多い。もちろん、その分本質的、普遍的な研究であることが多いが、実践家は目の前にある個別的で具体的な課題に答えを求める場合が一般的であり、これらの思いには（プロの）研究者による研究は答えるものではないことが多い。「理論は実践の役に立たない」と言われるゆえんでもある[4]。また、研究者が企画・実施し、実践家が情報提供の形で協力するという第二のタイプの研究の場合には、現場は研究者の都合でインタビューやアンケートに協力させられることになり、貴重な業務時間が割かれることになる。実際、実習や見学などと並んで、絶えず舞い込むインタビューやアンケートの依頼に疲弊している現場は多い。

　これらに対して、実践家自らが研究の企画者であり実施者である第三のタイプが注目されるようになってきた[5]。「プラクティショナー＝リサーチャー」といわれる役割を、実践家が果たすことを求められるようになってきているのである。

　実践家が研究の担い手になることのメリットはいくつもある。第一に現場にとっての「必要性」の視点である。実践家が主体となって行う研究の場合は、自らの実践にかかわる「問い」をもち、リサーチクエスチョンの形に仕立て、適切な研究法を選んで研究を行うことになるため、現実の実践にとって役立つ研究が行えるのである。第二のメリットは必要な情報への「アクセスの容易さと合理性」である。実践研究の場合は文献研究と比べて、個人情報をはじめとしてその情報にアクセスすることが困難な場合が多い。もちろん、実践家が研究をする場合にも情報の性格によってはクライエントや家族の許可を得るなど倫理的配慮は必要になる。しかし情報提供者の組織の許可が得やすいし、さらに言えば研究にあたって本当に必要な情報に限定した収集に心がけることもできる[6]。このことは、結果的に実践現場にかける「負担」を最小限にし、しかも効果を最大化することが可能になるという意味では、実践系の研究においてはきわめて望ましいものといえるのである。

　実践家が自ら主体的に研究するというと、何か縁遠いように感じるかもしれ

ない。(プロの)研究者が研究成果を発信し、実践家はその研究成果を享受する(または協力者として情報を提供する)という形をわれわれは、研究の前提と考えてしまっている。もちろん、研究も多様であり、歴史研究、国際比較研究など文献や統計データなどを駆使する研究は(プロの)研究者が得意といえるだろう。しかし、実践現場の現状や関係者の思い等を扱う実践研究の場合には特に、(プロの)研究者が有利な点はそれほどないだろう。あえて言えば、実践者が自らの実践を研究の形に仕上げていくための、手順や約束事に関する知識や、それらにかかわる訓練を受けていないということが不利な点といえるだろう。しかし、それらの問題を乗り越えてでも、実践家が自ら研究を計画し実施していくことは望まれることなのである。

▶ 実践報告と実践研究

今まで、実践家が研究に対してどのような形でかかわり得るのかを論じ、「研究する実践家」がこれからは求められることを述べてきた。最後に、実践報告と実践研究の関係について私見を述べておきたい。

実践報告は一言で言えば、(主として自らの)「実践」について丁寧に記録したものといえるだろう。そしてその用途は、実践家自らがそのケースについて振り返り今後の介入のあり方について検討するためにも用いることができるし、他者によって報告された内容(実践)を素材とし事例研究することもできる。そのような意味では、この実践報告が実践者による研究の第一歩となるものであり、特別な訓練等も不要であるからまずはここから始めたい。ある意味で実践報告は、(自らの)実践をしっかり言語化し、記録するところまででひとまずよく、後の解釈等は他の人に任せることが可能になる性質のものである。すでに述べてきた内容で言えば、研究者に対して研究協力をする段階にも相当するだろう。

一方実践研究という場合には、前節までで述べてきたように、明らかにしたい「問い」をもち、それをリサーチクエスチョンの形に整え、さらにその問いを明らかにするために相応しい研究方法を選択する必要がある。このためには、一定の知識や訓練・経験が必要になる。本書自体が実践報告のレベルから実践研究へと実践家のレベルアップを図ることを目指している。

実践報告と実践研究を料理に例えれば、前者がよい食材を提供することに焦点があたり、後者はその食材を用いて調理し料理を完成させるところに焦点が

あたっているといえる。実践にかかわる人には、まずはよい実践報告をしていただきたい。そのうえでぜひとも次のステップの段階（プラクティショナー＝リサーチャーの段階）に入っていただきたいと考えている。

（小山　隆）

注
1) ほかにもポスター発表等多様な研究の発表形態がある。
2) 実践家等が研究を行う場合と区別して、大学教員等の研究をもっぱら行う人々を指して、あえて比喩的に本論ではプロという言葉を使う場合がある。
3) 岡村重夫（1906-2001）が、その著書において展開した社会福祉理論。現在の社会福祉理論に大きな影響を与えた、代表的な理論の１つ。
4) もちろん、本当は理論が実践の役に立たないのではない。与えられる内容と求める内容のミスマッチが生じている場合が多いのである。パニックを起こしているクライエントへの接し方を知りたいワーカーに介護保険のあるべき動向について論じた論文は役に立たない。
5) 訳することは難しい。語義どおりに言えば、「実践者＝研究者」であろうが、「研究を行う実践者」「研究力のある実践者」とでも言えるだろうか。例えば、ジャービスの著書は、そのサブタイトルが "Developing Theory from Practice"（実践から理論を開発する）となっている。そして、「伝統的に研究に必要な知識や技術をもち学者や科学者が行うものであった研究を、近年多くの職業において実践家が自ら行うようになってきた。」旨、導入部で指摘している。
6) 組織外の研究者が情報収集するときには、最終的には不要になる可能性があることまで念のために聞いておく（＝網を広くかける）ということもしばしば生じるのである。

文　献

Biestek, F. P.（1957）*The Casework Relationship*, Loyola Univ. Press.（2006, 尾崎　新・福田俊子・原田和幸訳『ケースワークの原則――援助関係を形成する技法――』誠信書房．）

Jarvis, Peter（1999）*The Practitioner-Researcher : Developing Theory from Practice*, Jossey-Bass Inc, Publishers.

小山　隆（2016）「ソーシャルワークの理論と実践の関係再構築」岡本民夫監修『ソーシャルワークの理論と実践――その循環的関係を目指して――』ミネルヴァ書房．

小山　隆（2017）「実践家による研究への誘いと研究倫理の問題」『地域福祉実践研究』8.

岡村重夫（1983）『社会福祉原論』全国社会福祉協議会．

第2章

研究活動には
どのようなものが
あるのか

1 研究活動とは何か
- 何かを知りたい
- 明らかにするとは、どういうことか
- ソーシャルワークにとっての研究活動とは

2 研究活動の実際とはどのようなものか
- 現場での実践における気づきから研究活動へ
- 実践者の研究活動を支えるもの
- 実践における気づきを研究活動に発展させるポイント
- 研究活動の成果と発表について

1　研究活動とは何か

▶ 何かを知りたい

　研究活動というと、何かしら縁遠い、とっつきにくい活動と受け止める人が多いかもしれない。しかし、好奇心をもって知りたいことを調べる行為だと考えれば、人が生きてくうえで、関心をもち知りたいと考えてとった行動は、探索、検索、調査、聞き取り、観察、体験などなどすべて広い意味では研究活動である。たぶん、普通に考えると、研究活動は課題リポートを仕上げたり、大学での卒業論文の作成、さらには修士論文、博士論文の執筆などを想定するだろう。厳密には論文執筆の活動は研究活動の仕上げ、成果物の作成ということになるのだろうが、論文執筆に至る研究成果の発表も研究活動ということになる。論文を書きたい、何らかの事例研究発表をしたい、調査報告書をまとめてみたいなどの具体的な課題が突きつけられたとき、研究とは何か、研究活動とは何をすることなのかを自問自答するのだろう。

　何かを知ること、何かを納得がいくように明らかにすることを研究の特徴だとすると、研究することによって何を明確化したいのか対象を定めないと答えに近づくことはできない。物事の真実、事実を知りたいのか、現象が起きる原因や結果を知りたいのかによっても研究のやり方や研究活動は異なってくる。ここでは、ソーシャルワークの何を明らかにしたいのか、研究目的が明確でないと、ソーシャルワークの対象や機能や現実をどのように記述し、論述するかが定められない。知りたいことは、どうやれば明らかになるのか、その認識の方法だとか、どこを見れば答えが明らかになるのか、計画的に進めることも研究活動である。

　ともかく現象や現実を知りたいという好奇心から出発するとすれば、ソーシャルワークの現実を詳しく知るための概念やキーワードを広く深く知る必要がある。研究というよりは基礎知識を身につける学習かもしれないが、知られていない、明らかにされていない研究活動の前提となる基礎知識が蓄積されていなければ、研究はできない。これまでどこまでわかっていて、何が明らかでないのかもわからなければ、研究のしようがないのである。ソーシャルワーク援助の対象となるクライエントがなぜ生活困窮に陥るのか因果関係を知りたいということであれば、考えられる要因を導き出して、どの要因との関係が最も

説明力があるかを論じることになるだろう。あるいは、そこから派生して、どの方法がクライエントの生活問題解決に有効だろうか比較考察して効果測定の研究に進む場合もある。要するに、物事の実態を明らかにする研究活動とある現象が起きる理由を確かめる研究活動に大きく分かれるということである。ソーシャルワークの研究も多くはそのどちらかを明確にしようという取り組みになるわけで、研究の出発点となる好奇心、問題意識が明確であればあるほど、どのように研究活動すればよいかもわかってくる。

▶ 明らかにするとは、どういうことか

　学部生の卒業論文作成にしろ修士論文、博士論文の作成にしろ、多くの場合つまずいている人にみられるのは、何を明らかにしたいのか、問題意識がどこにあるのかわかっていないことが多い。いや、わかったつもりでいるのだけれど、研究テーマの立て方が抽象的であったり、一般的、常識的な課題設定になっていることもある。テーマ設定でも問題意識の明確化であっても、その状況説明をする下位概念やキーワードは必要で、その言葉や用語をもてないで、テーマの趣旨や問題状況の記述ができていないのである。つまり何を明らかにしたいのかわからないまま、漠然と状況把握や背景理解をしているだけのままでは先へ進めない。大学院生はともかく、初めて論文なる文章を書く人には、テーマ設定をするには、自分の関心のあるテーマについて、どれくらい論文が書かれていて、どれくらい文献があるのか確かめる作業をまず始めることを勧めたい。自分の関心のあるテーマについて大量の文献があるということは、研究に取り組んでも一般的、常識的な結論に到達するかもしれない。しかし、自分の知識を広めることには役立つが、評価される研究にはなりにくい。逆に、文献や書物が少ないテーマはオリジナリティが高い独自性のあるものとはいえるが、そのテーマに関する現実に迫るためには独自の調査や聞き取りなど時間と労力と資金をかけた取り組みが必要になる。

　形式知と暗黙知[1]、の関係になるかもしれないが、すでにわかっている既存知識とまだ十分には明らかにされていない暗黙知である新しい知見は、個人の基礎知識の質量に左右されるが、説明しようとする、明らかにしようとする現実との距離の違いのようなものである。既存知識では理解しがたい現実を新しい知識で説明できるか挑戦することが研究活動である。その意味でテーマに関する先行研究の再検討や既存知識の吟味は、新しい知見を得るには必要不可欠

なことでもある。別の言い方をするならば、現実を説明する新しい意味の発見、リアリティをとらえる新しい概念の生成は、暗黙知のなかからしか生まれないのではないか。その意味で研究活動は、真実の発見や因果関係あるいは現象の傾向性の本質を見抜くための行動ともいえる。

　暗黙知のカテゴリーに含まれるのかもしれないが、経験知識というものもある。体系化、定式化、理論化はされていないが、生活問題を抱えるクライエントや援助者であるソーシャルワーカーや福祉援助職の人たちが日々感じている知恵や情報を研究活動としてどのように位置づけるかは重要な課題でもある。研究することとは、これらの暗黙知である経験知識から収集され編集されて、体系化や定式化、理論化が試みられる努力活動なのである。断片的で無秩序な経験知識から説明可能な暗黙知と不必要なものを選び出し、類型化し関係づけ、まとまりのある知識へと理論化していく。実践、理論、事実との循環的な関係のあり方ともいえるが、実践現場の現実を概念や定説でとらえ直すとともに、現実から概念や理論なるものをリアリティから照らし直す事実の発見は、ソーシャルワーカーの実践やクライエントの置かれた現実から導かれる。

▶ ソーシャルワークにとっての研究活動とは

　さて、ソーシャルワークの実践現場で活躍している人にとって研究活動とは何かについてまだ語っていない。ソーシャルワークの実践家にとって研究活動は必要なのかという問いでもある。ソーシャルワークの理論とされているものを現場で応用し、クライエントの利益に供することさえできていれば、研究活動などする必要があるのかという声も聞こえてきそうである。新しいソーシャルワーク理論や福祉的援助の方法さえ研修し、実践力を磨くだけでよいのではないか、学習や研修がクライエントのエンパワーメントを高めるものでさえあれば、研究まで手を出す必要があるのかという問題提起でもある。新しいソーシャルワーク理論を紹介・発見したり、新しい有効な援助方法を開発するのは研究者、既存知識と方法論を含めて実践現場で応用するのが実践者の役割とする考え方もないではないが、実のところどうなのだろう。むしろ実践と理論は、循環してこそ実際的で効果的なものになるという理想論も存在する。そうだとすれば、理論家と実践家がお互いに、実践現場の現実に正面から向き合ってリアリティに切り込まなければ、循環型のパートナーシップは生まれない。

　研究活動の過程には、現実を説明したり、リアリティのなかから意味を取り

出したりする概念や学術用語を開発したり、因果関係や傾向分析などをする学術的研究領域がある。また、現場の実践からこれまでの既存の概念や理論枠組みでは説明のつかない暗黙知からの概念の生成や新しい性質の発見など実践的な実証研究の領域もある。その意味では文献検索や先行研究のレビューに長けている研究者と理論枠組みや分析概念からは見つけにくい経験知識が豊富な実践者との協働研究やコラボレーションは重要であり、かつ必要である。大学の研究者が実践者を指導するという場合が多々あるが、実は、本当に知りたいことは解決困難な事例の発表や説明のつかない現象を研究活動の俎上にのせなければ、永遠にわからないまま、置き去りにされ、忘れ去らされる。

　確かに研究活動は、最終的に文書や映像の制作に結びつかなければ、優れた実践も「見える化」しづらい。また、研究論文の作成や作法は、その道のプロである研究者のほうが手慣れているとはいえる。しかしながら、研究活動というものは、文字化するものだけではなく、研究会という名の活動もあれば、学術学会での発表や討論という活動も含まれる。こういう研究活動も一人の人間の思索や表現では産出することのできないヒントや発想を醸し出すものではある。一つの発表や報告が他者の知的好奇心を高め、豊かな示唆を与えることも多い。研究者と実践者、あるいは実践者同士が知的生産の場づくりをすることも研究活動には含まれている。事例研究会も単なる研修会・学習会で終わらせるのではなく、理論や方法の開発の場にもなり得ることを知っておくべきだろう。

　研究会では主に口頭による意見交換や質疑応答がなされる。通常、発表者は発表レジュメや発表要旨文などを事前に準備して報告するが、このような発表の経過を踏まえて、論文作成に入ることが多い。論文の精度を高めるうえでは、いきなり学術雑誌への投稿や研究会雑誌への寄稿よりも質の高い論考になる傾向がある。論文は、エッセイや小説など違って、事実に基づき質的意味連関や真実の普遍性を語らせようとするものであって、主観的な意見や物語を伝えようとするものとは違っているのは言うまでもない。客観性を担保した論考が論文だとはいえ、研究者の主観性は完璧には排除できない。経験科学、社会科学の宿命ともいえるが、主観的な見方、社会観、人間観を完全には排除できないにしても、知り得た知見を相対化して提示することはできる。事実をもって語らせるという意味ではドキュメンタリーも同じ部類には入るが、論文や研究ノート、実践報告、事例研究は事実のなかに隠されている真実を伝えようとするものであることに変わりはない。

最後に、なぜ研究活動が必要となるのか、これから研究者ではないにしても研究活動が必要とされるのかを述べておきたい。自分が実践してきたこと、見てきたこと、体験してきたことを伝えたい。経験や関心から生まれてきた伝えたいことを自分の経験談に終わらせるのではなく、ある程度広がりをもった現実、事実として伝えるために調べてわかったことを誰かに伝えたいと思うのは普通の感覚だろう。口頭で伝えるという行為は、聞いている人がいなければ、伝えることはできないが、書いた文章は、不特定多数に場所と時間を超えて伝え得るツールにはなる。もちろん、関心をもって読んでもらわなければ伝えたことにはならないけれども、調べて知ったことを第三者に伝えるには、話す行為と書く行為が欠かせない。書いて話して伝えることで、また、新たな関心が起こったり好奇心が生まれたりすることもあるが、書くことが上手になれば、話すことも上手になる。それは、書くことによって自分の考えが整理されたり、相手が理解しやすい話の筋や組み立てができるようになるからだろう。

　論文は話し言葉と違って、ロジックに従って問題提起から状況説明、明確化の方法、分析の結果と結論という過程をたどるが、何よりも自分の思考回路を整理できるし、まとまった考え方が定着すると、理路整然と話しかけることができるようになる。話す行為も書く行為も、実は調べて考える行為に裏づけされていないと、浅はかな内容しか話せないし書けない。研究する行為とは、事実を収集し、事実を分類し、できることなら類型化しグルーピングする。その類型化された事実と事実をつなぐもの、それは包含関係だったり因果関係だったりするが、その関係性や傾向性を明らかにし、本質や真理を極めるのが研究する行為なのだということを再確認しておきたい。

（牧里毎治）

注
1) 形式知とは、文章や図表などの形式によって説明、表現できる知識のことで、マイケル・ポランニー（Michael Polanyi）が提唱した暗黙知に対置される。暗黙知は、既存の知識では説明、表現しにくい感覚的、主観的な個人の実践経験を通じて獲得される知識である。形式知は、文、図、表、マニュアルなど明示化されやすく、体系化しやすい既存知識から構成されるが、暗黙知は、体験や勘と呼ばれるものに代表される経験知識から生まれるもので普遍化しにくい性質をもつといわれている。研究活動は、暗黙知と形式知の間を往復運動する知的活動プロセスともいえる。

文献
平岡公一・武川正吾・山田昌弘・ほか監修（2013）『研究道　学的探究の道案内』東信堂.
今田高俊編（2000）『社会学研究法　リアリティの捉え方』有斐閣.
岩田正美・中谷陽明・小林良二・ほか編（2006）『社会福祉研究法——現実世界に迫る14レッスン』有斐閣.

2 研究活動の実際とはどのようなものか

　ここでは実践者が実際に研究活動を始めるプロセスの例を紹介し、これらの研究活動を発展させるポイントや研究活動の成果と発表についても述べたい。

▶ 現場での実践における気づきから研究活動へ

　研究とは新たな知への好奇心や探索であるが、実践者にとっては仕事をするうえでさまざまな課題に直面し、解決策を見出し利用者にとってよりよい支援をしたいという「実践志向」が研究活動の出発点である。現場で遭遇する困難ケースとは、従来の高齢、児童といった縦割りのアプローチでは解決が難しいケースや、家族構成の変化や近隣関係の希薄化により生起した新たな問題などさまざまである。ここでは実践のなかで困難ケースに直面し、問題意識をもって研究活動に至った例を紹介する。

　社会福祉士として在宅高齢者の相談業務にかかわっているある卒業生（ソーシャルワーカー）は、家族と疎遠で、近隣との交流もない一人暮らしのAさんに対し、ホームヘルパーなどの公的支援を利用するよう勧めていた。しかしAさんは「他人の世話になりたくない」と拒んでいた。ある日連絡が取れなくなり自宅を訪ねると、チャイムを鳴らしても何の反応もなく、代わりに玄関からの異臭が鼻をついた。そこで警察と救急を呼び、室内に入るとトイレでAさんの遺体を見つけた。Aさんは自宅で亡くなった後、何日も誰にも気づかれなかった。このようにショッキングな場面に遭遇したことを契機に、卒業生（ソーシャルワーカー）は地域の高齢者が元気なうちから孤立を防ぐ方法はないかという問題意識をもった。聞き取りや調査を通じて、多くの高齢者が地域のスーパーマーケットに集まることがわかり、試行錯誤してスーパーでの相談会開催に取り組んだ。同時に出身大学の大学院を受験し、ソーシャルワーカーとして働きながら、孤立しがちな高齢者に対する支援のあり方についての研究活動に取り組んでいる。

▶ 実践者の研究活動を支えるもの

　実践の現場では、利用者にとって最善の利益を保障するために「研究機能」の発揮が欠かせない。そのために個人的な努力として、仲間や上司に相談する。先進事例や文献を探り、取り入れる。自らの実践内容や悩みを事例検討会で報告し、そこで出た意見をもとに再度、実践を試みる。このような試行錯誤の繰り返しである。熱心な職場では、事業計画に研究活動を位置づけ、調査研究や支援内容の改善に取り組んでいる。さらに1つの職場だけでなく、法人内で働く社会福祉士が定期的に集まり、情報交換を行う例や、地域の保健・医療・福祉の現場で働く有志が集まり、勉強会を開催する例もある。そこでは、一人の実践や1つの職場で抱えている課題が、実は職場や職種を超えた共通の課題であることを発見する場合がある。そこから更なる研究活動や取り組みに発展する可能性が広がる。これらの職場内や職場を超えた研究会は、業務の一環もあれば、勤務時間外に有志が集まる会もある。問題意識はあるが、身近にこのような会がなければ、仲間を募り研究会を立ち上げることも必要になる。

　例にあげた卒業生が大学院での研究にたどり着くまでに、高齢者の孤立について、職場内や関係機関、地域関係組織との意見交換や事例検討を積み重ねていた。そこでの議論の積み重ねのなかで、高齢者の孤立が、誰もが解決を望む普遍的な課題であることを認識し、研究活動を発展させるため大学院の門をたたいたのである。そこで実践者が現場での気づきから研究活動へと発展するプロセスを図示すると以下のようになる（図2-1）。

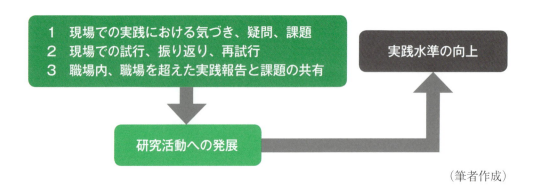

（筆者作成）

図2-1　現場での気づきから研究活動への発展

　さまざまな領域の対人援助専門職は、自らの実践内容や課題を研究的にまと

め、発表する力が求められている。ソーシャルワーカーも、実践水準を高め、今以上に専門職として社会的に認知されるためには、日々の実践を行うと同時に、研究活動に取り組むことが強く期待されている。

▶ 実践における気づきを研究活動に発展させるポイント

　実践現場は研究課題の宝庫である。そのため実践者の研究計画を見ると、一つの研究活動のなかで沢山のテーマを扱おうとする傾向がある。しかし、現場を越えて社会に役立つ研究活動として深化発展させるためには、テーマを絞り込むことが必要である。

①「研究の実践的意義」の確認～実践からテーマを見つける～

　今まで述べてきたように、ある問題意識が一人だけの悩み、まれなケースではなく、実践現場に共通する課題であることに気づくことは、その「研究の実践的意義」を確認することにつながる。職場内外の研究会を通して、課題の共有や問題点の精査を行うことができるのは実践者の強みであるといえる。

②「研究的意義」の確認～先行研究を徹底的にあたる～

　「研究の実践的意義」が確認されても、そのテーマがすでに研究され尽くしている場合、新たな研究テーマとしては成立しない。そこで職能団体や学会の主催する講演会や研修会等に参加し、さらに研究論文を検索し、同テーマの研究動向を洗い出す作業が必要である。同様の問題意識に基づく先行研究は多くあるはずだが、直面する課題の解決や説明にとって有効か、もっと違ったアプローチが必要ではないかなど、調べた先行研究の成果では満足できず、不十分な点を見出すことができれば、新たに研究する意義があるということになる。こうした作業により、実践での気づきは、社会的に解決が望まれる普遍的な研究テーマへと昇華する。

③研究テーマを絞り込む～テーマの限定や研究方法の見極め～

　研究テーマを定めるには、研究の視点、アプローチ方法や対象の限定をする必要がある。これは大きな研究テーマから、社会的意義や先行研究との関係で切り口を絞り込む段階である。先の卒業生の研究は「地域社会における孤立しがちな高齢者への支援」が大きなテーマであるが、「関係機関や地域住民と連携し、サロンなどの地域の集いへと誘う方法について深める方法を探る」ことを副題としている。さらに研究方法として、地域における実態調査や対象者へ

のインタビューという量的・質的方法を組み合わせ、実践者の利点を活かした方法を選択し、研究論文の作成に取り組んでいる。

▶ 研究活動の成果と発表について

　大学院であれば在学期間や論文提出の期限があり、また職能団体や学術団体等からの研究補助やプロジェクト研究も、一定の期間内で研究成果をまとめる必要がある。しかし研究活動は、時間をかけて積み上げ、発展させていくものである。研究活動の成果は、新たな実践方法の開発や理論形成に寄与し、さらに実践に取り入れられていく。

　研究成果の種類と発表の場は、職能団体の全国や地方大会での報告がある。さらに学術学会の年次大会での口頭発表やポスター発表、シンポジウム等での発題、さらに学会誌に論文を投稿することがあげられる。口頭発表やポスター発表は、報告要旨の作成と報告、質疑応答を通して研究成果の充実に結びつく。また査読付きの学会誌に論文を投稿し、審査に通り掲載されると一定水準以上の論文であると評価される。また、学会誌に掲載されることで、電子媒体等を通じて、より多くの人に公開されることになる。

　研究成果としては、学会での研究発表や論文の投稿が１つのゴールと考えられる。だが実践者にとっては、目の前のクライエントの支援や社会福祉問題を解決するという強い動機があり、困難事例の検討や実践・記録を丁寧に行うことが、研究活動の原点になる。これらの実践者が向き合う現実から離れて社会福祉の研究活動は進められない。そこで研究者が主体となる共同研究だけでなく、実践者自身による研究活動がますます重要になるのである。

（池田雅子）

文　献
久田則夫（2003）『社会福祉の研究入門』中央法規出版.

第 **3** 章

研究ができる環境をつくろう

1 いつどこで誰と研究を行うのか
- ▶ 個人研究の場合
- ▶ 共同研究の場合
- ▶ さまざまな研究活動の組み合わせと留意点

2 研究資源を活用しよう
- ▶ 研究資源とは
- ▶ 研究の機会
- ▶ 研究にあたって指導してくれる人
- ▶ 文献・研究情報収集
- ▶ 研究資金の確保
- ▶ 現場で働くソーシャルワーカーが実践研究を行う際の研究資源活用例

1 いつどこで誰と研究を行うのか

　研究に取り組もうと思いつつ、なかなか研究活動が進まないことがある。このような状況を克服し研究を進めるためには、研究環境の整備と計画が大切である。具体的に言うと、個人で研究してその成果を発表しようとするならば、研究発表の場と時期を決めて計画的に取り組まなければならない。また共同研究を行うならば、共同研究を行うメンバーと役割分担、いつどこで研究成果を明らかにするのかを明確にしなければならない。このような当たり前の研究環境の整備と計画は、別の表現をするならば、いつどこで誰と研究を行うのかということにつながる。

　そこで、以下、いつどこで誰と研究を行うのかということについて整理する。前提となる基本的な考え方として、研究活動とは多様なものである。いくつか例示してみると、現場に出て3年目で、自分自身が担当したケースを事例研究としてまとめ、学会で発表するという研究。現場で仕事をしながら大学院に入学し、そこでこれまでの実践活動のなかから研究テーマを設定し、学位論文を書くという研究。また職能団体が行う研究プロジェクトに参加し、福祉専門職に関連するテーマで共同研究を行う活動。さらに職場が位置する地域において、福祉職以外の関係職種と共同で地域研究に取り組む活動もある。

　そして研究活動に関するもう1つの基本的な考え方として、研究活動は複数の取り組みが同時並行的に行われるものである。

表3-1　個人研究と共同研究の様態

	職場	大学院	その他（職能団体・地域）
個人研究	学会発表・研究論文	学会発表・研究（学位）論文	学会発表・研究論文
	研究活動 問いを立てて、先行研究にあたり研究計画を立てる。対象と方法を選定してデータを集め、分析してその結果について考察する。その成果を口頭発表する。論文としてまとめる。		
共同研究	学会発表・研究論文	学会発表・研究論文	学会発表・研究論文

※項目内の学会発表・研究論文等は研究活動の例示である。

　表3-1は、研究活動の様態を個人研究と共同研究に分け、研究の場については職場、大学院、その他（職能団体、地域ほか）として区分したものである。項目内の具体的な研究内容については、便宜的に学会発表、研究論文等とした。

また、共通する研究活動の型として「問いを立てて、先行研究にあたり研究計画を立てる。対象と方法を選定してデータを集め、分析してその結果について考察する。その成果を口頭発表する。論文としてまとめる」とした。以下、このマトリックスに沿って、いつどこで誰と研究を行うのかということについて述べる。

▶ 個人研究の場合

ここでいう個人研究とは「自分が主体的に研究テーマを決めて研究活動を行い、その成果を発表する」一連の取り組みとする。個人研究を行う場として、大きく分けて職場と大学院を設定した。ただしそれ以外にも、その他として示したように、職能団体や地域での研究会において個人研究の成果を報告することがある。

職場において個人研究を行う場合、研究環境の整備と計画という観点から言えば、何よりも研究時間と研究費の確保が不可欠である。また研究発表の場（口頭もしくは論文）が必要であり、口頭発表の場合、発表の場は一般的には学会になると思われる。学会発表については、発表の申し込み、抄録の締め切り、査読といった一連の手続きがあり（図3-1）、それに合わせた対応が求められる。また研究論文をまとめ、学会誌や専門雑誌に投稿する場合も、同じように、申し込みの締め切り、査読があり、それによって採択が決まる。学会発表の申し込み、研究論文の投稿ともに、その手続きとスケジュールを踏まえた計画的な取り組みが必要である。

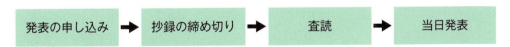

図 3-1　学会発表の流れ

大学院において個人研究を行う場合、指導教授のもとで学位論文を執筆し、審査を受けることが一連の研究活動となる。その場合も、学位論文執筆に関する諸条件（提出期限や前提条件等）に従い、いくつもの段階を経て学位論文を仕上げていくことになる。その前提として、目指すべき大学院の選択と受験（合格）、また研究時間の確保と授業料等を含めた費用を確保しなければならない。

▶ 共同研究の場合

　ここでいう共同研究とは「複数の関係者によって研究テーマを決め、研究活動を分担して行い、その成果を発表する」一連の取り組みとする。共同研究を行う場として、職場と大学院、職能団体、地域（関係者・機関）を設定した。

　職場において共同研究を行う場合、研究環境の整備と計画という観点から言えば、個人研究と同じく研究時間と研究費の確保、研究発表の場の確保が不可欠である。また共同研究を行うメンバーの選定がポイントとなるが、研究テーマとの関連で所属部署として取り組まなければならない研究なのか、あるいは任意で関心のあるメンバーが集まって行う共同研究なのかによって、メンバーの選定は違ってくる。ただし、どのような共同研究であっても、研究テーマの設定、研究期間、研究のゴール、研究の進め方と予算など総合的な研究計画の作成（役割分担を含む）が必要である。研究発表の場となる学会発表、研究論文の投稿については個人研究の場合と同様である。

　大学院において共同研究を行う場合、指導教授（学位論文等の指導を受ける教授）のもとで行うのか、あるいは大学院生間でメンバーを組織し行うのかによって、研究活動全体の構想と進め方は違ってくるかもしれない。ここでも研究時間と研究費の確保、また研究発表の場が必要であり、職場における共同研究と同じように、総合的な研究計画の作成（役割分担を含む）が必要である。

　その他としてあげた職能団体、地域での研究会において共同研究を行う場合、メンバーが所属する組織の都合、職種間の違いによって研究発表の場の制限（学会員資格取得の有無など）が生じることが考えられる。したがって総合的な研究計画の作成段階において、より綿密なすり合わせが必要である。

▶ さまざまな研究活動の組み合わせと留意点

　研究環境の整備と計画という観点から、いつどこで誰と研究を行うのかということについて、個人研究と共同研究に分けて整理してみた。その結果、研究活動にはさまざまな様態があり、しかもさまざまな水準と規模の研究活動を同時に行うことが想定される。

　例えば個人研究において、ライフワーク的な研究テーマをもち時間をかけて取り組み、その都度、研究成果を発表するという研究活動もある。その一方で、科学研究費助成による研究のように、限られた時間のなかで特定のメンバーが

集い、一定の研究成果を上げる取り組みもある。

となると、いつどこで誰と研究を行うのかということについては、個人研究か共同研究かという視点だけでなく、別の視点として、研究スタイルと進め方、研究期間と成果発表の方法と時期、という要素も入ってくることになる。

研究スタイルと進め方	研究期間と成果発表の時期	研究成果のまとめ方
研究会型 職場主導型 公費による共同研究型	長期（複数年） 中期（1年） 短期（3ヶ月）	学会発表 報告書 研究論文

↑いつどこで誰と研究を行うのか

図 3-2　多様な研究活動の構成要素

図 3-2 はあくまで例示ではあるが、このような視点も大切である。研究環境の整備と計画という観点から見た、いつどこで誰と研究を行うのかということについては、さまざまな切り口があり、その組み合わせやどこに重点をおいて研究活動を行うかということは、それぞれが自分自身の将来像と併せて考察することが大切である。

自分自身の実践活動に根差した研究を行うことは、福祉専門職としての成長にとってきわめて重要である。また大学院において学位論文を書くことは、キャリアアップとしても重要な意味をもつ。さらに地域のなかで関係機関の連携しながら、福祉専門職として多職種と研究に取り組むことは、ソーシャルワーク実践においても地域共生社会の構築という点でも重要な取り組みとなる。

いつどこで誰と研究を行うのかは、①研究テーマの選定と研究計画の立案、②研究資金の獲得と研究時間の確保、③研究活動としての複数同時並行モデルの構築、④なぜ研究を行うのかというモチベーション、の4点によって決めていくことになる。

（白川　充）

文　献
　伊丹敬之（2001）『創造的論文の書き方』有斐閣．
　黒田裕子（2017）『黒田裕子の看護研究 Step by Step（第5版）』医学書院．
　上野千鶴子（2018）『情報生産者になる』筑摩書房．

2 研究資源を活用しよう

▶ 研究資源とは

　研究を行ううえで、研究資源の活用は不可欠である。ここでの研究資源とは、研究を行うにあたり活用できる人・物・資金・情報等のすべてのことを指す。質の高い研究を行うためには、自らが活用できる資源をたくさんもっていることが大切である。

　しかしながら、研究を始めたばかりの人や現場実践者で研究機関とは直接的なかかわりがもてない人にとって、どのようにして研究資源にアクセスすればよいかで悩むこともあるだろう。

　そこで、ここではどのような研究資源があるのか、またそれにどのようにアクセスすればよいのかについて述べていく。1つの研究資源にアクセスできれば、次の資源に自然につながっていくこともある。「案ずるより産むが易し」のことわざのように、意欲があれば道は拓けるものである。それでは、研究の機会、研究にあたって指導してくれる人、文献・研究情報収集、研究資金の確保についてみていこう。

▶ 研究の機会

　まず、どのような機会を活用して研究を進めていけばよいのかを紹介する。

　研究方法について最も的確な指導が受けられるのは、大学院に入学することである。現在は通学制のみならず通信制の大学院も設置されているため、仕事の合間に大学院で学ぶことができる。また、正規の大学院生という形でなくても、大学院によっては正規課程の大学院生ではなく、期間を区切って特定の事柄について研究する人を受け入れてくれる研究生制度や、特定の科目を聴講することができる聴講生制度が設けられているところもあるため、自分のライフスタイルに合わせた利用が可能である。

　次に、各種学会に入会して大会や学会主催の研究会に参加する方法がある。現在、社会福祉系の学会が集まる日本社会福祉系学会連合[1]に加盟している学会は21学会ある。それぞれにホームページが開設しているため、自らの関心や研究テーマに近い学会について調べてみることを勧めたい。

次に、学会は「敷居が高い」と考えている人には、各種の研究会・講習会・塾に参加することが望ましい。全国レベルから地方レベル、既存のものから自主的に結成されたものまで大小さまざまな研究会・講習会・塾が存在する。ちなみに、筆者がこれまでに大学院以外で研究方法を習得するために参加した研究会・講習会・塾は、修正版グラウンデッド・セオリー・アプローチの研究会[2]、KJ法の研修会[3]、現象学の研究会[4]、統計処理の勉強の塾[5]がある。また、教員同士の教育方法のスキルアップに向けて、ソーシャルワーク教育学校連盟関東甲信越ブロックの教員研修の一環として、ソーシャルワーク演習研究会を自ら立ち上げ、運営した経験がある。

▶ 研究にあたって指導してくれる人

とはいえ、やはり独学では研究の遂行が難しい。そのため、経験者からの指導が受けられる環境が求められる。それには、三通りの人材がいる。出身校や他校の大学教員、学会や研究会で知り合った研究者、大学院生（もしくは大学院修了者）である。

最もアクセスしやすいのは、卒業した学校の教員であろう。母校の教員に問いかければ、時間がある限り聞いたことには対応してくれるだろう。ただし、必ず事前のアポイントメントは取ってからにしよう。

次に、学会や研究会で知り合った研究者や、大学教員からの紹介で知り合う研究者にアクセスすることである。自分の研究テーマを指導してくれる人がわからない場合には、学会等に問い合わせるとよいだろう。

そして、現役の大学院生（もしくは大学院修了者）にアクセスすることである。ただし、その人たちも指導を受けている立場であるため、全面的な指導を仰ぐというよりは部分的なアドバイザーとして活用するのが適当といえよう。

筆者の場合は、大学院中退後に指導者が得られなかったために、毎年1、2本の査読論文を学会誌や研究誌に投稿し、そこでのコメントを指導代わりに活用していた時期が長かった。しかしながら、その方法は少しハードルが高いため、できるだけ懇切丁寧に指導してくれる人を見つけることが望ましいといえる。

▶ 文献・研究情報収集

次に、情報をどのように入手するかについてである。研究の遂行上、研究デザインの設計、先行研究のレビュー、結果の考察には文献検討は不可欠である。とはいえ、市販の文献だけを使っていてはそれらの作業は十分に行えず、原著論文をはじめとする一次資料にあたる必要がある。

そのために最大限活用したいのは図書館である。自治体の図書館もさることながら、あらゆる文献を扱っている国立国会図書館、専門のテーマを扱っている大学図書館、歴史資料を保存管理している国立公文書館等を用途に応じて使い分けたい。国立国会図書館では、登録をすれば郵送サービスも行っているため、そのような機会を大いに活用しよう。

その際に、各種の検索サイトで論文の存在を把握することが必要である。よく使われるのは、国立国会図書館サーチ NDL Search、CiNii、Webcat Plus 等である。近年は、各種の論文がホームページ上に掲載されるようになっており、以前よりもスムーズに入手することが可能である。ただし留意しなければならないのは、インターネットに公開されている論文がすべて質の高いものではない点である。活字になっていると洗練された作品であるかのような錯覚をすることがあるが、実は玉石混交なのが実情である。そのため、それらの質の違いを見極めるリテラシーを養うことも、研究を行ううえでは大切な資質である。

また、大学、研究機関、学会、専門職団体等のホームページからも重要な情報が入手できる可能性がある。その機関での研究会開催の情報や、その時々のその団体に関する政策動向や国の審議会・委員会の報告書等が掲載されるためである。

さらに、各種のデータベースを駆使することも必要である。研究に関するデータベースの例としては、Google Scholar、CiNii Dissertations（日本の博士論文を探す）、J-GLOBAL 科学技術総合リンクセンター、reserchmap、科学研究費助成事業データベース（KAKEN）、国会会議録、JREC-IN（イノベーション創出を担う研究人材のためのキャリア支援ポータルサイト）等があげられる。

▶ 研究資金の確保

さて、研究の機会も指導してくれる人も見つかった。だが、研究の遂行にはお金がかかるものである。そのため、ここでは研究遂行の根幹となる研究資金

について述べる。研究に必要な文献を収集するためには、本の購入だけでなく図書館での論文の複写にも費用がかかる。また、調査を実施する際には、アンケート調査であれば郵送料が、インタビュー調査では交通費や謝金が発生する。加えて、調査データの整理や録音したデータの文字起こしを業者やアルバイトに頼むのであれば、さらなる出費が求められる。

　大学に所属していれば、毎年一定の研究費が支給される場合があるが、現場実践者では研究費の支給は見込めない。そこで、各種の補助金・助成金を活用することが求められる。研究者番号が取得できるのならば、独立行政法人日本学術振興会の科学研究費補助金の申請が効果的である。しかし、研究者番号が取得できない立場ならば、学会や民間団体が実施している研究助成金の申請がよいだろう。

　例えば、三菱財団が行っている社会福祉事業ならびに研究助成では、総額約9千万円までの助成が、日本ソーシャルワーク学会では50万円以内の会員研究奨励費の支給を行っている。もちろん、いずれも提出した申請書が審査され、採択されてはじめて支給されることとなるが、申請書を書く経験は他団体の補助金助成の際にも活かすことができるため、できるだけチャレンジすることを推奨したい。

▶ 現場で働くソーシャルワーカーが実践研究を行う際の研究資源活用例

　最後に、現場で働くソーシャルワーカーが実践研究を行う際に、どのように研究資源を活用するかについて、架空の事例で示していく。

　本書冒頭（「読み方ガイド参照」）で紹介した経験年数8年目の医療ソーシャルワーカー木下さんは、これまで取り組んできた自らの退院支援の度合いによる患者の満足度の違いについて、一度論文にまとめたいと考えており、退院した患者を対象に郵送によるアンケート調査の実施を計画した。ところが、そのような調査に取り組むことも、それを論文の形にまとめることも初めての経験だったため、誰かにアドバイスをもらいたいと考えていた。

　幸い医療福祉相談室には、昨年の3月に大学院修士課程を修了したソーシャルワーカー山内さんがいたため相談したところ、山内さんの通っていた大学院の指導教員が、退院支援をテーマに論文を書いた経験があることがわかった。先頃子どもが生まれたばかりの木下さんはいずれ大学院に通いたいと思ってい

たが、すぐには経済的事情が許さず、とても大学教員に指導してもらうことはできないと思った。しかし、山内さんより教員に連絡をとってもらったところ、その教員の授業の聴講生になることにより、授業の前後に論文へのアドバイスを行うことが可能なこと、そのときに大学図書館も使えることがわかった。

　そこで、2万円弱の費用で通える聴講生として、週1回ずつ大学に通いながら研究を進めていくことになった。木下さんはいずれ子育てが一段落したら、大学院に入学するために、今のところは聴講生として研究の基礎を築いていくことを目標としている。

　このように、現在大学に所属していなくても活用できる研究資源は多数存在する。それらを把握し活用できることこそが、スムーズな研究の遂行に結びついていくのである。

（保正友子）

参考URL
1) 日本社会福祉系学会連合 http://jaswas.wdc-jp.com/index.html
2) 修正版グラウンデッド・セオリー研究会 https://m-gta.jp/
3) KJ法の研修会 http://mushin-kan.jp/contents/globalnavi1183454166656.html
4) 臨床実践の現象学会 http://clinical-phenomenology.com/archives/
5) 大人のための数学教室「和」 https://wakara.co.jp/service/personal_sugaku

第Ⅱ部

研究プロセスの実際

第Ⅱ部では、研究プロセスの実際について述べる。

第4章　研究をデザインしよう
　リサーチクエスチョンの明確化の方法、先行研究レビューを通しての自分の関心に関連する研究を調べる方法、研究計画書の書き方について実体験に基づき解説する。

第5章　研究の倫理・ルールを知ろう
　研究倫理の目的と倫理審査委員会の実際より研究倫理とは何かについて、基本的な研究倫理、研究倫理におけるジレンマより研究倫理の実際について解説する。

第6章　データを集めよう
　質的データと量的データの特徴を踏まえながら、それぞれの収集時の留意点や収集方法について解説する。

第7章　データを分析・考察しよう
　質的研究と量的研究の特徴を踏まえながら、分析の進め方について解説する。

第8章　学会発表をしてみよう
　発表する学会の選択から抄録作成方法、発表前から発表当日までの準備や心構えについて解説する。

第9章　研究論文を書いてみよう
　研究論文執筆前の準備から研究論文執筆までの過程で求められる作法や、研究誌に投稿する際の留意点について解説する。

第4章

研究をデザインしよう

1 リサーチクエスチョンを明らかにしよう
- リサーチクエスチョンの萌芽
- 実践現場での経験を通して生まれていった
  リサーチクエスチョンの種
- 研究方法との出会い
- 研究テーマと研究方法の選択の関係
- 分析しながら研究テーマが絞り込まれる

2 自分の関心についてどんな研究があるかを調べよう
- 先行研究と出会う
- 研究レビューの内容

3 研究計画書を書こう
- 研究計画を立てるということ
- 先を見通すことの重要性

はじめに

　本章でこれからふれるのは、論文の調査研究のデザイン（ここでは、調査研究の全体像を明らかにすること。いうなれば、構想している調査研究の目的や方法、手順などを具体的に設計していくこと）と研究のプロセスの経験に関することである。研究のプロセスが、どのように進んでいくのか、実はなかなかわかりにくいものである。筆者の拙い経験をもとにそのプロセスをお伝えすることで、実践者の皆さんのお役に立てれば幸いである。では、これら研究のデザインに関して述べていく前に、今回の話題の素材となる研究論文について簡単に説明しておきたい。

　本章の素材として取り上げるのは『長期入院精神障害者の「退院の意思決定」を支えるソーシャルワーク実践に関する研究』（高知県立大学大学院 2016）という博士論文である。筆者自身の精神科医療機関での現場経験のなかで「わからなかったこと」が起点になった博士論文であった。その概要は、以下のようなものである。

　この論文では、退院が可能だと判断されながらも長期入院している精神障害者（以下、クライエント）への精神科ソーシャルワーカー（以下、PSW）による退院援助の実践プロセスを明らかにすることを目的とした。調査は、調査協力を得られた精神科病院での実践経験が5年以上のPSW17名にインタビュー形式による面接を実施し、データ収集を行った。データは逐語録化（インタビュー調査では、語り、つまり、言葉（音声）がデータとなる。そこで、事前に了承を得たうえで、録音することがある。録音した音声データを文字に書き起こし、これを分析におけるデータとすること）したうえで、修正版グラウンデッド・セオリー・アプローチ（以下、M-GTA）を用いて分析した。

　M-GTAを用いた分析の結果、データから、35概念、14サブカテゴリー、6カテゴリーを生成することができた。そして、結果として、クライエント自身による退院の意思決定をPSWが支えるプロセスでは、〈クライエントが本来持つ力を退院援助の起点に据える〉ことと、〈クライエントの人生全体を見通す視点をもって援助にかかわる〉こととを基盤とすることが明らかになった。ところが、このプロセスは、スムーズに運ばれるわけではなく、PSWは〈足踏みする退院援助〉という状況に立たされる。しかし、その状況のなかでこそ、PSWは丁寧なかかわりに立ち返り〈一人ひとりとひらかれた関係をつくる〉ことに取り組んでいく。そのかかわりが〈成功体験を積み重ね自信と安心につ

なげる〉ことにつながり、クライエントが〈自信を持って退院の決心がつくように後押しする〉状況づくりにつながっている、という一連のプロセスであることが示唆された。この結果から、PSWによる退院援助実践は、開かれた関係性をもとにして、院外での成功体験の蓄積と院外の人とのつながりの形成をサポートすることによって、クライエントが本来もっている力を引き出し、クライエント自身による「退院の意思決定」を支えているプロセスであることを見出すことができた。そして、クライエントに対するPSWの退院援助は、エンパワメントアプローチによって説明可能であること、退院援助においてはクライエント自身による「退院の意思決定」を支える援助実践であること、クライエントの趣味趣向を把握し体験の機会を提供することである、と明らかにすることができた。

では、この研究論文をデザインしていった過程を中心に、筆者の博士課程への進学の経験や研究のプロセスの実際を一例としてご紹介したい。

1 リサーチクエスチョンを明らかにしよう

▶ リサーチクエスチョンの萌芽

この研究論文であるが、筆者の精神科医療機関での経験が一番大きく影響している。それは、精神科医療機関という実践現場のなかで、「長期入院」という実態を目の当たりにしてきたことが出発点である。クライエントが、いざ退院を目指そうということになったとき、PSWとして退院支援に取り組んでいくなかで、さまざまな課題に直面していった。特に、クライエントの退院意思を支える実践の難しさがあった。そのために、その難しさがどのようなことなのか、どうすれば支援の実践を説明することができるのだろうかということを明らかにしていきたかったというのが一番のポイントである。

筆者は、学部から大学院修士課程にそのまま進学し、修了後に精神科医療機関で職を得た。ここでは、素材となる調査研究におけるリサーチクエスチョンがいつ頃から、どのように芽生えたのか、そして調査研究がデザインされていくまでに、どのような道のりを経たかについてふれていきたい。

修士課程において、ソーシャルワーク実践について理解する機会は授業の

1つである「実習」であった。修士課程での研究テーマは、精神障害者の長期入院の要因に関して考察していくことであった。そこで精神科医療機関で実習を受け入れていただいた。この間、実習生という立場で、どこまで考えることができるのかについて悩みながら実習に取り組んだ。

　この実習で、精神科医療機関における長期入院の実際を目の当たりにしたことは、研究テーマを考えていくうえで、とても大きな影響があった。すでに、修士課程における座学で学んでいた統計資料や先行研究で、長期入院という状況があることを知っていたが、実習でそのことを目の当たりにしたことで、長期入院ということを修士課程における研究テーマにしよう、と決心した。修士論文では、このテーマについて、先行研究の文献研究（研究方法の1つとして、多くの先行研究を精読し、それら先行研究を論拠としつつ研究していくこと）と「実習」を通してかかわらせていただいた事例研究（少数の事例を取り上げ、それぞれの事例の状況の背景や要因、そして、状況に対する方策などを研究すること）で取り組んだ。

　修士論文を執筆するにあたっては、「実習」という体験のなかで得たものをもとにして、実践のなかから考えたい、実践から理論を考えたいという志向が筆者のなかにあった。今日では実践から理論を考えたいというのであれば、事例研究以外の方法にも選択肢がいくつかある。しかし、当時、質的研究について修士課程の学生が学ぶ機会は多くはなかった。研究方法としては、統計的な調査を行うことがスタンダードだった。しかし、筆者のなかの感覚は、実践を理論につなげたい、そのさまざまな文脈によって生み出されていく状況をとらえていく調査や研究を行いたいと考えた。修士課程における研究方法を考えていく際に、指導教授からは「事例研究は個々別々のことになること、研究における恣意性をどのように回避するのか」という指導をいただいた。筆者は、一人ひとりの状況の違いのなかから、統計的調査ではつかむことのできない何かをつかむことができるのではないかと考えていた。そこで、自分の研究に対する思いについて、指導教授と積極的にコミュニケーションを図った。この結果、指導教授からは事例研究で行うことを了承していただいた。自分のなかにある、関心を明らかにしたい気持ち、長期入院の解消のために何とか役に立ちたいという素直なとても強い気持ちを大切にすることが、研究としてすすめていくうえではいかに重要かということを理解する大事な経験となった。そしてそれが、次項に述べるリサーチクエスチョンにつながっていったのだと考える。

　長期入院状態の解消については、国の施策として推進されていった。その一

方で、なかなかうまくいかなかった現実があった。だからこそ、それはなぜなのか、状況をどのような実践によって改善できるのか、そしてそれをどのように説明することができるのだろうか、と筆者は考えた。

そのような考えは、現場で働いていたときからすでにあったが、それが調査や研究として具体化することはなかなか手をつけることはできずにいた。その理由は、当時、現場での日常的な仕事がたくさんあったからである。何か大きな契機を自らつくり出さなければ、この関心は明らかにできないまま日々の忙しさのなかで時間だけが足早に通り過ぎていくのではないか、という思いが筆者の心底にあった。そこで、博士課程への進学を目指そうと考えた。

▶ 実践現場での経験を通して生まれていった リサーチクエスチョンの種

先ほども述べたが、修士課程修了後に、精神科医療機関の現場で勤務した。そして、そこでの経験が調査研究につながった。

博士課程の研究テーマを考えるようになったのは、現場で勤務しはじめて数年くらい経ってからであった。働き始めた当初から、クライエントの退院支援の際の難しさは実感として感じていた。しかし、その難しさの正体を自分が注目するようになり、それが何なのかということが少しずつ実感できるようになっていくには、筆者には数年の時間が必要であった。

それまでは、社会人として仕事をしていくこと、目の前の多岐にわたる業務をこなすことで精一杯であった。当時、PSWは多く配置されてはいない職場だったので、なおのこと、研究テーマを考えられるようになってきたのは数年経ってからだった。さまざまな経験のなかでも、筆者にとっては、クライエントの退院支援がどのように進められていくのか、その実践としてのプロセスに関心が常にあった。それが調査研究における問いとなっていった。働きながらできる研究として、当時かかわっていた事例などを整理し、職能団体の研修会の際に実践報告したり、会報誌などに投稿するなどしていた。現場での「実践経験」と「報告や投稿」を行っていくことで、より筆者自身のなかで明らかにしたいことが見えていくこととなった。

▶ 研究方法との出会い

①博士課程への進学と研究方法への関心

　クライエントの退院支援が、どのように進められていくのか、その実践としてのプロセスに関心がずっとあったのだが、それをどのように明らかにするのか、という方法についてはまだ当時はあまり理解できていなかった。ちょうどその頃、偶然に長崎和則先生（川崎医療福祉大学教授）との出会いがあった。そこで、研究のことや大学院博士課程に入学することなどを相談する機会があった。そのご縁で、その後、高知県立大学大学院の門をたたくことができ、住友雄資先生（現・福岡県立大学教授）、杉原俊二先生（高知県立大学教授）にご指導いただく機会を得ることができた。

　今振り返ると、いろいろな機会が重なり合っていたのだと思う。関心をもっていることの話をする機会があったことと、修士課程のときに事例研究に取り組んだことも影響して、質的研究で研究しようと思ったのである。

　ちょうどその頃になると、質的研究が次第に普及してきていた。書店でも、質的研究に関する本を見かけるようになってきていた。分野は、医療・看護領域が多かった印象があるが、ソーシャルワーク分野でも質的研究について勉強する機会は増えていた。そして、このようななかで質的研究についても少しずつ知識が増えていき、研究テーマやリサーチクエスチョンを考えたときに、それに相応しい研究方法として質的研究を採用しようと考えた。

　とはいえ、実際に質的研究方法を用いて調査研究を行ったことは、修士課程以降あまりなかった。質的研究に関する本を読んで勉強する、いわゆるイメージトレーニングにとどまっていた。その頃は、質的研究方法を用いた先行研究を読んで勉強する方法で研鑽を積んでいた。

②研究方法を見つけていく

　質的研究方法を学んでいくなかで考えたことは、質的研究方法のいずれかの方法をきちんと身につけたいということだった。もちろん、質的研究だけではなく、量的研究も勉強した。質的研究のなかでも、エスノメソドロジー（H. ガーフィンケルによって提唱された方法。「その場面」を記述していくことで分析していこうとする。ソーシャルワーク領域では、藤田（2016）による研究が示唆に富んでいる）、グラウンデッド・セオリー・アプローチ、ライフストーリーについても勉強した。グラウンデッド・セオリー・アプローチについても、勉強を進めていくうちに、いくつかのタイプがあることが理解できた。そのなか

で、筆者にとっては木下康仁先生が提唱する修正版グラウンデッド・セオリー・アプローチ（以下、M-GTA とする）M-GTA がもっている魅力が強かった。それは、ほかのグラウンデッド・セオリー・アプローチにはないものを感じたところにある。

　一番ピンときたのは、日本語を分析するには、M-GTA が一番適切なのではないかということだった。当然ながら、それぞれのグラウンデッド・セオリー・アプローチについては、それらが生まれてきたそれぞれの背景がある。だから、簡単にそれらの違いをここでふれるような力量は筆者にはない。しかし、それぞれの方法の背景を理解したうえで、研究方法は選択されていくことが重要であることは言うまでもない。例えば、グラウンデッド・セオリー・アプローチは、切片化（グラウンデッド・セオリー・アプローチにおける分析技法の１つ。データのうち、表わされていることを取り上げていくことで、客観性を保つとされる）を行うことが技法としてある。そのうえで、筆者の個人的な感想だが、当時考えたことは、切片化が可能となるのは、一語であっても比較的意図を明確に伝えることのできる英語だからなのではないかということだった。M-GTA だと、日本語のもっている、英語とは違う、表された言葉のさらに背景を含んだ表現なども解釈でき得るのでないかと思ったのだった。つまり、日本語のもつ特性に応じた解釈に適していると考えられた。M-GTA を考案された木下康仁先生はコンテクストを大事にすると言われており、語られたことの意味をキャッチすることを強調されている。行間を読むことや、その人が言わんとすることを理解することが大事だという意味の表現である。

　研究方法について勉強していくなかで、さまざまな質的研究方法や、さらにそれぞれのタイプのグラウンデッド・セオリー・アプローチを調べていった。そしてその背景には、自分が明らかにしたいことは、量的調査ではひろえない、明らかにできないという考えがあった。

　さらに、ここで大切にしたのは、進学先を検討していくうえで、研究の指導者にどのようにしてお願いするのかということであった。研究方法として選んだ M-GTA での研究を指導していただける先生ということが大事だった。筆者にとってはその時期に、研究の相談ができる先生が近くにいたということと、質的研究でご指導いただける先生に恵まれたことはとても幸運だった。進学を検討される方は、どのような方法で研究をご指導いただけるのか、ということも重要になる。進学についての事前情報を収集するにあたっては、例えば大学院の進学相談会などの催しなどの機会を活用するということも生の情報を得る

には大切な機会となる。

▶ 研究テーマと研究方法の選択の関係

　研究テーマは、クライエントの退院支援におけるPSWの立場から実践を通して体験される難しさである。その支援の難しさであるが、支援の質が時間の経過で変化していくという特徴があることを経験から知っていた。そこで、支援プロセスの変化が重要であり、そのプロセスを理論化する、つまり実践から理論化ができるというところがM-GTAを最終的に選択したときの理由であった。

　研究方法については、大学院博士課程の合同ゼミや研究発表会、その他の質的研究会などに参加するなかで、先生や先輩の報告、発表を聴くなかで勉強した。そのなかで、西日本M-GTA研究会での発表とスーパービジョンはとても役に立った。

　博士課程の入学試験のために研究計画書（これから取り組む研究について、どのような目的や方法、また期間や対象などを表したもの）を考えたのが、この研究についての第一歩であった。今考えると、「M-GTAという方法があるということを知っていた」という程度のことであった。つまりは、M-GTAでの方法を身につけた状態で研究計画書を書いていたわけではなかったのである。

　研究計画書を書くときに、現場経験で気になったことのなかでも退院支援に焦点を絞ったのは、クライエントの退院支援を経験していく上で、地域に偏見があるために退院が難しくなっているのではないかと考えていたからであった。しかし、実際に研究を進めていくと、退院支援の実践での難しさは、クライエント本人の意欲をどのように喚起していくのか、ということだということが見えてきたのである。例えば、アパートを借りるときに、保証人がいない状況でアパートを借りる等の支援を行っていくなかで、ある程度早い段階でそのことは理解できた。しかし、それだけではない難しさを感じていた。その難しさは、クライエント自身が主体的に退院するということであると気がついたのである。そこで、その難しさとはいったい何なのか、またその難しさに対してPSWはどのような支援を行っているのかということを明らかにしたいと考えるようになったのである。実際には、クライエントが退院したいと気持ちが変化して、退院を決めるようになる実践のプロセスで、何が起こっているのかを

明らかにしたいと思ったということである。

　実は、研究計画を考えるときに、いろいろな先行研究の文献レビュー（先行研究を収集し通読することを通じて、研究テーマについての傾向把握や、自らの研究テーマの整理につなげていくこと）が、このことに関する実践の研究がなく、理論も見当たらなかった。また、修士課程での研究で理解できたと考えていたことは、やはり表面的なことだったということである。それは、アパートを借りるのが難しいということや、家族と生活を再構築していくのが難しいということだった。表面的なこと、表層的なことは理解できていたが、実際に精神科医療現場で働き始めると、この難しさは大きく、これらを解決するためにどうすればよいのかはわからないままであり、モヤモヤしていた。そして、この難しさは何だろうと強く考えるようになった。これらを解決するために当時の筆者なりにいろいろと行動してはみるものの、具体的に説明できるまでの力はなかったという現実があった。

▶ 分析しながら研究テーマが絞り込まれる

　クライエント本人が、自らの意思で退院したいという気持ちになるということが重要であり、その過程においてどのようなソーシャルワーク実践が行われているのか、ということを明らかにしたいと確信したのは分析を行っている最中であった。

　分析の最初は、考えていることが広がっていた。最初は、退院援助の実践と表現していた。分析をしていくときにも、生成した概念は、数百個ぐらいできたという状態であった。その頃は、自分でも何をどうしたいのかがわからない状態で壁にぶち当たっていた。

　そこでは悩んだが、その結果、やはり自分に立ち返るというか、自分に問い返して、自分は研究で何を明らかにしたかったのかということについて、自問自答していったのである。

　博士課程の指導教授から、定期的に指導を受けていた。しかし、なかなか分析が進まない。この間、自問自答を繰り返していた。データが何を物語っているのか、そして、現象として何が起こっているのだろうか、ということを常に筆者自身のなかで問いかけていた。そして、得られたデータに丁寧に目と耳と関心を傾けていくなかで、明らかにしたいことが次第に見えてきた。それは、データのどの部分に注目するのかを考えていくなかで、語られていることの深

い意味を解釈していくということで、次第に、ここだということが見えてきたのである。もう1つは、分析を通して自問自答するなかで、自分のなかにあった「あっそうだった」という一致する経験、言ってみればピタッとくるという感覚が出てきた。

　それまでの感覚は、どうしても、やらなきゃならないという感覚だった。おそるおそるの分析であった。そこでは、概念化（M-GTAにおける用語の1つ。データから、最も小さな分析単位となるのが、この概念化ということになる）も、分析ワークシートをつくっていくなかで何となくつくるという感じだった。つまり、作業として概念生成（M-GTAにおける用語の1つ。分析における最も小さな単位である「概念化」を行っていくプロセス）はできても、つくっているだけという感じだった。当時を振り返ると、語られたことから分析テーマを明らかにするという実感を伴っていなかったというところがあった。概念をつくっても、文字面を追っただけの表面的な概念だった。

　その後も引き続き、「本当にこれでよいのか？」「どうだ？」という問いかけの作業をして、やっぱりこの概念が、ピタッとくるという明確なものになり、自信をもって説明ができる概念をつくることができるようになった。そして、1つひとつの概念に自信がもてるようになるので、その結果、全体として自信がもてるようになっていった。「自分の判断」というよりも、「自分で判断していく」ということの意味がわかるようになった。

　このように、概念生成の過程では、自分自身に問いかけて、自分でピタッとくるかどうかが一番大切であった。また、データ分析を進めていくことで、筆者がわかったことがもう1つあった。それは、分析を進めていくことで、研究テーマも、よりはっきりとしてくるということであった。

　研究テーマは、前もって考えて、そのうえで調査を行う。しかし、調査を行うと、研究テーマと語り手の語りの間で違いが表れてくるということが起こった。どうしても自分の考えた研究テーマと実際のデータとのなかで、違いが出てきてしまったのである。そうなったときには、研究テーマをもう一度考え直すことも考慮した。つまり、もう一度研究の最初に立ち戻り、必要であれば研究テーマを検討するということである。

　こうして、あらかじめ考えた研究テーマに基づき、調査分析を行う過程で、研究テーマと分析によって表れてくることとの差があればその差に注目し、検討することで、実は研究テーマが洗練されていった。研究テーマがクリアになったことは、それ以後の分析や研究全体の推進力を得るために重要であった。こ

のようになるためには、指導教授に指導していただいてわかっていくということに加えて、さらに試行錯誤して自分でわかっていくしかなかったということは、自分自身が研究の主体者であるということをはっきりと理解する大きな体験であった。

　研究のきっかけは、自分の体験から生まれたリサーチクエスチョンであった。その後、分析をしていくなかでは、インタビューで語っている人たちが何を言わんとしているのか、どのようなことが現象として起こっているのか、というところにフォーカスしないと結果につながらないということがわかった。このため、研究テーマを考えるときにも、必要があれば、調整（変更）することを想定し、「あそび」というか「のびしろ」というか、そのあたりの考えの余裕を少しもっているということは大事なのかもしれない。そして、指導教授をはじめゼミや職場、同じ職種の仲間たちと議論することは、アイデアを洗練させていくには欠かすことができない。特に、研究や関心を何でも話し合える仲間を得ることは特に重要になる。

2 自分の関心について どんな研究があるかを調べよう

　さて、現場で働きながら考えたことが研究の関心となっていったが、そこで関心をもったことについて、研究レビュー（自分の研究テーマに関連する先行研究を収集し、読んでいくこと。自分の研究テーマをより明らかにしていったり、その領域の研究の傾向を理解することになる）を行っていった。

▶ 先行研究と出会う

　研究の関心をもったら、例えば、すでにほかの誰かが同じ研究で結果が表されていれば、その研究から学ぶことになる。関心をもったことについて、先行研究のレビューを行うことが必要となる。

　筆者の場合、次の2点を念頭において、そのレビューに取り組むことにした。

　それは、①私の研究の関心について、研究という領域のなかでは、「すでに、どのようなことが、どのような方法で明らかにされているのか」ということを理解すること、②「私自身の関心は果たして研究の領域ではどのような位置づけにあるのかを確かめたい」ということである。

　①については、筆者の関心でいうと、精神科医療機関における長期入院ということについて、どのような研究が行われているのか、ということを広く理解していくために、社会福祉学（ソーシャルワーク）をはじめとして、看護学、精神医学、臨床心理学、作業療法などの近接する学問領域について文献にあたっていくこととした。文献というと、いわゆる「書籍」を思い浮かべることが多い。書籍も大事な先行研究として欠かすことはできないが、それだけではない。

　それは、学術雑誌に掲載されている「論文」である。論文は書籍と違い、テーマに即した調査や分析結果がコンパクトに掲載されている。したがって、書籍に比べると、読みやすいというメリットがある。そして、書籍と比べると持ち運びも手軽なので、常にバッグに入れておいて、移動などの際のすき間に時間ができたら目を通すことが比較的やりやすい。

　また、学術雑誌は、書籍に比べて薄くて軽いという特徴がある。また、特集のテーマが設けられていることが多いので、そのテーマの雑誌を1冊持っていれば、そのテーマについての研究者の最新の知見にふれることができる。また、

特集のテーマでなかったとしても、一般の投稿論文のコーナーに、自分自身の関心と同じ、もしくは近い題目の論文であったり、自分の関心に近い内容であったりすれば、著作権にふれない範囲のなかで複写することができる。そして、それぞれ複写した雑誌の論文を、クリップやフラットファイル、リングファイルなどに自分自身でわかる名前をつけて整理しておくと、オリジナルの論文集ができあがっていく。

では、次に、どうやって先行研究にあたっていくことになるのだろうか。自分の関心をさらに高めてくれる先行研究に、1回で遭遇することも起こり得るのかもしれない。しかし、それはまれである。やはり、ある先行研究を丁寧に読み、その先行研究で引用あるいは参考として紹介されるなどしていた論文を、さらにあたっていくという方法が1つの方法としてある。どのような内容の論文に、どのような位置づけや意味合いとして引用されているのか、といった観点からも先行研究をレビューしていくことになるので、先行研究を行っていくうえでの力が鍛えられていく感触をもつことができる。

こうした方法以外にも、今日では、インターネットのウェブサイトでの研究成果の公開が積極的に行われるようになってきている。J-STAGE や CiNii Articles、KAKEN などのサイトや、Google Scholar でも、たくさんの研究論文にアクセスすることが可能である。この点については、いまでは、オープンアクセス化が進んでいるので、どこからでも手軽に、最新の知見にアクセスできることということは大きな進歩だといえる。

このほかには、図書館の活用が重要になる。しかし、現場で働きながら研究を行っていくなかで、図書館の活用は難しい面があるかもしれない。例えば、出身大学の近くで働いていれば、母校の大学の図書館も利用することには負担が少ないかもしれない。近年では、大学の図書館は、一般利用者でも手続きを行えば利用可能な図書館が増えてきている。一般利用の場合には、利用にあたって制限される場合もあるが、先行研究をレビューしていくには書籍や学術雑誌も開架に配置されていれば比較的アクセスはしやすい。

さらに、地方自治体立の図書館の活用がある。こういった公立の図書館では、それぞれの図書館にちょっとした個性がある。例えば、県立図書館には、古文書が多く配置され、市立図書館には比較的親しみやすい絵本や新書が多くあったりする。また、県立図書館などでは最近国立国会図書館と連携をしている図書館もある。そうなると、地方にいても、中央の情報にアクセスすることが可能になっていく。

このように、実践現場で働きながら、先行研究に出会うための方法がある。他方で、やはり、こういったデータベース化されていない先行研究もまだまだたくさんある。画面ではなく、実際に本や雑誌を書架のなかで手に取り、そして開いたページで知見に出会うということは、研究を進めていくうえではインスピレーションを得ることのできるとても大事なことでもある。最新技術を使った先行研究の収集と、地道な先行研究の収集のどちらも大切な方法である。
　では、次に、②「私自身の関心は果たして研究の領域ではどのような位置づけにあるのかを確かめたい」についてふれていきたい。

▶ 研究レビューの内容

　ここでいう内容とは、②「私自身の関心は果たして研究の領域ではどのような位置づけにあるのかを確かめたい」ということについてである。
　先行研究のレビューを行っていくにあたって、ひとまずは、いくつかのキーワードをあらかじめ用意し、そのキーワードを中心に資料収集を行っていった。筆者の場合は、「長期入院」「退院援助」「退院支援」であった。
　まず、「長期入院」「退院援助」「退院支援」のいずれのキーワードであるが、その当時の制度政策のなかでどのような位置づけにあるのかを確かめていった。せっかくの研究の関心が、制度政策において見当たらなければ、時代遅れもしくは時代の先取りしすぎる研究テーマである可能性があると考えたからである。ちょうどその時期には、精神障害者の長期入院は政策的課題として取り上げられていた。具体的には、厚生労働省「長期入院精神障害者の地域移行に向けた具体的方策に係る検討会」の報告などに目を通すなどしながら、研究のテーマが、制度政策におけるテーマでもあることを確かめていった。
　次に、「長期入院」というキーワードでは、精神科看護学の領域で多くの先行研究を見ていった。精神科看護学の先行研究をレビューしていくにあたっては、最初は、精神科看護には限定せず、看護学領域でレビューを行っていった。そうすることで、例えば難病の領域など筆者では考えが及ばなかった領域における研究の知見を得ることなどが可能になると考えたためであった。領域が違うから、という理由でレビューを行わないというのはとてももったいない。先行研究から学べたことはたくさんあった。そのなかの出会いの1つが、その後、結果的に、調査研究のなかで重要な位置を占める知見となっていった。
　さらに、「退院援助」「退院支援」については、ソーシャルワークの領域で

は、医療福祉における先行研究が多くあった。大学病院をはじめとした医療機関における退院援助・退院支援の先行研究レビューも、精神科医療機関における退院援助・退院支援を考えていくうえでは重要な機会になった。退院援助・退院支援をキーワードに、先行研究をレビューしていくと、大学病院をはじめとした医療機関においても、また精神科医療機関においても、いずれにしても、退院援助・退院支援は重要な局面にあることを強く感じながらレビューしていった。

先行研究の論文を読んでいくが、まずは「何が書いてあるのか」を明らかにしていく。その研究では、何について、どのような方法で、その結果どのような知見が明らかにされているのかということである。次に、その明らかになっていることについて、筆者自身はどういう理由で、どう考えるのか、ということを行った。いわば、論文を通して著者と対話していく作業である。最初は、「何が書いてあるのか」ということばかりに注目していたが、次第に、「書いてあることについて、私はどう考えるのか」ということが重要だと気づいたためである。

そして、これらの大事なプロセスは、記録することになる。筆者の場合には、論文に、シールを付して通し番号を打ち、それと対応するようにして大学ノートを「読書ノート」として手書きで作成していた。今日では、これをパソコン等で管理するということも可能である。例えば、WordやExcelなどのソフトウェアを活用して、自分の読書ノートをデータベース化することができる。また、End NoteやMendeleyのように、文献を管理するソフトも格段に充実している。こういったIT技術を活用することで、手作業での先行研究レビューを行うのではなく、省ける手間を省き、内容の吟味により時間を割くことができるという点で、現場で働きながら研究するには環境が整ってきているといえる。

博士論文においては、全部で181編の書籍や論文、報告書等を文献リストに掲載した。このうち、おおよそ60編ほどが学術雑誌の論文、その他が書籍や辞書、報告書、博士論文等となった。これは、最終的に掲載した文献リストにおける内訳であるが、この過程では、この数倍以上の論文や書籍を読んでいった。また、論文や書籍日本語が中心ではあるが、英語の文献や論文も読んでいった。

文献研究を進めていくなかで思いがけずに影響が大きかったのは、他領域の先行研究論文であった。筆者自身は、図書館の書架を文字通り体当たりしなが

ら文献収集を行っていくなかで、文献に出会っていった。今日では、文献収集において、データベースにアクセスする場合がほとんどであろう。キーワードを入力して検索すれば、どんどん表示されていくので、一見とても便利である。しかし、キーワードを入力するのは自分自身であるので、キーワードには偏りも生じてしまう。データベースを用いて文献検索を行う場合には、「タイトル」に自分自身のテーマを入力したうえで、該当の文献があるのかないのかといった検索を行う。その場合には、自分自身が考えたキーワードだけではなく、そのキーワードに「類似した」ワードを入力することで、さらに文献収集は可能になる。

　筆者の場合には、「意思決定」が1つの重要なキーワードであったが、文献を探していく過程では、類似するワードとして「自己決定」があることに気づいた。そして、「自己決定」で検索すると、さらに、文献の幅が拡がっていった。その1つが、野嶋佐由美ほかの「血液透析患者の自己決定の構造」という論文であった。血液透析患者の自己決定の質を支える要因が明らかにされていた知見はこの調査研究の結果から考察をしていくときに推進力を得ることができた。もう1つは、大瀧敦子の「「自己決定」支援のための実践モデル――医療ソーシャルワークの特性を踏まえて」だった。自己決定が、関係性によって成り立っているという示唆は影響を受けた。

　このように、先行研究のレビューによって、研究がより明確に、そして具体的にアイデアが豊かになるプロセスとなっていく。

3 研究計画書を書こう

▶ 研究計画を立てるということ

　初めて研究計画書を書いたのは、学部時代の卒業論文の作成であった。その後、修士課程入学時にも、研究計画書を作成した。その際には、現在のテーマである精神障害者の長期入院という状態について、それを実践ではどのように取り組んでいるのかということを説明していくことに関心があった。修士課程への入学にあたっての研究計画書では、研究の目的や背景、先行研究における私の研究の位置づけと入学後の研究の取り組みについてふれていった。

　その後、大学院博士課程への入学試験を受験するにあたって、研究計画書を作成した。ここでは、この博士課程入学にあたっての研究計画作成についてふれていきたい。

　博士課程への進学を考えたのは、やはり、実践現場で日々働いているなかで「クライエントの退院援助として行っていることは、何なのだろうか」という関心であった。それまでの学業を専門にしている学生ではなく、働きながら学生をする、といういわば二足のわらじを履くという状態になるので、研究を行うにあたって計画を立てるということはさまざまな面から必要なことであった。

　研究計画を作成するにあたっては、図 4-1 のように、研究計画書を考えていくうえでの主な項目がある。最初に直面したのは「研究の目的」についてであった。先行研究をレビューしていくなかで、多くの優れた論文は、優れていれば優れているほど、「研究の目的」が端的で、かつ説得力のある内容であった。一読すると、「なるほど」とわかった。他方、筆者自身が最初に書いた「研究の目的」の場合は、説明する文章が長く、また内容がまわりくどく、最終的には一体何を言わんとするのかが明確にはなっていないものであった。つまり、この状態は、何を表しているのかというと、そっくりそのまま筆者自身の研究についての混乱ぶりだと考えた。あれやこれやと言葉を並べる割には、実は自分でも研究の核心がつかめていないということなのではないか、ということであった。そこで、かなりの時間を使って、この「研究の目的」を端的に表現していくことに取り組んだ。思考の筋トレとでもいうことができるのかもしれないが、説明のなかの無駄を取り除いていくことであった。この作業では、とて

も勇気が必要であった。なぜなら、いろいろと説明をつけたほうが一見安心できたからである。説明のなかの無駄を取り除くには、何を明らかにしたいのか、これを自問自答したり、誰かに問いかけてもらいながら、見出していくことがとても重要であった。

　当初作成した研究計画書は、「題名」、「本研究の背景」、「本研究の目的と意義」、「本研究の方法」、「文献」という項目で構成した（図 4-1 参照）。これは、一例で、それぞれの研究機関における項目もあるので、その場合にはそれに従っていくこととなる。この他に、科学研究費助成事業（学術研究助成基金助成金／科学研究費補助金）の書式を参照することもできるのではないだろうか。

　「題名」とは、文字通り研究のテーマである。自分が考えている研究の目的や方法、到達点が一目で伝わることが重要になる。

　「本研究の背景」は、取り組みたいと考えている研究のテーマや内容が、現在の社会状況や制度政策の流れなどのなかでの位置づけを明らかにしていくことになる。

　「本研究の目的と意義」は、この研究の目的を表す。

　「本研究の方法」では、どのような方法を用いて調査を行い、研究テーマに迫っていくのかを明らかにしていく。

　「文献」では、研究計画書中に用いた先行研究を書き記していくこととなる。

　研究計画書では、「題名」を中心に、そのテーマがどのような位置づけにあるのかということを明らかにし、そのうえで、テーマについて研究を進める目的を明確にすることに努めた。そして、どのような方法で、そのテーマに関する研究の目的を達成することができるのかを明らかにしていった。これらについて述べて行くなかで、先行研究のレビューの成果として、先行研究の知見を取り入れながら研究計画を書いていった。このため、最後に「文献」欄を設けた。

　繰り返しになるが、研究計画書の様式などは、それぞれの大学院や研究機関、学会などによって要領が定められているものもあるので確認しておく必要がある。

> 【研究計画書】
> 題名 「○○○に関する研究」
> 1. 本研究の背景
> 2. 本研究の目的と意義
> 3. 退院援助に関する文献検討
> 4. 本研究の視点
> 5. 本研究の方法
>   5.1. 本研究における研究対象
>   5.2. データの収集方法
>   5.3. データ分析方法
>   5.4. リサーチクエスチョン（調査上の問いかけ）
>   5.5. 倫理的配慮
> 6. 文献

図 4-1　研究計画書の主な項目（例）

▶ 先を見通すことの重要性

　計画を立てるということでは、先を見通していくことが大事になる。筆者の場合には、博士課程という限られた時間で、何が、どこまで明らかにできるか、ということで考えていった。具体的には、現在行っている仕事と研究に、それぞれ割くことのできる時間やエネルギーとの配分をよく考えながら、計画を立てていった。

　研究計画を立てる際には、「研究として取り組みたいこと」に注目してしまうことが多い。これは大事なことであるが、見落としてしまいがちなこととして研究を行う際に必要な経費がある。例えば、文房具代もそうであるが、先行研究レビューを行うための書籍や文献の購入等にも経費がかかる。学術雑誌の論文を1編複写するにも数十円が必要となる。100編を越える論文を収集するとなると、時間だけでなく経費が必要となってしまう。また、調査が必要である場合には、そのための旅費や通信費も必要となる。このように、先を見通していくうえで、時間と経費という観点はとても大切になる。研究するぞ、という意気込みだけでは現実を乗り切ることは難しいこともあるかもしれないということである。落ち着いて先を見通していくことが、仕事をしながら研究していくには重要になってくる。

　また、調査にあたっては、「倫理審査（調査を行うにあたって、という観点から、事前に受ける審査のこと）」を受けて、承認を得ることも重要である。働きな

がら研究する場合には、職能団体や所属している大学院等にて承認を得ることになるのではないだろうか。調査研究というと、ソーシャルワークの実践では大事なことであるが、手続きを経ながら取り組んでいくことが重要となる。倫理審査では、どのような調査を、どんな対象に行うのか、様式を含めて客観的な審査を受けることになる。

　研究計画書を書いていくと、その研究の見通しが立っていく。その研究計画書作成の過程で不安が生じたりすれば、その不安がどのようなものなのかを明確にさせていくことで、研究の全貌をはっきりと自覚できるようになる。

　ここまで、研究をデザインしていくということについて、そのプロセスを体験に基づいてお伝えしてきたが、これは拙い一例にすぎない。

　日々実践現場における業務は多忙を極めている。その一方で、ソーシャルワーカーには実践力を高めることが必要とされる。実践経験を積み重ねることで、ソーシャルワーカーの成長につながっていく。しかし、経験を積み重ねることが、ソーシャルワークの日常化へとつながってしまう可能性もある。そのことを藤田（2016：12）は「ふだんのわれわれが、それらに対して『見られているが気づかれていない（seen-but-unnoticed）』立場へ置かれているからである。それがわれわれの日常的な実践を素朴に自明視していることからくる必然的な認識のあり方である」と指摘している。ソーシャルワーカーが実践するソーシャルワークは、実践現場で起こる出来事に対して、ソーシャルワーカーが、その出来事の意味を解釈し、行動を選択し、その行動の結果の意味をさらに解釈し直していくという営みといえるだろう。しかし、その営みは、日常にまぎれてしまいかねない。実践を日常化させないためには、日々の実践のなかで、その時々に、「わからないこと」が関心として頭に思い浮かび上がったならば、それをすくい上げていくことが自らの実践を1つひとつ裏づけていくことにつながるのである。

　実践現場で、それぞれのソーシャルワーカーが考えた関心は、いかなる形であったとしても、形として残される必要があるのではないだろうか。実践の最前線でソーシャルワークに取り組むソーシャルワーカーが、研究を通して社会の課題を世に問いていくということは、それがまた1つのソーシャルワーク実践ということになるのではないだろうか。

　以上のように、実践から理論を生み出していくという営みは、ソーシャルワーカーにとってとても意義深いことであるといえる。文献は、インターネットである程度は調べることができる時代になってきている。実践者には実践の経験

という日々最新の知見がある。例えば、日常の関心や疑問をメモに書きとどめて、立ち止まって考えてみるなど、できるところから始めていく、ということが研究の最初の第一歩になるのではないだろうか。

（髙木健志）

文　献

藤田　徹（2016）「第1章　エスノメソドロジカル・センス」藤田　徹編著『多角的な研究アプローチによる現代福祉課題の検証』ブイツーソリューション．

木下康仁（2007）『ライブ講義 M-GTA——実践的質的研究法　修正版グラウンデッド・セオリー・アプローチのすべて』弘文堂．

野嶋佐由美・梶本市子・日野洋子・ほか（1997）「血液透析患者の自己決定の構造」『日本看護科学会誌』17（1），22-31．

大瀧敦子（2001）「「自己決定」支援のための実践モデル——医療ソーシャルワークの特性を踏まえて」『明治学院論叢』660，1-17．

髙木健志（2017）「長期入院精神障害者の「退院の意思決定」を支える退院援助実践に関する研究：精神科病院に勤務する17人の精神科ソーシャルワーカーへのインタビュー調査を通して」『山口県立大学高等教育センター紀要』1，147-53

本章のポイント

　第4章の各節における記述は、質的研究方法で書かれた博士論文に関するものである。各節には、ソーシャルワーク実践者が研究を進めるにあたって直面するそれぞれの段階における苦悩などが率直に書かれている。また、研究方法を選択する際の、量的研究を勧める教員とのやりとりとその対応や、質的研究のなかでも M-GTA を選択されたプロセスについても書かれている。
　節が3つあるので、それぞれの節の内容に沿って、ソーシャルワーク実践者が研究を行う際に注目してほしい点に焦点をあててコメントする。

▶ リサーチクエスチョンを明らかにしよう

　この節では、5つの段階に分けられている。重要なポイントは、実践をするソーシャルワーカーが実践を通じてリサーチクエスチョンを確認していくプロセスである。髙木氏は、修士課程終了後、ソーシャルワーカーとしての実践を行うなかでリサーチクエスチョンの「種」に出会っている。そして、それを何とかしたいという思いが今回の研究につながっている。
　いろいろな人との出会いのなかでも、精神保健福祉士として現場で感じた疑問点をそのままにせず、何とかしたいと思って研究に結びつけられたことは、多くのソーシャルワーカーに研究への道を示しているのではないだろうか。
　研究方法を選択する際にも、自分が実践を通して出会った疑問を明らかにするためには、どの方法が一番適切なのかということを常に考えている。それは、素直で純粋な「患者さんのために役立ちたい」という思いに支えられている。量的な研究のほうがよいのではないかと言われるなか、「数量的調査ではつかむことのできない何かをつかむことができるのではないか」と考え、最終的に質的研究法を選ばれている。
　ここで確認すべきことは、研究というのは、研究をする人の思いを明らかにするための手段であるということである。そう考えると、実践をしているソーシャルワーカーには、実践を通して感じたり考えたりすることがたくさんあり、明らかにしたいという思いも多いだろうといえる。しかし、研究するとなれば、どうすればよいのか、研究につながるのかどうかわからないために困っている、という現実がある。

研究とは、どうすればよいのか。これについては、研究方法にはどのようなものがあるのかを学ぶ必要がある。多くの人がここで壁にぶつかり、悩む。それは、研究方法は、実際にやってみないとわかりにくいという特徴があるからである。

人は、これまでにやったことがないことは、「学ぶ」の語源にあるように、習ったり、まねたりする。しかし、研究は日常的なものではなく、難しい、面倒なものととらえられがちである。特に、科学的でなければいけないとなると、なおさらのことになる。

そこで、実践を研究に結びつけるために必要となるのが研究方法である。研究方法には、いろいろなものがあり、さまざまな分類がある。一般的には、量的研究と質的研究の2つに分けて説明される。詳細は、第1章 **2**「疑問をどのように解決すればよいのだろう」を参照のこと。

重要な点は、本を読んだだけではわかりにくいということである。それぞれの研究方法には、その方法を成り立たせている細かな条件や方法を実施する際の手順や作法がある。そのため、それらのことを含めて研究方法を理解しておくことが必要となる。しかし、独学で、これらの研究方法を理解して、さらに使うことは非常に難しい。髙木氏も、最終的には自分が試行錯誤して自分でわかっていく必要があると書いているが、そのプロセスでは、大学院に入学して指導を受けている。それだけ、学ぶというプロセスが重要であるといえるだろう。

ソーシャルワーカーにとっては、学ぶプロセスを得るためにはどうすればよいのだろうか。髙木氏のように大学院に入学するという方法のほかには、職場で、あるいは仲間と一緒に、学会の会員とともに、どこか研究会に参加して行うということもあるだろう。また、大学の専門ゼミナール担当教員に相談してみることもよいだろう。

▶ 自分の関心についてどんな研究があるかを調べよう

研究の途中で行うべきこととして、先行研究レビュー（自分の研究テーマに関して、すでに行われた研究論文等を集めて、どのような研究がなされているのか、その結果と意義について確認する作業）がある。ソーシャルワーク実践には、これまでに長い期間の実践がある。また、多くの先人（先輩）が実践を行っ

ている。このため、自分と似たようなことを考えた人が、ほぼ確実にいると考えるとよい。そうすると、そのような研究はないのかと考え探すことが重要である。また、その人たちは、何を考え、何を明らかにしようとしたのか、ということになる。そして、その先行研究を読み、そこから学び、自らの研究の参考にすることは大切なことになる。

　先行研究レビューを行う際に重要なことは、レビューのポイントをチェックするということである。ポイントとは、例えば次のようなものである。
　①研究の領域、専門など
　②研究目的は何か（何を明らかにしようとしているか）
　③研究対象は何か（誰か）
　④研究期間はいつか
　⑤研究方法は何か、その研究方法を選択した理由は何か
　⑥結果は何か（目的との関係で、結果は出ているのか）
　⑦研究の限界は何か
　⑧実践への貢献
　⑨今後の課題
　⑩その他
　これらをチェックして、その研究は自分が行いたい研究とどこが異なるのか、自分の研究を行う意義があるのか等を考察しておくことが求められる。

▶ 研究計画書を書こう

　一般的には、研究を行う際には、研究が妥当性をもって実行できるのかを明らかにするものとして研究計画書がある。研究計画書は、大学院や研究会などでは、その研究が実現可能かどうかを判断する際に活用される。

　研究計画書では、リサーチクエスチョンを明らかにして、さらにそのクエスチョンは行う意義があるのかをはじめとして、特に明らかにしたいことが適切に実行できるのかどうかについて書く必要がある。そして、そこには先にあげたリサーチクエスチョンや先行研究レビューの内容が含まれる。また、その計画が実現可能かどうかについても書く必要がある。時間的な計画、研究協力者（インタビューなどに協力してくれる人のこと。研究対象者と表記されることもある）は誰か、何人か、それは研究を行うにあたって十分なのか、等が含まれる。さらに、経費がどれくらい必要なのかも重要となる。

以上のように、研究を行う際にはさまざまなプロセスが重要となる。そのプロセスを理解し、可能であれば、いきなり自分一人で研究を行うのではなく、周囲の人に相談しながら行うとよい。

（長崎和則）

第5章

研究の倫理・ルールを知ろう

1 研究倫理とは何か
  ▶ 研究倫理の目的
  ▶ 倫理審査委員会（Institutional Review Boards）

2 研究倫理の実際
  ▶ 基本的な研究倫理
  ▶ 研究倫理をめぐるジレンマ

本章では、前章で述べられた、自身の問題関心を出発点にデザインした研究を進めるうえで欠かすことのできない研究倫理の問題を取り上げる。まず、研究倫理とは何かについて、その目的および倫理規定の実際を通してみていく。次に、実際に研究を実施するうえでの基本的な研究倫理を説明し、さらに、研究倫理をめぐるジレンマについても取り上げる。なお、筆者がイギリスのヨーク大学（University of York）で博士論文を執筆した経験も織り交ぜながら、研究倫理の問題を考えていきたい。

1 研究倫理とは何か

　研究倫理について理解するために、まず、国内外の研究倫理に関するさまざまなガイドラインを紹介しながら、なぜ研究倫理が必要とされるのかを概観する。さらに、倫理的に適切な研究を実施するうえで必要となる倫理審査委員会に関して説明する。

▶ 研究倫理の目的

　近年、医学系を中心として、社会福祉分野を含むさまざまな分野において研究倫理への取り組みが進められ、研究倫理に関する規定や指針等が定められている。そもそも研究倫理に関する関心が高まった背景には、過去に実施された倫理に反する研究があり、その代表的な例として、第二次世界大戦中にナチス・ドイツが強制収容所で行った人体実験があげられる。戦後に明らかとなった実験による危害の実態を受けて、1947年に「ニュルンベルク綱領」が定められ、医学研究を行う際に、被験者の自発的な同意が必要であること等のガイドラインが決められた。さらに、それを発展させた「ヘルシンキ宣言」が1964年に世界医師会（World Medical Association）で採択され、被験者を含めた人々の福利を尊重することが義務づけられた。それによりインフォームド・コンセント（説明に基づく同意）やプライバシーの遵守等が明文化され、さらに、1975年の改定では倫理審査委員会による審査が求められた。それらを踏まえたうえで、アメリカにおいて、医学研究のみならず、人を対象とした研究における倫理規定として「ベルモントレポート」が1979年にまとめられた。そのタイトルは「研究対象者保護のための倫理原則及び指針（Ethical Principles and

Guidelines for the Protection of Human Subjects of Research)」となっており、人を対象とした研究における倫理原則として、①人の尊重（Respect for Persons）、②善行（Beneficence）、③正義（Justice）を掲げて、その三原則を研究にどのように適用するかを示した。

　日本においても、上述の倫理規定等に基づき、厚生労働省が医学研究に関する行政指針として「臨床研究に関する倫理指針」（2008）を定めており、その目的を「この指針は、医学系研究の推進を図る上での臨床研究の重要性を踏まえつつ、人間の尊厳、人権の尊重その他の倫理的観点及び科学的観点から臨床研究に携わるすべての関係者が遵守すべき事項を定めることにより、社会の理解と協力を得て、臨床研究の適正な推進が図られること」としている（「第1.基本的考え方」）。また、医学以外の分野でも、看護学（日本看護協会「看護研究における倫理指針」（2004））や心理学（日本心理学会「倫理規程」（2009））、社会学（日本社会学会「倫理綱領にもとづく研究指針」（2016））等の社会福祉の隣接分野において研究倫理に関する規定や指針等が定められている。

　上記の日本看護協会が定めた「看護研究における倫理指針」では、その目的として次の3点をあげている：1）看護ケアの提供者である看護者が、看護ケアの受け手を対象として行う研究の倫理的指針となる、2）看護ケアの対象者が研究の対象となる際に、ケア対象者の権利を擁護する指針となる、3）医療機関等の組織が、研究の倫理的な側面について審査を行う際に活用できる指針となる（「1. 指針作成の目的」）。さらに、日本社会学会の「倫理綱領にもとづく研究指針」では、倫理規定に求められる内容は「時代と社会的要請によって変化し、研究目的や具体的な状況によっても解釈・適用が左右」されるとしたうえで、指針策定の目的について「社会学研究の全体を統制しようとするものでも、社会学研究の自由と可能性を束縛しようとするものでもありません。むしろ教育・研究のレベルを高め、社会の信頼に応え、さまざまな圧力や誘惑から社会学研究を守っていくため」としている（「指針の目的」）。

　では、社会福祉分野では研究倫理についてどのような取り組みがなされているのであろうか。日本社会福祉学会では「研究倫理規程」（2018年5月改訂版）を定め、その目的に関して「研究における知的誠実さを涵養し、研究の倫理的なあり方を示すことにより、社会福祉学の進歩と普及を図り、学術の振興と人々の福祉に寄与・貢献することに資すること」としており、さらに、当規程に基づく「研究ガイドライン」を定め、研究活動を実施するうえで留意すべき項目について具体的にまとめている。

日本ソーシャルワーク学会でも「研究倫理指針」（2018年7月改訂版）を定め、上記の日本社会福祉学会の「研究倫理規程」と同様に「研究における知的誠実さを涵養し、研究の倫理的なあり方を示す」ことをその目的にあげている。また、日本社会福祉学会の「研究ガイドライン」および日本ソーシャルワーク学会の「研究倫理指針」において、倫理的配慮として、研究を実施する者（共同研究者も含む）が所属する組織に倫理審査委員会が設置されている場合は、その審査を受けることを原則とすることがあげられている。

　ここまで研究倫理に関するさまざまな規定や指針を概観してきたが、それらを表す用語について整理しておきたい。Simons（2006：247）は、"ガイドライン（guidelines）"が「専門職にとっての規範（norms）を定めるためのあらゆる試みを含む」用語であるとしたうえで、"基準（standards）"および"規定（codes）"が「非常に明確に提示され、しばし規定的（prescriptive）であり、模範的行動を表す」のに対して、"指針（principles）"は「より一般的で、しばし規範的（normative）であり、最も重要なこととして、優れた実践を希求する」としている。さらに、Simons（2006：249）は、基準または規定が「組織的に規制する機能を果たすことが前提」であるのに対して、指針またはガイドラインは「教育的で、自己規制的な趣旨を反映している」としたうえで、しばしばこの区別が曖昧なまま混同されていることを指摘している。本章においては、Simonsによる上記の用語の整理に基づき、研究倫理の問題を考えていくことにする。

▶ 倫理審査委員会（Institutional Review Boards）

　倫理的に適切な研究を実施するうえで必要なこととして、Flick（2009：39）は、①「研究倫理に関する規定に則って研究を実施する」、②「研究計画書が倫理的妥当性を備えているかに関して倫理審査委員会の審査を受けている」ことの2点を指摘している。ここで、調査研究を実施する際に留意すべき具体的な倫理的項目について述べる前に、後者の倫理審査委員会についてみていくことにする。近年、多くの大学等の研究教育機関や医療機関等において、研究の倫理的側面に関して事前審査する機能を果たす「倫理審査委員会（REC：Research Ethics Committee）」または「施設内審査委員会（IRB：Institutional Review Boards）」が設置されている。一方で、倫理審査委員会等のしくみが

設けられていない機関もあるが、先述の日本看護協会の「看護研究における倫理指針」では、「施設内に倫理審査委員会等がない場合は、組織として看護研究の倫理審査を行えるような体制を整備する」（「8. 組織としての責務」）としており、倫理審査委員会等のしくみを整えることは研究を実施する機関としての責務といえる。

倫理審査委員会は、研究の開始前に、研究実施者から申請された研究の目的や意義、研究方法等が倫理的に妥当なものかどうかを第三者の立場から評価し、問題がある場合は研究計画の修正を求めたり、場合によっては承認しないという判断を下す役割を果たすことで、組織として承認を与えた研究の倫理的妥当性を担保することを目的とする。大学をはじめとした多くの研究教育機関等では、その目的を遂げるために独自のガイドラインを定め、それに準じた申請のための書式を作成する等、一定の手続きのもとで審査を実施する体制を整えている。

倫理審査委員会は、複数の委員から構成される合議体であり、先述の厚生労働省の「臨床研究に関する倫理指針」では、倫理審査委員会について「学際的かつ多元的な視点から、様々な立場からの委員によって、公正かつ中立的な審査を行えるよう、適切に構成され、かつ、運営されなければならない」（「第3 倫理審査委員会（5）」）としており、さらに、その構成メンバーに関して「医学・医療の専門家等自然科学の有識者、法律学の専門家等人文・社会科学の有識者及び一般の立場を代表する者から構成され、かつ、外部委員を構成員として含まなければならない。また、その構成員は男女両性で構成されなければならない」（「第3 倫理審査委員会（5）＜細則＞」）としている。倫理審査委員会は、申請のあった研究の倫理的妥当性を第三者の立場から評価するために、複数のメンバーから構成されるのが通常であるが、研究教育機関等の研究分野や規模によってその内訳や人数は異なる。自然科学系から人文社会科学系までの幅広い研究を実施する大学等では、人を対象とした研究に関して、自然科学系と人文社会科学系とに分けて、それぞれに策定した倫理規定に基づき構成された倫理審査委員会で審査するしくみを整備しているケースが多い。

例えば、筆者が留学していたヨーク大学では、大学全体を管轄する倫理審査委員会（URC：University Ethics Committee）の下部組織として、各学部ごとに倫理審査委員会（DRCs：Departmental Ethics Committees）が設置されている。DRCs では、大学として定めた倫理規定（「Code of practice and principles for good ethical governance」）を含む研究に関する種々のガ

イドライン（※参照：https：//www.york.ac.uk/staff/research/governance/research-policies/）に従い策定された規定に基づき、一定の手続きのもとで審査が行われる。DRCs は、倫理審査に関して定期的に URC に報告することが義務づけられ、URC が大学全体の研究倫理を監督する体制がとられている。筆者が所属していたソーシャルポリシー & ソーシャルワーク学部の倫理審査委員会は、付属の研究機関からの委員を含む計 6 名で構成されており（※ 2013 年時点の倫理規定（外部には非公表）による）、学部に所属する学生やスタッフ（教員および研究員）からの申請に応じて選ばれた 2 名の委員による匿名での審査が行われる。審査の結果は、約 2 週間以内に申請者に通知されるが、研究計画書の修正が求められた場合は、適宜修正がなされた後に再提出をする必要があり、最終的に 2 名の審査者が同意しないと申請は承認されない。

　こうした手続きのもとで審査を実施する倫理審査委員会の目的について、上記のソーシャルポリシー & ソーシャルワーク学部の倫理審査委員会では以下のことをあげている：①個々の研究者、学生およびスーパーバイザーが研究方法に関して難しい判断をする際の手助けとなる、②調査対象者や研究費提供者、研究ユーザーに対して研究の質および倫理的側面に関する信頼を与える、③調査対象者への侵害を防ぐ、④学部および所属メンバーの評判が被害を被ることを防ぐことにより、人々の研究への協力を促す。

　このように倫理審査委員会は、先に述べた倫理規定と併せて、研究を実施する際に生じる可能性のあるさまざまな倫理的問題に関して、研究計画書の段階で十分に検討しているかを第三者の立場から評価することにより倫理的妥当性を担保し、調査対象者の保護に資すること、さらには組織の評判を守ることを目的としている。

2　研究倫理の実際

　ここまで国内外の研究倫理に関するガイドラインを概観しながら、なぜ研究倫理が必要とされるかを確めたうえで、研究計画書が倫理的に妥当なものかを事前に審査する役割を担う倫理審査委員会についてみてきた。ここからは、調査研究を実施する際に留意すべき基本的な研究倫理を取り上げ、さらに、研究倫理をめぐるジレンマについて考えていきたい。

▶ 基本的な研究倫理

調査研究を実施するうえでの基本的な倫理的事項に関して、①インフォームド・コンセント、②調査対象者の保護の2つに分けて具体的にみていくことにする。

①インフォームド・コンセント（説明に基づく同意）

「インフォームド・コンセント」とは、調査対象者が、調査者等から当該調査に関しての十分な説明を受け、参加に伴うリスクおよび利益を理解したうえで、自由意思に基づき、調査者に対して与える調査参加に関する同意のことを指す。調査者は、調査を実施するにあたり、調査方法にかかわらず、調査対象者に対して調査の目的や内容に関して十分な説明を行い、調査対象者が当該調査について十分に理解したことを確認したうえで、文書または口頭による同意を得なければならない。調査対象者への説明は、調査対象者が内容を確認できるように、口頭だけでなく書面を用いて行うことが望ましい。調査対象者への説明に含むべき基本的な事柄に関して、Padgett（2008：65）があげる以下の5つの要素に沿ってみていく。

(1) 調査の概要・調査対象者に関わる調査方法

まずは、調査の目的および意義について説明する。留意すべきこととして、調査対象者が理解しやすいように、専門的な用語をわかりやすい表現に変えるなど、調査対象者に合わせてできる限りの工夫をすることがあげられる。さらに、調査方法に関して、データの収集方法（例えば、質問紙（アンケート）調査、インタビュー調査等）、参加予定人数、調査期間等について説明する。

(2) 調査者の立場・助成等を受けている場合はその団体

調査者の氏名および所属機関の名称（共同で調査を実施する場合は、調査責任者に加えて、他の調査者の氏名および所属先名称も）、また、調査に関して問い合わせをする際に必要な連絡先の住所や電話番号、メールアドレスを明記する。さらに、当該調査に資金提供等の助成を受けている場合には、その団体の名称について明記する。

(3) 調査への参加の任意性および拒否権

調査への参加は、あくまで調査対象者の自由意志によるものであり、参加に同意しない場合に不利益を受けることはないことを説明する。また、調査への参加に同意した場合であっても、調査の参加中であれ、調査終了後であれ、いずれの時点でも参加を取りやめることができ、調査への参加を取りやめること

によっていかなる不利益も受けることはないことを説明する。

(4) 個人情報の保護

詳しくは、後述の「②調査対象者の保護」でふれるが、調査を通して得られた調査対象者の個人情報についてどのように守秘するかについて説明する。具体的には、調査で得られたデータの処理の方法および管理の方法、調査結果の公表の方法等について説明する。

(5) 調査への参加に伴うリスクおよび利益

調査に参加することにより起こり得るリスク（例えば、身体的または精神的な負担、苦痛等）、そして、それが生じた場合にどのように対処するのか（例えば、支援者が別室に控える等）について説明する。また、調査に参加することにより期待される利益として、調査対象者に対する謝礼等があれば説明する。しかし、調査対象者に対する謝礼に関して、Padgett（2008：65）は「利益（benefits）ではなく、むしろ返済（reimbursement）であると考えられる」と指摘している。調査対象者は、調査への参加に際して時間や労力を費やすことになるため、謝礼はそのことに対する支払いという側面があることを理解する必要がある。調査に参加することにより期待される利益に関しては、調査の結果明らかになったことによって当該調査のテーマに関する理解が進むなどして、利用者や支援現場、地域、広く言えば社会に対する貢献があげられるであろう。

調査者は調査の実施前に、以上のような事柄を含む「同意書」（同意書に調査内容の説明を含めない場合は、説明書および同意書）を準備したうえで、自らが所属する組織に設置された倫理審査委員会、さらに場合によっては、調査を実施する機関や施設の倫理審査委員会に対して、一定の手続きに則り具体的な研究計画を示し、承認を得ることが必要である。

実際に調査を実施するにあたっては、可能な限り書面によって調査対象者からの同意を得ることが望ましい。同意書については同じものを2通作成し、調査対象者と調査者の双方が署名したうえで（日本における調査では、場合によっては捺印もあったほうが望ましい）、それぞれが保管するようにする。同意書の署名欄には、署名だけでなく、いつの時点での同意かを確認するために日付の欄も用意する。また、同意書には、上述した調査内容の説明に含むべき事柄について調査対象者が理解したかを確認するために、チェック欄を設ける工夫をしてもよいであろう。なお、無記名の質問紙（アンケート）調査を実施する場合に関しては、署名欄を設ける必要はなく、質問紙への回答の提出をもって

調査内容への承諾を得たと考えてよい。

また、インフォームド・コンセントに関して留意しなければならないのは、子ども、知的障害のある人、認知症の高齢者、さまざまな疾患を有する人々などの「ヴァルネラブル（vulnerable）」と呼ばれる人々が調査対象者である場合である。さらに、外国にルーツをもち、日本語能力に困難のある人々を調査対象とする場合についても同様に留意する必要があるであろう。こうした人々を対象に調査を実施するにあたっては、調査に関して説明をする際に、対象者に合わせてより理解しやすい表現に変える・同意書の文章中の漢字にふりがなをふる・写真やイラストを用いるなどさまざまな工夫を試みることにより、調査対象者の理解が得られるよう努めることが求められる。そうしたできる限りの試みをしたうえで、調査対象者本人による同意を得ることが難しいと考えられる場合には、保護者や後見人などの代諾者から同意を得なければならない。

②調査対象者の保護

調査研究を実施するうえで最も大切なことは、調査対象者の人権を尊重し、調査対象者に対して身体的または精神的な負担や苦痛等をできる限り与えないように努めることである。調査研究の実施にあたっては、その原則を踏まえたうえで、調査対象者の保護に関して十分な対応をしなくてはならない。調査対象者の保護について、①データの収集および分析、②結果の公表の2つの段階に分けてみていく。

(1) データの収集および分析

調査者が収集するデータは、当該調査の目的に照らして必要と考えられるものに限る必要がある。そのうえで調査対象者から収集したデータについては、厳重に管理することが求められる。まず、データの管理を誰が行うのかを決める必要がある。個人で調査を実施する場合は別だが、共同で実施する場合については、調査メンバーの誰が責任をもってデータを管理するのか、また、他のメンバーが取り扱えるデータの範囲をどこまでにするのか等をあらかじめ決めておく。

次に、調査対象者から収集したデータの取り扱いに関しては、個人情報を保護するために、電子媒体であっても、紙媒体であっても、個人を特定できる情報の全部または一部を取り除き、その個人とかかわりのないアルファベットなどの符号や番号に置き換えて匿名化するのが原則である。その匿名化には、置き換えられた符号や番号と調査対象者名の対応表を作成することにより個人を特定できる形にした「連結可能匿名化」、そして、対応表を作成せずに個人の

特定ができない形にした「連結不可能匿名化」がある。連結可能匿名化は、調査対象者からのデータの開示・廃棄等の依頼があった場合に対応できるようにするためであり、一般的にインタビュー調査等はこの方法を用いる。一方、無記名式の質問紙調査では、連結不可能匿名化の方法を用いる。

調査対象者から収集したデータの保管に関しては、電子媒体であれば、ファイルだけでなくパソコンにもパスワードをかけて、データにアクセスする権限のない者がアクセスできないようにする。また、USBメモリや外付けディスク等の外部記憶装置にデータを保存する場合は、紛失のリスクがあるため、外に持ち出すことは極力控えるようにする。さらに、クラウドストレージについては、特に共同で調査を実施する場合には非常に便利なサービスといえるが、有料のサービスであっても情報漏洩のリスクがあることから、調査対象者から収集したデータの保管場所としては用いることは避ける。紙媒体であれば（例えば、同意書、質問紙調査の調査票、調査対象者名の対応表、インタビューのトランスクリプト（インタビューの内容を文字テキスト化したもの）等）、鍵のかかる安全な場所に保管し、外に持ち出さないようにする。

(2) 結果の公表

調査の成果を論文や報告書、書籍、さらに学会等での発表等により公表する際には、調査対象の個人や団体、地域が特定できないように表記を工夫する必要がある。その際、調査者の所属機関や所在地から調査対象の団体やグループ、さらには個人が推測できる可能性がある場合（例えば、全国でも数が少ない福祉関連機関・施設の利用者や支援者を調査対象とする場合等）には、特段の注意を払う必要がある（例えば、X県をY地方にするなどして範囲を広げる等）。機関・施設名を伏せたとしても、調査者の関係者にとっては調査対象者が特定できるような場合には、調査対象者の秘密保持を優先し、調査結果に影響を与えない範囲で個人情報の一部を変えることも必要である。

また、調査の成果を公表する前に、調査対象者に対して、特に調査対象者に関わる内容（例えば、インタビューのデータ等）を示して、公表に関して了解を得るよう努める必要がある。さらに、公表後には、調査対象者に論文等を送るなどして、調査対象者が調査結果にアクセスできるようにすべきである。

なお、調査結果の公表後に一定期間が経過したら、調査に関連するすべてのデータを処分する必要があり、そのことは調査の実施前に同意書に明示したうえで、調査対象者に説明しなくてはならない。データの処分にあたっては、電子媒体のものについては、情報漏洩を防ぐためにデータ消去ソフトを用いて処

分し、紙媒体のものについてはシュレッダーにかけるなどして確実に破棄するよう対策を講じる必要がある。

▶ 研究倫理をめぐるジレンマ

①「倫理規定」および「倫理審査委員会」のスタンダード化

　すでに述べた通り、Flick（2009：39）は倫理的に適切な研究を実施するうえで必要なこととして、倫理規定に則り研究を実施すること、および倫理審査委員会の審査を受けていることの2点をあげている。一方で、「研究倫理のような一般的なルールを作ることや倫理審査委員会のような組織としての管理体制を整えることと、それぞれの分野の日常の実践や研究のプロセスにおいてそうした倫理原則を適用することとの間には緊張関係が存在する」ことを指摘している（Flick　2009：36）。これまでみてきたように、現在、医学系をはじめとした自然科学系から人文社会科学系までのさまざまな研究分野において、「倫理規定」および「倫理審査委員会」が研究倫理の問題を取り扱う際のスタンダードとなっている。それによって、倫理に反する研究を規制し、倫理的妥当性を担保することの意義は大きい一方で、医学系研究をモデルとして進められてきた研究倫理の規制化がますます強まる現状に対して、人文社会科学系、とりわけ質的研究を専門とする研究者から懸念の声があがっている。まず、倫理規定に関する懸念の主なものとして、実際に調査研究を実施する際に生じるさまざまな倫理的課題が、倫理規定によりすべてカバーされるわけではないことがあげられる。Shaw（2008：402）は、倫理規定のみをよりどころとすることは、研究のさまざまな倫理的課題を事前に区分けすることができ、さらに、研究の実施前にそうした倫理的課題への対応が可能であるととらえられることにつながることに対して疑問を呈している。

　次に、倫理審査委員会に関しては、研究計画書の倫理的妥当性を担保することをその目的としながらも、倫理審査委員会が一定の手続きによる事前審査を通して研究を規制することにより、結果的に"ゲートキーパー"の役割を果たすことに対する懸念があげられる。先述の通り、医学分野をその起源とする倫理審査委員会は、量的研究により適合しやすいことが多くの研究者から指摘されており（例えば、Simons 2006、Padgett 2008：71）は、倫理審査委員会に対する懸念について「施設内審査委員会（IRB）の機能に内在する生物医学的（biomedical）モデルと、質的研究に本来備わる柔軟性とが十分に適合しない

ことにある」と指摘する。

　インタビューや参与観察（調査者がさまざまな形で調査現場にかかわりながらデータを収集する方法）等の手法を用いる質的研究は、調査者と調査対象者との関係性や調査現場の状況によってさまざまな影響が生じ得るが、調査の実施前にそうした影響をすべて予測することはできない。倫理審査委員会のゲートキーパーとしての役割が大きくなるなかで、研究方法として、実際の調査において柔軟性が求められる質的研究よりも、ランダム化比較試験（RCT：Randomized Controlled Trial）デザインをはじめとした量的研究が重要視される傾向があるアメリカの状況について、Lincoln & Tierney（2004：220）は、「施設内審査委員会のスタンスが、研究対象者の権利の保護を確実にすることから、質的研究や現象学的アプローチ、さらに、認識及び知識のための他の代替の枠組みを用いる研究に関しての監視（monitoring）や検閲（censoring）、そして不承認という方向にシフトしてきている」と述べている。倫理審査委員会または施設内審査委員会のこうしたスタンスのシフトは、先に紹介したヨーク大学のソーシャルポリシー＆ソーシャルワーク学部の倫理審査委員会の目的にもあるとおり、組織および所属メンバーの評判を守ることが大きな役割となっていることとも関連しており、倫理審査委員会の機能として"規制"や"管理"という側面が強くなっていることが指摘できる。

　研究倫理の問題を取り扱う際には、「倫理規定」および「倫理審査委員会」のスタンダード化により倫理的妥当性が担保される一方で、研究を一定の枠に規制することにもつながることに対する上記のような懸念についても十分に考慮に入れる必要があるであろう。

②倫理的ジレンマ

　ここからは、実際に調査研究を実施するにあたり直面するであろう倫理的ジレンマについて、インフォームド・コンセントを例に考えていくことにする。例えば、先述した通りにインフォームド・コンセントの手続きを進めて、調査対象者から調査参加への同意を得られた場合であっても、その同意は果たして調査対象者の自由意思によるものであろうか。調査への参加に同意しないことで不利益を受けることはないと説明されていても、調査対象者が調査者の所属機関・施設のサービス利用者である場合はどうであろうか。調査への不参加がサービスを利用する際の不利益につながることを恐れて、不本意ながらも参加に同意するということがあるかもしれない。調査者がどのような立場で調査を実施するかによって、特にインタビュー等の手法を用いる質的研究において

は、調査者と調査対象者の関係性にさまざまな影響を生じさせる。調査対象者がサービス利用者である場合、両者の関係は非対称な関係になりやすく、インフォームド・コンセントの手続きを取ったうえでの同意であっても、暗黙の強制力が働いてのことかもしれない。調査者はそうした可能性を自覚したうえで、インフォームド・コンセントの手続きを進める必要がある。

　また、調査者がどのような立場で調査にかかわるかは、別の倫理的課題を生じさせる。上記のように、調査対象者が調査者の所属機関・施設のサービス利用者である場合、「調査者」という役割に加えて、「支援者」の役割、さらには、調査者がスーパーバイザー等の立場である場合は「管理者」の役割も加わることになり、調査を進めるなかで、それらの役割が対立することも起き得る。例えば、インタビューで、調査対象者が自身や家族の抱える悩みや困難を語ったとしよう。Shaw & Gould（2001：161）が指摘するように、調査対象者は、調査者に対して自身への支援を期待して調査に参加したかもしれず、そうした場合、調査者としての役割と支援者としての役割のどちらを果たすべきかという複雑な葛藤を調査者にもたらすであろう。こうしたジレンマに関して、Dodd & Epstein（2012：143）は、所属組織で調査を実施する場合は、調査者が担当するクライエントを調査対象者から除くことを指摘している。しかし、調査者自身が担当するクライエントを調査対象者から除いたとしても、実際の調査では調査者と支援者の役割の間に明確な線引きをすることは難しいであろうが、役割葛藤に対処するうえでの1つの選択肢になるであろう。

　上述した倫理的課題はあくまで例にすぎず、倫理的課題は調査研究のプロセスのいずれの段階でも生じ得るが、そうした倫理的課題は研究倫理審査委員会の承認を得たとしても、調査の実施前に解決できるわけではない。さまざまな倫理的課題に対して事前に用意された明快な答えはなく、実際に調査を進めていくなかで、調査対象者や実施機関・施設の関係者等とのやりとりを通してそのつど落としどころを探ることでしか対応することはできないであろう。繰り返すが、倫理的課題は調査研究のプロセス全体を通して生じるものであり、調査対象者や調査現場等との関係性というダイナミクスのなかで研究倫理をとらえることが不可欠である。

（浅野貴博）

文　献

Dodd, S. J. and Epstein, I.（2012）*Practice-Based Research in Social Work: A Guide For Reluctant Researchers,* Routledge.

Flick, U.（2009）*An Introduction to Qualitative Research,* 4th Ed., SAGE Publications.

Lincoln, Y. S. and Tierney, W. G.（2004）Qualitative research and institutional review boards, *Qualitative Inquiry* 10（2），219-34.

厚生労働省（2008）「臨床研究に関する倫理指針」（https://www.mhlw.go.jp/general/seido/kousei/i-kenkyu/rinsyo/dl/shishin.pdf, 2018.9.24）．

日本看護協会（2004）「看護研究における倫理指針」（https://www.nurse.or.jp/home/publication/pdf/kangokenkyu_rinri.pdf, 2018.9.24）．

日本社会福祉学会「日本社会福祉学会研究倫理規程」（http://www.jssw.jp/society/doc/ethics_2018.pdf, 2018.9.24）．

日本社会福祉学会（2018）「日本社会福祉学会研究倫理規程にもとづく研究ガイドライン」（http://www.jssw.jp/society/doc/research_guidelines_2018.pdf, 2018.9.24）．

日本社会学会（2016）「日本社会学会倫理綱領にもとづく研究指針 」（http://www.gakkai.ne.jp/jss/about/shishin.pdf, 2018.9.24）．

日本心理学会（2009）「日本心理学会倫理規程」（https://psych.or.jp/wp-content/uploads/2017/09/rinri_kitei.pdf, 2018.9.24）．

日本ソーシャルワーク学会（2018）「日本ソーシャルワーク学会研究倫理指針」（http://www.jsssw.org/ethical-guidelines.html, 2018.9.24）．

Padgett,D.K.（2008）*Qualitative Methods in Social Work Research,* 2nd Ed., SAGE Publications.

Shaw, I.（2008）Ethics and the Practice of Qualitative Research, *Qualitative Social Work* 7（4），400-14.

Shaw,I.andGould,N.eds.（2001）*Qualitative Research in Social Work,* SAGE Publications.

Simons, H.（2006）*Ethics in Evaluation,* Shaw, I. F., Greene, J. C., and Mark, M. M. eds., *Handbook of Evaluation: Policies, Programs and Practices,* SAGE Publications, 243-65.

U.S. Department of Health and Human Services（1979）The Belmont Report（https://www.hhs.gov/ohrp/regulations-and-policy/belmont-report/read-the-belmont-report/index.html, 2018.9.24）．

本章のポイント

　本章はヨーク大学で博士論文を作成した、筆者（浅野氏）が博士論文作成にあたって用いたインタビュー調査を素材としつつ、「研究倫理」について論じたものである。

　実は、一般に「研究倫理」といわれるとき、異なる2つの内容を指すことがある。1つは「研究上の不正」に関するもので、2つ目は「人を対象とする研究上の倫理違反」に関するものである。そして、今回の浅野論文は後者にターゲットをあてたものとなっている。

　前者は、どのような分野の研究でも行ってはならない不正行為に関する議論である。これは例えば「人の文章を無断で盗作する」などといったもので、文系、理系を問わず、また哲学、歴史学、法学等の学問分野を超えて研究者は決して行ってはならないことである。

　一方「人を対象とする研究上の不正問題」は、基本的には、自然現象や過去の文献を対象とする研究では問題とならない。一方、ソーシャルワークや医学などの研究においては、調査対象者（研究協力者ともいう）に対して実験や、調査（インタビューやアンケート）を行う場合がしばしばある。このようなときに注意しなければならない問題である。被験者や回答者に対して行われる実験や調査が、人権侵害、また、そこまで行かなくても不本意な協力を強いることにならないように留意する必要があるのである。

　本書が主たる読者としてイメージしている、ソーシャルワーク分野の若手研究者や福祉実践者で研究を行おうとする人々は、研究のプロセスでワーカーやクライエントに対してインタビューやアンケートなどの調査を行うことが多いだろう。その意味で、この「人を対象とする研究上の倫理違反」について詳しく論じている本章の内容は大切にして欲しい。

　ただ同時に、本章ではふれられていない、「研究上の不正問題」も等閑視はできない。以下では、スペースの関係で要約的にはなるが、これから研究を始めようとする人々にとって、意識しなければならない「不正問題」についてふれておくことにする。

　研究上の不正は通常FFPという頭文字で総称されることが多い。捏造（Fabrication）改竄（Falsification）盗用（Plagiarism）の三者である。さらにまとめてしまえば、①研究内容には事実でない（可能性がある）ことは含まれ

てはいけない。②研究成果はしっかりとその労を執った者の業績となるべきである。という2点に集約できる。以下簡単にそれぞれについて説明することとする。

▶ 研究内容には事実でない（可能性がある）ことは含まれてはいけない。

　FFPでいう、FFの部分である。捏造とは存在していないデータを作成することであり、改竄はデータ結果を変造することである。例えば、アンケート調査を実施してもなかなか協力が得られず、回答率が2-3割台にとどまるようなことも時にある。そのようなときに本当は回答を得られなかった人からの回答があったように辻褄を合わせること（捏造）をしてはならないことは言うまでもない。また、アンケート調査を通して事前の予想（仮説）と異なる結果が出ることもある。例えば、「男性職員より女性職員が○○な傾向が強い」と考えていたのに、それほどのはっきりした差が出なかったときなどである。このようなときに都合の悪いデータの回答をいくつか処理対象から外すなどといったことも決してしてはならない。ある意味で当たり前のことであるが、しっかりと確認しておきたい。

　また、捏造や改竄と言うほどではないが、「消極的不正」とも言うべきものにも注意したい。グループインタビューで、ある出来事に賛成の意見と反対の意見が出たときに、どちらかの意見だけを採り上げて紹介する（詳しく扱う）等といったことである。施設の事業報告書ならば、自分たちの事業に対してよい評価をしてくれた感想文を特に取り上げるといったことはあり得るかもしれないが、「研究」においては決して行ってはならないことなのである。

　以上は、「研究結果」の信用にかかわる問題である。絶対に捏造や改竄がないことを前提に、研究は読者に対して説得力をもつことを心したい。

▶ 研究成果はしっかりとその労を執った者の業績となるべきである。

　第一にP（盗用）の問題が取り上げられる。なぜ盗用はいけないのか。まず盗用は出典を隠して自分の文章とするものであるため、その情報が正しいかどうかを確認する方法がないということである。これは、①で述べた内容につな

がる危険性があるということである。

　また元の内容が正しいものであっても盗用は決してしてはならない。なぜかというと、人のものを許可なく「盗む」こと自体が犯罪だからである。「盗んではいけない」のは、具体的な物やお金に限らない。引用を明示することなく、自分の文章として取り込んだとき「著作権法」等法律的にも許されないのである。もちろん先行研究を大きく参考にすることは当然のことである。しかしその場合にも自分の文章と他者の文章はしっかり区別をつけなければならない。正しい「引用法」に基づく引用の形式を守らなければならないのである。具体的には、投稿予定の雑誌等の規定に従うことが第一である。また、特に掲載する予定の雑誌等に明確な引用に関する規定がない場合には、すでに論文を書いたことのある先輩や母校の教員に相談するなど、他者を積極的に活用することも考えたい。

　また、複数の人が論文の作成にかかわったときに誰を著者とするのか、複数を執筆者とするときには順番をどうするのかといった問題もある。部下が実質作成した原稿を上司の名前で投稿するなどといったことは「研究の世界」では決して許されないのである。また近年では、自分が過去に発表した文章を新たな原稿とすることも、引用文献の明示がないと問題とされることも多くなってきている。

　以上は「研究結果」の受益の問題である。労に応じた利益（名誉）が研究では与えられるべきであるということである。

　以上、研究倫理上の不正について、本章の補足として論じた。人を対象とする研究上の倫理違反については、本文中に詳しいのでここでは繰り返さない。ただ、調査対象者に対する調査内容の事前説明にあたっては、口頭だけでなく書面を用いることが望ましい（p.73）ことや、「ヴェルネラブル」な人々に対する調査の実施にあたっての具体的な工夫の例示（p.75）、倫理的ジレンマについての実際的な言及（p.78-9）など、これから研究を始めようとする者にとって示唆に富む内容となっている。丁寧に読んで頂きたい。

（小山　隆）

文　献
小山　隆（2017）「実践家による研究への誘いと研究倫理の問題」『地域福祉実践研究』8.

第 6 章

データを集めよう

1 質的データを集めよう
- 調査対象の決定と注意点
- どんな方法で集めるのか
- データの集め方の実践例（インタビューによるデータ収集）
- 集めたデータの保存の仕方

2 量的データを集めよう
- 調査対象を決定する
- どんな方法で集めるのか
- 対象者とのラポールをとる
- データの適切性（妥当性）
- データの有効性と限界―例外事例の扱い―

1 質的データを集めよう

▶ 調査対象の決定と注意点

①データをどこからどのように集めるか

　質的調査の手法はそれぞれ調査対象の特性や性格、調査者との関係性などによって適した手法は異なり、どの手法を選択するのがよいか一概には明言できない。まずは、自身の研究計画と比較して適切な手法を選択することが肝要となる。

　特に、質的調査においては「いくつデータがあれば信憑性があるか」との見解にはたたない。必要なのは、"厚みのある記述"なのである。この際の"厚み"[1]は量的な大きさを示すのではなく、示唆の豊かさを意味する。したがって質的解析においては、分析に適うデータに出会うことができるかどうかが、研究の成否を左右することにもなり、よいデータ（分析に資する豊かな示唆を内包するデータ）に出会うためには、丁寧な事前のリサーチが不可欠であり、特に実践現場のデータを収集する際には、労を惜しまず実践現場に足を運び、そこにある実践感覚に共感を寄せながらデータが内包する実践知にめぐり合うことが必要となる。

②調査関係の構築

　質的調査の手法は多様で、それは研究目的に適した方法の選択であるとともに、研究対象の特性とも関連させて選択していくことが肝要となる。インタビューの手法を選択した場合など、調査者と被調査者が相互作用を伴う関係を形成してデータ収集の過程が展開されることから、被調査者にさまざまな影響を及ぼすであろうことも自明といえる。さらにはその相互作用が、その後の調査者と被調査者の人間関係にも影響を及ぼすことにもなろう。

　したがって、どのような収集方法を選択しても、調査者の存在は少なからず被調査者の生活や環境に影響を及ぼすこと（介入すること）を踏まえて、対象の抽出、依頼をしていくことが必要となる。つまり、調査対象の抽出にあたっては、適切なフィールドから事象や人を選択したうえで、調査について十分な説明と納得、つまりはインフォームド・コンセント（倫理手続きとしての"説明に基づく同意"）を踏まえた準備を経て、被調査者側の動機づけを明確にして、"調査関係"を適切に構築しておくことが必要となる。

▶ どんな方法で集めるのか

①データの収集方法の選択

データを集める方法を選択する際には、以下の点への留意が必要になる。まず、収集法の概要を理解する。次に、そのなかから自身の研究に適した方法を選定する。そして、実際にその方法でデータ収集が可能であるのか、試行してみる。この試行（プリテスト、パイロットケース）等で問題が生じなければ、その収集方法を実際の研究過程に位置づけて調査を開始することとなる（Flick＝2002：160-7）。

(1) 言語化されたデータの収集

1）インタビュー

研究者が必要とするデータをある程度効率的に収集するためには、直接被調査者と対面するインタビューの手法がとられる。この場合、被調査者に内在する経験知などの言語化を促す場合と、被調査者を通じて実践現場の現状などの言語化を促す場合があり、同じインタビューでもそのデータの性格はやや異なることとなる。

このインタビュー（質的面接）[2]には、以下のようなゆるやかな区分がある。あらかじめ質問内容や順番、さらにはその問い方まで枠組みを明示した「構造化面接」。一定の枠組みは用意するが、被調査者の特性や回答状況に応じてある程度枠組み調整が可能となる「半構造化面接」。さらには、面接の焦点はある程度明示するが特に枠組みを設定せず、面接の力動に応じて内容を深める「構造を限定しない面接」。

複数の被調査者に一定の問いを立てる場合など、面接の一貫性を保つためには、「構造化面接」が適している。しかし、質的調査においては、被調査者の語りのなかに理論の文脈が整理されるよう調査者側の適度な介入、つまり、そこに生じる相互作用によってデータの洗練がなされる場合もあり、「半構造化面接」の形式がとられる場合も多い。また、「構造を限定しない面接」は事前に想定し得ない深い探求を可能とする場合もあるが、短時間で相互作用さえもコントロールしながら面接を深めるためには、事前のトレーニングなど、インタビュー手法の洗練が求められる。

いずれの手法においても、被調査者の仕事やプライベートに過剰な負担とならないように配慮して、その話を聞く場合は、1〜2時間程度のインタビューが想定される。よって現在の自分自身の調査手法の習得状況をよく自覚し、適

切な手法を選択することが必要となる。また、調査協力に不慣れな被調査者は必ずしも調査者の意図に沿って効率的に語ってくれるわけではない。両者にそれぞれ時間の制約があることを勘案しても、インタビュー時間と内容が妥当なものとなるよう、経験の浅い調査者の場合などは、そのよりどころとなるインタビューガイド（インタビュー項目や回答を促すための補足項目を列挙したガイド）を研究目的に沿った具体的でわかりやすい表現に洗練して用意しておくことが必要となる。

2）質問紙調査：自由記述

　人員の配置に限界があり、シフト勤務にあるソーシャルワークの実践現場の職員に調査を依頼する場合など、対面の時間を調整することが困難な場合も少なくない。また、学生の意見や意向をデータとして収集しようとすると、大学の授業などの時間に協力を依頼することもある。このような場合、事前の調整に多くの時間と労力が必要ともなり、研究計画の遅延を招きかねない。そこで、次善の策としてインタビューの際に用いるインタビューガイドの項目に説明的な字句を加えた質問紙[3]による調査によってデータを集める方法もある。聞き取ることのできるデータ量が口頭での回答より減少したり、質問の意味の相互理解にはコミュニケーションが一方通行であることの限界があったりするが、被調査者の時間の調整が任意である点においては、被調査者の協力を得やすい方法ともいえる。

　しかし、この質問紙の方法においても、質問項目が多岐にわたった場合にはやはり被調査者の身体的・時間的負担が過剰となることが危惧される。そこで、プリテストを実施するなどして、質問項目の数や表現方法など、被調査者からの評価を得て修正を加えることで、データ収集の精度を上げることも可能となる。また、回答の際の記入ガイド（その質問ではどのように回答を記述すればよいのか示唆した文章）を作成したり、電話やメールでの応答を担保したりするなどの工夫をすることで、制約があるなかでも一定のデータの収集は可能となる。

　この際、特に留意すべきは回答後のプライバシーの確保である。回答の回収方法、その際の秘密保持の配慮、さらには返送の方法や費用負担など適切な対応の勘案も不可欠である。また、調査協力者に説明を依頼する場合など、そこにも相互作用は生じ得る。説明者と被調査者の間に何らかの権威関係が発生し回答への影響がないよう、誰にどのような手順で協力を依頼するのかについても十分な配慮が必要となる。

(2) 視覚による・視覚化された情報収集

1) 参加・参与観察

参加・参与観察では、調査者が実際にフィールドに赴き、直接データを収集することが可能となる。この場合、調査者はすべての身体感覚と知識を関連づけて観察・情報収集・情報の言語化・整理（記録）を行っていく。したがって、そのフィールドへの関与のレベル（参加にとどめるか、何らかの参与を企図するのか）、つまり調査者とそのフィールドの事象や人との間の相互作用の頻度や濃度によって介入の影響も異なることとなる。調査者が単にデータを収集するだけでなく、フィールドの事象や人とかかわり、問題解決や状況の変化に関与するような介入調査において、相手への影響が予想されるのは自明のことであるが、介入調査でなくても、調査者がその場の事象や人に関与しないよう努めても、調査者がその場に"いる"ということ自体がすでに影響であり、そこには何らかの相互作用が生じることになる。

上記のようなことから参加・参与観察においては、どのような立場で、どのような相互作用が生じるのか予測を立てたうえで、観察に臨むことが必要となる。その際、フィールド（調査の対象となる場所や領域）は常に調査者が期待・予測した状況を維持するとは限らない。可変的な状況のなかでも、何を観察するのか調査者に内在する視点を活用して、随時状況の変化に即応しながら調査の精度を維持することが必要となる。観察シートのような観察の枠組みを言語化した道具の活用は、変化への即応にはなじまないが、一方で、予測し得ない状況が生じた場合にもデータを見逃さず収集するための視座ともなり、活用方法によっては安定した観察・情報収集の道具ともなる。

2) 映像や写真などのデータ

映像や写真はすでに一旦何らかの状況から切り取られて、その場にある情報が漏れなく恒常的に収集可能なデータ群でもある。フィルムに焼きつけられたり画像に描き出されたりしている情報は、その現像・保存過程での劣化がない限り、そのとき、その場所に存在したデータが漏れなく収集できる。また、参加・参与観察に生じるような相互作用もなく、調査者の見落としもなく、ありのままのデータの収集が可能となるところに特性があるといえる。しかし、その映像や写真も参加・参与観察の際の記録の道具として活用される場合は、そこに記録される状況自体にも調査者の影響が少なからず関与することは否めない。

一方で、過去に作成された映像や写真の場合は、調査者自身の影響は少ないものの、調査者以外の誰かの意図と都合によって切り取られた一場面、あるい

は一連の情報の一部分である限界性をもつ。特に映像の場合には、事前のストーリー設定や事後の編集の可能性など、映像作成時点においてすでに何らかの情報操作の可能性が危惧される。

したがって、写真や映像などの視覚情報については、併せて撮影当時の周辺情報の収集を関連させておくことも必要となる。

また、写真や映像はインタビュー調査の被調査者の語りを促す。つまり、被調査者の記憶に潜在化しがちなデータを顕在化する補足データとしても活用可能である。一定の期間の時系列の語りを促す場合など、その期間が長期に及ぶ場合など、時系列の順序の筋道が立つよう視覚的情報を参考に、語りへの顕在化を促す道具として写真や映像は効果的側面もある。

②既存のデータを活用する（公開されているデータの二次利用）

質的研究においては、既存のデータを活用して分析を加える場合も少なくない。例えば類似する実践事例を積み上げて分析を加えるといった場合、あるいは、量的調査の際に収集した自由記述を質的に解析する。さらには、写真や記録などから関連するデータを収集していって、何らかの示唆にたどり着く手法もある。この場合、課題になるのが倫理的配慮である。一般に公開されているデータの二次利用であれば問題はないが、組織の実践に潜在化していた事例や調査など、データ収集時に倫理的な手続きが履行されていないデータなどの取り扱いには十分な確認や手続きが必要となる点に留意が必要である。

例えば、量的調査で収集された自由記述の回答が未加工・未分析のまま公開されているような場合は、データの出典を明示すれば自身のオリジナルの研究のデータとして活用可能である。近年では大規模調査の基礎データが行政のホームページにそのまま記載されている場合も散見され、このような場合にも出典（データの所在機関・団体、ホームページアドレス、ダウンロード期日）を明示すれば、そこにあるデータは活用可能となる。

ただし、公開されているデータであっても、実在の実践事例のように個人のプライバシーにかかわるような情報が無加工のまま、あるいは従来は許された不適切な表現や形容が用いられたまま、再掲されることには倫理的問題が残るものと判断される。したがって、過去に公開された情報であっても、事例等の二次利用には十分な配慮と慎重な取り組みが必要とされる。

また、"過去の実践"を振り返ることで何らかの理論的な示唆を発見・言語化つまり理論化できる場合もある。しかし、ここで問題となってくるのが既述の個人データの取り扱いにかかわる"インフォームド・コンセント"の課題で

ある。

過去の実践の研究を試みるにあたっては、現行の研究倫理のしくみを熟考して必要・十分な手続きを経ることが不可欠といえる。

▶ データの集め方の実践例（インタビューによるデータ収集）

ここでは、実際の筆者の経験をもとに、データ収取の過程を例示する。

①調査の枠組み

この研究では、児童養護施設をフィールドとして、「児童養護施設においては、ソーシャルワーク実践は企図されながらも、何等かの阻害要因によって成立していないのではないか」との研究仮説に立ち、実際に児童養護施設でソーシャルワーク実践に携わる職員の実践感覚のなかから実体を概念化することを企図してインタビューを行った。先行研究の分析から先入観をもたずに実践成果（データ）と向き合い、知見の顕在化を試みることが必要と判断し、分析方法にグレーザーのグラウンデッド・セオリー・アプローチを選択した。そこで、調査仮説は設定せず、インタビューガイドは、筆者の予見を挟まぬよう（聞きたいことを都合よく聞かないように）「あなたの児童養護施設でのソーシャルワーク実践について、お話ください。」という1文のみとし、聞き取りを行った[4]。

②対象の抽出

調査対象者の選定にあたっては、児童養護施設職員のなかでソーシャルワーク実践を担当する職員（例えば、基幹的職員やファミリーソーシャルワーカー等）のなかから、児童養護実践をソーシャルワーク実践として語ることが可能なキャリア（例えば、職場や職能集団での立場や経験のなかでソーシャルワーク実践としての事例報告をしたり、研修の講師をしたりしている等）を事前に確認し、インタビュー対象者の母集団を選定した。この際にも、筆者だけの判断だけではなく、職能集団の研修担当者やコーディネーター、関連領域の研究者などに情報提供を依頼した。

そしてこの母集団に研究の趣旨を説明し、本人に加えて現場の了解を得られた5名をインタビュー対象とした。そのなかでも、児童養護現場のソーシャルワーク実践を担う職員の特性を最も特徴的に示す保育士資格を基礎資格とする職員[5]で、かつ、経験や立場から現場の実践をやや俯瞰した立場から語ることが可能ではないかと判断された職員を最初の聞き取り対象とした。彼/彼女

は、複数施設を有する社会福祉法人において施設内研修のスーパーバイザーを務める職員でもある。

③インタビューの進め方

　実際のインタビューにあたっては、多忙な現場職員であるインタビューイの時間的・身体的負担とならないよう、静寂かつ秘密保持が可能な環境であることに留意しつつも、インタビューイが気楽に話すことのできる時間と場所を設定した。具体的には、インタビューイの了解を得て（この場合は希望を聞いて）彼／彼女の通勤経路にあり、打ち合わせなども可能な個室の用意されている喫茶店の一室を選択した。そして比較的業務が早く終了する日勤の日、退勤途中に１時間程度インタビューに応じていただいた。当然のことながら事前に、当日のインタビューイの勤務状況などによって、日程・時間変更が可能であることも十分に説明した。

　事前の説明や文書のやりとりで研究意図や手法の説明を終えていたので、当日は余分な説明や世間話はせず（これも時に予見となる）、「それでは、あなたの児童養護施設でのソーシャルワーク実践について、お話ください。」との筆者の発語を契機としてインタビューは始まった。

　本人の了解を得て、インタビュー内容はICレコーダーで録音し、そのつどのインタビューイの表情など非言語データについては、筆者（インタビュアー）が観察・記録した。その後もインタビュアーは、相槌を打つほかは、「もう少し具体的に説明していただけますか」といった、語りの具体化を促す以外の発語をせず傾聴し続けた。

④インタビュー経過と補足調査の実施

　この結果、インタビューからは筆者の研究仮説にとって十分に明証となる語りを得ることができた。児童養護施設には何らかのきっかけ：トリッカー（引き鉄）となる出来事（この場合はスーパービジョン）があった場合には、ソーシャルワーク実践が成立可能な土壌はあるものの、そのきっかけを得られないまま実践が展開されがちであること、"ソーシャルワーク実践"は言葉として実践の場で聞かれるものの、実体として成立することは難しい状況であることなどが確認された。

　しかし、この聞き取りで浮上した（顕在化した）実情がインタビューイに特徴的なデータであるのか、普遍的なデータであるのか論証することも必要と判断され、インタビューイの候補のなかから保育士に続き多数派になりつつある社会福祉士の資格をもつ職員２名に補足のインタビューを実施した。この際

も、当初のインタビューの結果や経過には一切言及せず、保育士資格のインタビューイへの聞き取り同様、「あなたの児童養護施設でのソーシャルワーク実践について、お話ください。」との問いかけにとどめ、その後も、初回同様相槌と詳細の促しに終始した。

このインタビューからも同様の明証が得られたため、分析をさらに進め、その結果、児童養護施設のソーシャルワーク実践について、既述のような「現状分析」の検証までは可能となったが、理論生成にはさらなる研究の進展（分析）が課題となった。当初5名の聞き取りを予定していたが、3名の聞き取りで研究・分析に資するデータの収集はなし得た、つまりは、"厚みのあるデータ"が収集し得たものと判断し、当事者に事情を説明し、以後の聞き取りは行わなかった。

⑤インタビューにあたって留意したこと

なお、このインタビュー・分析については、質的解析を専門とする研究者、さらには、児童養護実践を専門とする研究者に随時スーパービジョンを依頼し、聞き取り・分析において手法の適切な活用、聞き取りや分析の客観性の維持などについて終始モニタリングを継続しながら研究を進めた。

また聞き取り結果は、類似する調査に熟練し文章化に優れた協力者に依頼し、随時逐語記録として文章化した。この際にも誠実な作業や秘密保持については事前に明文化した契約書を交わしており、倫理審査においてもこの点を確認している。

▶ 集めたデータの保存の仕方

以上のように、質的分析におけるデータ収集について、その方法と留意点を併せて述べてきたが、最後にその情報の保存について確認しておきたい。

集めた情報はさらに分析・論文生成・公開の過程を踏んでいく。筆者の経験の紹介で言及したように、収集と分析は同時進行する要素もあり、補足のデータ収集も必要となる場合もある。さらには、研究は公開して終わりではなく、しばらくの間はその評価を得る期間となる。

また、一連の収集・分析・公開の間、一定の評価が得られるまで研究のバックデータ（何か問い合わせがあった場合の根拠資料）として保存をしておくことが必要となる。研究の規模にもよるが、一般的には5年から10年の期間が設定される。

したがって、集めた情報には情報の混在を防ぐ意味から通し番号を付与し、いつどこで誰から収集したデータであるのか、確認できる表を作成しておくことが必要となる。そして、このデータと表は調査者が責任をもって管理できる場所で施錠管理されることが必要であり、不必要となったデータは所定の期間を経た後、速やかに粉砕処理されることが望ましい。

（稲垣美加子）

注
1) I.C.Geertz（1973）の「厚い記述：thick description」との表現は、質的調査（解析）のデータ収集の留意点としてよく引用される。
2) C. ポープ（2001：18）を参照し、一部筆者が表現など修正した。原著では質的面接は「構造化面接」「半構造化面接」「深い面接の構造」と分類される。
3) SNS を活用した調査も可能かと思われるが、この際にも趣旨説明等の関係資料、回答シートにパスワードを設定するなど、被調査者のプライバシーの確保には十分な配慮が必要となる。
4) グレーザーのグランデッド・セオリーにおいては、インタビュアーとインタビューイの間の相互作用を可能な限り生じさせず、インタビューイに内在する実践知の顕在化を志向する。一方、修正版グラウンデッド・セオリー（M-GTA）では、インタビュアーとインタビューイの間の相互作用を前提としたインタビューとなり、分析手法によってインタビュー方法も異なる。
5) 社会的養護の領域で最も多く働いているのは保育士資格を基礎資格とする職員であり、ソーシャルワーク実践も、保育士資格を基礎として実践経験を積んだ中堅職員が担当している場合が多い。

文　献

Flick（1995）Qualitative Forschung, Rowohlt Taschenbuch Verlang GmbH, Reinbek bei Hamburg.（＝2002, 小田博志・山本則子・春日　常・ほか訳『質的研究入門──〈人間科学〉のための方法論』春秋社.）

Geertz, I. C.（1973）*the Interpretation of Cultures: Selected Essays*. New York: Basic Books.（＝1987, 吉田禎吾・中牧弘允・柳川啓一・ほか訳『文化の解釈学 1・2』岩波現代選書.）

萱間真美（2007）「質的実践ノート」医学書院.

眞嶋俊造・奥田太郎・河野哲也編著（2016）『人文・社会科学のための研究倫理ガイドブック』慶応義塾大学出版会.

Pope, C. and Mays, N.（2000）*Quqlitqtive Resercgu in Healh Care*, 2nd Ed., MJB Books.（＝2001, 大瀧純司監訳『質的研究実践ガイド──保健・医療サービス向上のために』医学書院.）

佐藤郁哉（2008）『質的データ分析法──原理・方法・実践』新曜社.

西條剛央（2009）『ライブ講義質的研究とは何か──SCQRM ベーシック編』新曜社.

西條剛央（2009）『ライブ講義質的研究とは何か──SCQRM アドバンス編』新曜社.

田垣正晋（2008）『これからはじめる医療福祉の質的研究入門』中央法規出版.

VB. モーティン・A. ユンニドル編　志村健一・小島通代・水野節夫監訳(2017)『グラウンデッド・セオロー：バーニーグレーザーの哲学・方法・実践』ミネルヴァ書房.

2 量的データを集めよう

　量的データとは、データのなかで数値化されているものを指す。はじめから数の形で表記されるものもあれば、調査後にコード化し、数の形にするものもある。量的データを集めにいくまで（調査実施まで）の手順は、一般的には、次のとおりである。

　①調査に取り上げた問題を明確にする（問題の明確化と仮説の設定）、②調査範囲・対象を決定する、③調査法を選定する、④調査票を作成する（調査問題を質問や観察項目の形に具体化する）、⑤予備調査の実施およびその結果の検討、⑥調査実施に必要な各種準備（調査員の選定と訓練、調査時期の決定、対象者名簿の作成等）、⑦調査実施（井垣 1968：21-2）

▶ 調査対象を決定する

　調査対象の決定は、調査目的や仮説、リサーチクエスチョンを照らし合わせながら、それらを調査対象の選択として具体化することになるだろう。

> **学生と行った高齢者調査（A 調査）**
> 2009 年に鹿児島県 A 市において高齢者調査を実施した。これは一人暮らし高齢者の福祉ニーズの把握をねらいとした実態調査であったが、一人暮らし高齢者は孤立の程度が高いのではないか、また食生活等生活面での不便さを感じているのではないか、などの仮説もあった。この調査の背景として介護保険は基本的に体の状態で支援の程度を考えるために、一人暮らしという社会的境遇の違いによる支援はあまり考慮されない。鹿児島県は当時、一人暮らし高齢者の比率が最も高い県であり、これまで一人暮らしを理由に社会的支援が行われてきた。介護保険導入により一人暮らし者への支援がどのように変化しているのかも気になる点であった。そのために比較の意味で夫婦世帯も調査対象とした。

　ここでは、調査を目的別に 4 つのタイプに分ける。

①実態調査・ニーズ調査

　調査の第一のタイプは、「今なにが起きているのか、実態がどうなっているのか」を知りたいという調査である。社会福祉に関する調査の多くは、この「何」（WHAT）の問いから始まる調査であり、「実態調査」や「ニーズ調査」といわれる。例えば、この地域に「一人暮らし高齢者」はどのくらいいるのか。そ

れらの人は地域の人とどの程度交流をしているのか。医療機関に通っている人はどのくらいいるのか、などである。

②仮説検証型調査

調査の第二のタイプは、「それはどうして起きたのか」、「その原因は何なのか」を知りたいということであり、「WHY」から始まる調査である。原因を知るための調査といってもよいが、調査においてはあらかじめ原因となる変数を想定し、仮説を構成し、それを検証するような形で原因を究明する。その意味で「仮説検証型調査」と呼ばれる。

例えば、「体の不自由な高齢者ほど、家族との同居を望むだろう」などである。仮説とは、2つあるいはそれ以上の変数の間の関係を示す命題のうち、まだ検証されていないものである。上の例では、独立変数（原因となる変数）が「高齢者の体の不自由の程度」であり、従属変数（結果となる変数）が「家族との同居の希望の程度」ということになる。これらを質問項目に具体化し、クロス集計（2変数間の関係をみる集計）等を行うと両者の関係をみることができる。

③効果測定調査

第三のタイプは、評価にかかわる調査であり、「HOW」にあたる。これは特定のプログラムが効果的であったのかを知る「効果測定調査」である。効果測定調査は事象に対する意図的な働きかけを一定の視点から測定することである。プログラムの効果をみるためには、プログラム実施前と実施後を比較することが必要になる。こうした方法を「前後研究」と呼ぶ。しかしより厳密には、プログラムを実施したグループと実施しなかったグループを比較してプログラム効果をみる「対照群実験」が併せて用いられることが多い。

④アクションとしての調査

4つめの調査のタイプは、これまでとはやや視点を異にしている。それは調査を単に情報収集の手段とだけ規定するのではなく、調査プロセスそのものを重視し、結果を調査対象者と分かち合ったり、主体的に調査活動への参加を促すことによって問題解決を図ろうとする「ACTION」としての側面をもつ調査である。

アクション型調査は、ソーシャルワークの原理から演繹されてくるものもあるし、これまでの調査活動への反省から生み出された側面もあろう。いわゆる「アクションリサーチ」と呼ばれる調査である。質的研究に限られるように思われがちであるアクション型調査であるが、量的研究を基礎にしたものも考えられる。

▶ どんな方法で集めるのか

データには一次データと二次データがある。一次データとは調査者が直接に収集したデータであり、二次データとは本人以外が収集したデータである。ここでは一次データの集め方に絞って説明する。

①回答の３つの種類

データ収集の方法として調査票を用いる場合、回答は３つの種類に分けられる。１つだけ答える「単一回答」と複数の回答が可能な「複数回答」、そして数値化されていない「自由回答」である。３つの回答形式は集計や分析方法が異なるために、どの回答形式を選ぶかは慎重に判断をしなければならない。統計的な処理を前提にすると単一回答が扱いやすい。複数回答ももちろん統計的処理が可能である。あらかじめどのような回答が出るのか予想がつかない場合などは、自由回答を用いたりするが、自由回答記述の集計分析にはアフターコード化（自由回答を分類したうえで、番号等をつける）が必要になる。自由回答記述の分析手法はコード化することで数値化できるが、質的研究法を用いることもできる。

②尺度の種類

量的データの場合、質問項目は多くが数値化されたものであるが、この回答項目も４つの尺度に分けることができる。

（1）名義尺度

この尺度は名義的に数字が与えられているが、数字としての（例えば四則演算）の特徴はもっていない。好きな果物はと聞いて「1. リンゴ　2. バナナ」という回答欄があっても数的意味はない。1+1=2であるが、リンゴ＋リンゴはバナナとはならない。地区名や宗教、性別などもそうである。

（2）順序（順位）尺度

この尺度はデータ値をランクごとに並べることができる。例えば「1. 大変不満　2. やや不満　3. やや満足　4. 大変満足」などのように。ただし、それらが等間隔で１から４まで並んでいるかという保証はない。学歴などの質問もこの尺度である。

（3）間隔尺度

間隔尺度のデータ値は尺度全体のどの場所でも１単位の違いは同じ量だけ違うことを意味している。ただし間隔尺度は真の０点をもたない。温度などがそうである。０は単に通過点にすぎない。

（4） 比率尺度

　間隔尺度と同じ性質に加えて真の0点というもう1つの性質をもっている。例えば、年齢、居住年、1日の勉強をする時間などがあげられる。

　これら尺度の性質によって統計分析をする場合に適用できる検定法などが異なり、概して間隔尺度や比率尺度のほうが適用できる統計分析の幅が広い。変数尺度を意識することの大事さは、これらの特質によって分析方法が異なるからである。例えば独立変数と従属変数の両方ともに名義尺度であれば範囲は狭く、χ^2検定などである。しかし従属変数が間隔尺度や比率尺度であれば、t検定やF検定が使える。独立変数、従属変数ともに間隔・比率尺度であれば回帰分析なども使える。

③調査の種類

　ここでは、調査の種類を個別面接法、留置（とめおき）法、郵送法、集合調査法、その他に分けて説明する。

（1） 個別面接法

　調査票を用いた個別面接法は、調査対象者に直接面談をしながら調査票に調査員が記入するという方法で進められる。長所として調査対象に直接質問でき、その場に応じた質問ができるが、短所としてコストがかかる。また調査員の介在によって回答に偏りが出たり、プライバシーがおかされやすい。

（2） 留置法

　留置法は、調査票を調査対象者のもとへ、1日か数日、留置し、後に調査員が回収する方法である。長所として回収率が高い。その場では回答しにくい質問にも対応できる（記憶を呼び覚まさねばならないような）、面接に比べ調査員の労力軽減ができるなどあるが、短所として回答が本人のものか不明、記入が不正確になりやすい、などがある。

（3） 郵送法

　郵送法は、郵便を使って調査票を送り、相手に記入と返送をしてもらう方法である。また留置法と郵送法を併用して行う場合もある。長所としては調査経費が安くすむ。その場では回答しにくい質問にも対応できるなどあるが、短所として回収率が低い、回収に時間がかかる、などがある。（ほかは留置法と共通）

（4） 集合調査法

　集合調査法は、対象者を特定の場所に一堂に集め、その場で調査対象者自らがその場で回答を調査票に記入するというものである。長所としては調査経費が安い、回収が容易などあるが、短所として人により回答速度に違いがある。

集まってきた人の意見しか聞けない、などがある。

(5) その他

電話を使った調査やインターネットを使った調査などもよく行われる。電話調査の長所は自動化しておけば労力は軽減されるが、短所として回答項目が制限され、基本的には電話番号のある人にしか調査できない、などがある。インターネットやメールを使った調査では、長所としてメールアドレスに一括して大量に送信できる、対象者は時間のあるときにアクセスし答えられる、などがある。短所としてはメールやネット操作ができない人は対象外になる、などである。

どの方法を使うかは、調査目的や調査対象の特徴、また現実的調査可能性などを吟味して決めねばならないが、それぞれの調査の長所短所をあらかじめ理解しておくことは必要である。郵送法を使って9割の回収率を想定することはまず不可能であろう。仮に郵送法によるアンケートの回収率を3割と想定し、回収数を300ケース見込むなら、1,000ケースを対象数として考える必要があるということである。

④量を集めることとデータの信頼性

量的調査を行う場合、調査対象の範囲の全体を調査する場合（全数調査）と一部を調査する場合（標本調査）とがある。標本調査の場合、調査対象の全体の範囲を母集団と呼び、その一部を抽出する作業を標本抽出と呼んでいる。正確に母集団の特性を反映した標本を示すには、できるだけ母集団に近い対象者を調査することが望ましいが、無作為抽出法を用いることにより母集団の特性からのずれ（標本誤差）を推計することができる。

仮説検証型調査や効果測定調査においては、2つ以上の変数間の相関や因果関係をみていくために、別の検定等の手法を用いる。基本的に量的データは数値化されているために、こうした統計的検定が可能となる。ただ一般的な社会調査（survey）では実験的手法と異なり、前後研究（before-after study）や対照群（control group）実験が難しいために因果関係や相関の証明には不十分な場合も多い。

> **孤独なインタビュー**
> A調査は標本調査（サンプル数289）の形で行った。教育的意味（高齢者の生活ぶりの理解や面接スキルの向上）もあり、個別面接法を選択し、あらかじめ対象者にはがきを郵送、調査期間に調査員が訪問して調査を行うつもりで

> あったが、調査通知を出した時点から電話での辞退、拒否があいつぎ、すでに調査開始時には対象者の2割近い人が辞退・拒否となっていた。辞退や不在は調査活動が始まっても続いた。2日間調査に参加した学生のうち3名は、全体で2ケースの面接ができただけだった。雨のなか、学生は面接を続けたが、訪問販売員のように断られ続けた。おりしも町内では詐欺まがいの訪問販売に注意をするようにというアナウンスがされたばかりで、最終的な回収率は5割にようやく到達する程度であった。

近年、無作為抽出による標本調査は、「個人情報保護法」の施行等に伴い、かなりむずかしくなっている。特にコミュニティや自治体を対象にした住民調査は、行政がかかわっていないと対象者名簿の作成は非常に困難である。厳密なサンプリングができない場合、少なくとも調査対象となった地域の年齢構成や性別等が調査対象者の属性とどの程度近似しているかどうかを明らかにする必要があろう。

▶ 対象者とのラポールをとる

①現地調査とラポール

調査行為はコンピュータ処理されるところばかりではない、きわめて人間的なプロセスを含む。今の社会調査のテキストでは統計解析に多くのページが割かれ、この人間的側面への言及が少ない。しかし調査員も一人の人間であり、調査活動は人と人の出会いと交流の場であり、その意味で調査対象者とのラポールは大きな問題である。例えば、入院患者に対する調査をする場合、しばしば調査者は病院側の立場に立つのか患者側の立場に立つのかをめぐって、人間関係のなかに置かれることもある。社会学や文化人類学では、調査においてのラポールの取り方が以前からテーマとなっていた。あるテキストでは以下のように記述している。「外国であれ自国内であれ、現地調査が成功するか否かは、研究者が被調査者に信頼され受け入れられる関係をつくりあげられるかどうかに大きく左右される。このラポールをつくれないと、研究者は調査対象者の文化に深く食い込むことができない。そして表面的な質問に正確に答えてもらうことすらおぼつかなくなる。（略）ラポールの獲得は科学ではなく、術である。どのような文化においても、現地調査者は調査対象者の生活には直接役立たない目的をもって入ってくる招かれざる客である。多くの民族が自信と意識を高

めてきた結果、そのような現地調査に対する批判が強まり、研究者が調査対象者の中に入り込んでラポールをつくりあげることは、しだいに困難になりつつある。」（Broom, Leonard and Selznick, Philip =1988：49-50）

②調査される側の迷惑

宮本常一は「調査というものは地元のためにならないで、かえって中央の力を少しずつ強めていく作用をしている場合が多く、しかも地元民の人のよさを利用して略奪するものが意外なほど多い」（宮本・安渓 2008：34）と言っている。昨今の福祉計画策定のための基礎調査でも同じようなことを感じることがある。われわれの調査は何を目的にしているのか。自分自身の研究論文を完成させるためか。なぜそのために地域住民は時間と労力を費やして付き合わなければならないのか、彼らにどんなメリットがあるのか。これまで「略奪調査」や「迷惑調査」と批判される多くの調査が行われてきた。ある離島で調査拒否にあったことがある。調査対象の高齢者は吐き捨てるように「何もかわらんじゃないか」と言った。今まで何度となく調査と称して役場なりが来て答えたが、この地域は何も変わっていないじゃないかということらしかった。調査によっては、単にアリバイづくりのために行われているケースもある。

③アクションリサーチの視点

こうした点からもアクションリサーチは注目される。アクションリサーチは、「研究者が人々に『対して』研究するのではなく、対象の人たちと『ともに』その人たちの『ために』作業するという特徴をもった研究としてとらえられる。この研究の強みは、現実の問題を解決することを目指している点にあり、また研究への参加やその後の展開を通じて現場で業務に携わっている人たちに力をつけてもらえる点である。アクションリサーチは、明確な価値観を基盤とした集団活動であり、アクションリサーチの研究者と参加者のパートナーシップに基づき、すべての人が変化の過程にかかわっている。その過程は、参加者にとって教育的であり、参加者が力をつけるものであり、問題の同定、計画、実行、評価が相互に関係した動的なアプローチである。知識は省察と研究を通して深まっていき、データ収集には、質的、量的両方の研究手法が用いられることがある。実践的なものから提案のようなものまで、さまざまな種類の知識がアクションリサーチを通して得られる（Pope and Mays = 2008：111-2）。

④対象者の調査に対する同意とプライバシー保護

一般社団法人社会調査協会の「社会調査協会倫理規程」（策定の趣旨と目的）には、「調査者の社会的責任と倫理、対象者の人権の尊重やプライバシーの保

護、被りうる不利益への十二分な配慮などの基本的原則を忘れては、対象者の信頼および社会的理解を得ることはできない」とあり、「研究の目的や手法、その必要性、起こりうる社会的影響について何よりも自覚的でなければならない」とある[1]。通常アンケート用紙には調査を行う場合の住所名前をどのように知ったかなどの情報を含め、調査の手順と調査票に答えることで、個人名が出ることはない点などを明示して同意をとるが、基本的に無記名型のアンケートにおいて、ある程度の匿名性は担保される。しかし例えば、小さな集落等の調査の場合、年齢と性別の質問をあわせると対象者が特定化される可能性がある点は留意する必要がある。その場合はデータとしての価値は下がるが、年齢を年齢カテゴリーにするなど考慮が必要になる。また自由回答記述のなかにはプライバシーにかかわる内容が含まれる場合があり、そのままでは公開ができないものもあることも留意すべきである。

▶ データの適切性（妥当性）

質問項目の適切性を考えるうえで考慮すべき点として、妥当性と信頼性についてYinの区分に従いながら述べてみる（Yin = 1996：46）。

①質問項目の適切性〜構成概念の妥当性〜

特定の概念や変数を明らかにするために使う質問はどの程度適切であろうか。例えば、一人暮らし高齢者の社会的孤立を調査したいとして「社会的孤立」はどのように測るか、一般には「会話の程度」や「頼れる人がいない」ことをもって社会的孤立を明らかにする質問にしている。しかし例えば、高齢者を60歳以上の人として規定することは、今の日本社会では、現実にはあまりマッチしていない。「構成概念の妥当性」とは構築しようとする概念に関する変数として適切なものが選択されているかどうかを検討することである。

②内的妥当性〜見せかけの相関、因果関係をみる〜

内的妥当性とは、ある条件が他の条件をもたらすことを示す因果関係の確立に関する評価指標である。この指標は、因果関係を説明するための研究において必要とされる。事象xが事象yをもたらすということを想定した場合、実際には第3の事象zが原因である可能性を排除しなくてはならない。たとえ話であるが、あるデータからは既婚者は未婚者よりもスナック菓子をあまり食べなくなるという結果がでた。しかしよく調べてみるとこれは年齢が真の原因であるようだった。年齢があがると既婚者が増える。年齢があがるとスナック菓

子を食べなくなることが、あたかも結婚することと、スナック菓子を食べることが相関しているように見えたのである。

③外的妥当性〜研究結果は、他の領域へも一般化しうるか〜

外的妥当性とは、研究の発見物を一般化しうる領域の確立に関する評価指標である。ある事例にあてはまった概念について、他の事例へどの程度あてはめることができるのか、検討することである。

④信頼性〜繰り返し行っても同じ結果が得られるか〜

信頼性とは、データ収集の手続きなど研究の操作を繰りかえして、同じ結果が得られることを示すことができるかどうかに関する評価指標である。

▶ データの有効性と限界―例外事例の扱い―

ある調査データでサービスに満足している人は52.5%、満足していない人は47.5%という数字が出た。両者の差は5%である。さて、両者には差があるといえるだろうか。もともとサービスを評価している人は、この差をもって5%も差があると評価するかもしれないし、そうでない人は、5%しか差がないと評価するかもしれない。どちらが正しいのだろうか。その場合、統計的な検定を1つの判断基準として用いることは確かに理にかなっている。

しかし、統計の権威に服従的になることは避けるべきだろう。仮説の正当性は論理的に考えていくことが第一であろうし、自分が理解もしていない統計的手法を安易に使うべきではない。また、有意差が出ない調査結果も無視すべきではない。統計は多くが蓋然性（確率）に基づいており、現実には例外事例が存在する。例えば、一人暮らし高齢者のうち男性は女性より孤立しているといっても孤立していない男性高齢者もいるし、孤立している女性高齢者も現実にいる。もちろん確率が高いという事実はそれらの関係が深いことを示唆してはいるが、質的研究であれば初めの事例でカテゴリー化したものに、次の事例が反していれば、単にどちらの事例が多かったというのではなく、両方の事例を満たす第三の仮説を、少なくとも追求するだろう。

（高橋信行）

注
1) 一般社団法人社会調査協会（2009）「社会調査協会倫理規程」(http://jasr.or.jp/member/ethics, 2018. 9. 11).

文　献
Broom, Leonard and Selznick, Philip（1981）Sociology : *A Text with Adapted Readings*, 7th Ed., New York : Harper & Row.（＝1987．今田高俊監訳『社会学』ハーベスト社.）
井垣章二（1968）『社会調査入門』ミネルヴァ書房．
Yin, Robert K.（1994）*Case Study Research, 2nd* Ed., Sage Publication, Inc.（＝1996．近藤公彦訳『ケース・スタディの方法』千倉書房.）
宮本常一・安渓遊地（2008）『調査されるという迷惑』みずのわ出版．
Pope, Catherine and Mays, Nicholas（2006）*Qualitative Research in Health Care*, 3th, Blackwell Publishing Ltd, Oxford.（＝2008．大滝純司監訳『質的研究実践ガイド──保険・医療サービスの向上のために──（第2版）』医学書院.）

本章のポイント

▶ 研究対象を選ぶ

　研究計画書を書くことで研究の具体的なイメージがわいてくることになる。研究を行っていくためには、計画書に示されている研究目的に基づいて研究対象を選んだ理由を明確にし、決定しよう。そのためにもリサーチクエスチョンが十分に検討されていることが必要であり、リサーチクエスチョンのなかから、仮説を含めて研究対象が焦点化されることになる。必要となる作業は、実際に取り組むことができる規模や範囲の対象を選び、研究対象とコンタクトを取りやすくすることである。そのためには、これまでの実践で培ってきた人間関係、また、新たな出会いを求めて足を使って現場へ赴くことが必要になろう。

▶ どんな方法で集めるのか

①前提となること

　まず、データを集めていくとき、研究方法も関係するが多くのデータを必要とするのか、それとも少ないテータでよいのか。どの時点のものを集めるのか。研究にとって意味あるものなのか。こうしたことに対する理由を示す必要がある。対象を選択するというなかで、明らかにしたいことを念頭において決定されよう。

　なお、ここで扱っているのは一次データが中心になっている。二次データの利用については、「質的データを集めよう」のところで解説しているが、使用に際しては、倫理的配慮に注意して欲しい。

②調査の種類

　量的方法、質的方法について本章では記述されているが、どちらの場合にも共通することと、それぞれの特徴的な面を押さえておく必要があろう。まず共通することとして、予備調査やプリテスト等を行い、調査方法の妥当性を確認し、調査項目について検討してみよう。

　次にそれぞれの研究法の特徴を理解しておき、活かせるようにしよう。どんな調査の方法があって、自分の研究にはどれが適しているかに関心が行きがちである。だが、気をつけて欲しいことは、次章の分析にも関係するが、それぞ

れの方法を行うために学んで欲しいことがある。例えば、量的研究の質問紙による調査においては、回答の種類、尺度の種類等について基本的なことを理解したうえで行うことが必要である。また、質的研究におけるインタビューにおいては、どんなに調査者が注意をしても、そこにかかわるということが、すでに相手に影響を及ぼしていることを忘れないことである。

▶ 研究対象とのラポール

　ソーシャルワーク実践と同様に、量的、質的どちらの研究においても、対象となる人たちとの対話が大切である。単なる研究のための材料としてではなく、研究を通して対象者にとっても役立たせるためにも、現状の把握や見方に対するデータが必要になることを対象者との間で共通理解することである。その協働作業の過程において、研究者にとってだけでなく、対象者にとっても新たな発見を生み出す機会になる。行っている研究が研究者のためのものだけでなく、対象者の今後の生活や実践にどのような意味をもったり、役立つかを大切にすることである。そのためにも、先に示された研究倫理に則ってデータを収集することが基本になる。

▶ 実証的であるとは

　上記の視点を明確にすることで、実証性ということを単に研究や調査の手続きに根拠として置くのではなく、対象理解を基本に据える。つまり、対象を大切にするということが、データを集める際に研究者に求められる態度となる。そのことが、特に自身の実践を研究するときに問われることになる。なぜなら、実践において対象を大切にして行ってきたかが、研究を通してハッキリすることになるからである。

　この後の分析においては、データが語ってくれるものを読み取ることが必要になる。そのためにも、データを集めることが目的ではなく、本章で示しているような態度でデータを集めることで、研究が有意義なものになることを確認して欲しい。そして、研究目的に示されている明らかにしたいことを、分析において言語化し論証できるデータを集められるようにしよう。

（佐藤俊一）

第 **7** 章

データを
分析・考察しよう

1 質的研究のデータに基づき結果を整理しよう
- ▶ データの分析前に確認すること
- ▶ データを整理してなじむ

2 質的研究の結果の分析・考察をしよう
- ▶ 質的研究の一般的な分析
- ▶ 分析の進め方
- ▶ 質的研究の正当性

3 量的研究のデータに基づき結果を整理しよう
- ▶ 分析に入る前に考えるべきこと
- ▶ 分析の目的と方法について
- ▶ 全体像をイメージする

4 量的研究の結果の分析・考察をしよう
- ▶ データ分析の手法について
- ▶ 結果の解釈と応用

1 質的研究のデータに基づき結果を整理しよう

▶ データの分析前に確認すること

①リサーチクエスチョン

　実践の積み重ねのなかで生じる「問い」は当初、雲のようなものである。その雲は実践者の視界にたくさん浮上するが、無視できないものとなって成長深化することがある。もしその「問い」が実践のなかで重要だと感じられ、向き合ってみたいと思ったらぜひ研究活動を始め、その雲（ある社会的現象）の動きや成り立ちを知り予測できるようになって欲しい。研究活動とはそのような「ある現象の理解と予測の根拠」をもたらすものである。

　しかし、取り組み始めた段階で自分としては明確なつもりの「問い」でも、「言葉でクリアに表現することはそんなに簡単ではないな」ということがすぐにわかってくる。探求の範囲が大きすぎたり、つかもうとすると違うものになったり、何を明らかにしたいのか霧散したりする。

　ところが、ここまで本書で見てきたように、試行錯誤を経てリサーチクエスチョンを明確にして、研究デザインに落とし込み、研究環境を整え、ともかく過去にどのような研究があったのか先行研究を集めて読み進めると、その「問い」は洗練されていく。これは通常、2・3行程度の文章におさまることが多く、研究キーワードを含みつつミニマムな言葉で何を明らかにするのかがきっちり表現されているものである。ここではデータの分析をするにあたり、このリサーチクエスチョンがとても重要な礎（分析の足場）になることを最初に確認しておきたい。したがって、分析に入る状況が整っているかどうか今一度確認しよう。

　具体的には、収集したデータを手元にして改めてリサーチクエスチョンを意識し、何を明らかにする研究なのか、それを明らかにする必要性は何か（実践的意義や学術的意義）を確認する。いわゆる「研究の目的と意義」の簡潔かつ明確な言語化である。

②研究法の選択

　質的研究法と量的研究法のどちらを選ぶかは、研究者の問題関心やリサーチ

クエスチョンによって、おのずと方向性が指し示される。例えば、「医療ソーシャルワーカーは、病棟のベッドコントロール業務で生じる『利用者の最善の利益に関するジレンマ』にどのように対処しているのか」というリサーチクエスチョンはジレンマの経験の記述や理解を目的としており質的研究が適している。一方、「日本の医療ソーシャルワーカーは病棟のベッドコントロール業務をどの程度担っているのか」というリサーチクエスチョンはある業務の割合や程度を数として把握し、全体の概況をつかもうとしており量的研究が適している。

そもそも質的研究法とは、Merriam（1998=2004：8）によると「社会現象のしぜんな状態をできるだけこわさないようにして、その意味を理解し説明しようとする探求の形態を包括する概念である」とされ、本質的な特性を以下の5点で示している。①人びとが構築してきた意味を理解することに関心を示す、②研究者がデータ収集と分析の主たる道具である、③通常はフィールドワークをともなう、④主として帰納的な調査の方法を用いる、⑤成果は十分に記述的なものである。このように、質的研究は言語的なデータ（質的なデータ）を扱って、ある現象についての内側からの具体的な記述や意味・解釈を述べるもので、主に仮説の生成に適しているとされる。

近年、ソーシャルワーカーは「制度の狭間問題」への対応や、制度・サービスに結びつきにくい特性をもった利用者への支援、複合的な困難を抱える利用者や家族の支援などが求められており、研究においても仮説生成や領域密着の理論生成が急務である。また、調査を行う研究者が利用者と関係性をもち、リアリティーをもって理解していこうとするスタンスも現場のソーシャルワーカーには親和性が高い研究方法といえる。

ただし、このことはソーシャルワーク研究において量的研究が不要であるとか、適していないということではないので誤解のないようにしたい。数量データで因果関係や相関関係を提示できる量的研究の強みは、アカウンタビリティ（説明責任）や根拠のある実践（エビデンス・ベースド・プラクティス）、支援の効果を検証するためには有用な研究方法である。両者は分析手順が異なるだけではなく、基盤となっている認識論（現象理解、接近方法、研究スタンスなど）が異なっており、リサーチクエスチョンによってある程度、必然的に選択されることは述べたとおりである。質的研究を選択した場合には、今一度、リサーチクエスチョンが人々の経験の意味や解釈を探求することに関心を向けているかどうかを確認しよう。

③多様な質的研究法

　質的研究法を選んだ場合に、次はどの質的研究法を選ぶかを検討することになる。質的研究といっても実に多様であり、初学者には選択が容易ではないことが多い。質的研究法に関する専門書や先行研究などに広くふれたり、詳しい人に相談することが役立つ。多様な質的研究法のそれぞれの基盤理論や分析方法の特徴を理解したうえで、なぜその方法を選んだのか説明できるように意図的に選択していくことが求められる。**表7-1** は主な質的研究の方法をごく簡単な説明でまとめたものである。

表7-1　質的研究の代表的な方法

方法の名称	特徴
グラウンデッド・セオリー・アプローチ（修正版含む）	特定の社会的相互作用に関して、言語を中心とする質的な「データに密着した分析から独自の説明概念をつくって、それらによって統合的に構成された説明力にすぐれた理論」を生み出す方法で、「人間行動の説明と予測に有効」な領域密着型の理論生成の研究方法（木下 2003：25-30）
グループ・インタビュー	小集団に対するインタビューにおいて「グループダイナミクスを用いて質的に情報把握を行う科学的な方法論のひとつである。複数の人間のダイナミックなかかわりによって生まれる情報を、系統的に整理」する方法（安梅 2004：1）
参加型アクション・リサーチ	コミュニティの人たちのウエルビーイングの向上や問題・状況改善を目的として、リサーチのすべてのプロセスにおけるコミュニティのメンバー（課題や問題に影響を受ける人たち）と研究者の間の対等な協働によって生み出された知識を社会変革のためのアクションや能力向上に活用していくリサーチに対するアプローチ（指向）」（武田 2015：39）
事例研究（ケース・スタディ）	「一つまたは少数の事例について詳しく調査・研究し、それによって問題の所在・原因等を究明し、一般的な法則・理論を発見しようとする方法」で以下の3つに整理できる。「①仮説の生成・検証、既存理論の検証を主たる目的とした社会福祉実践方法論研究としての『事例研究法』」「②専門的実践の維持・向上を目的とした『事例検討法』」「③専門支援者（ソーシャルワーカー）の養成課程における『事例教育法』」（中村 2004：27）
ライフ・ヒストリー研究（生活史研究）	「大きな歴史の流れのなかで個人の歴史に関心をもち、それを調べる手段のひとつとしてインタビューや語りが用いられ、語られた内容の裏付けとして各種の資料や史的考証を重視して再構成する。」（やまだ 2007：124-43）
ライフ・ストーリー研究	「日常生活で人びとがライフ（人生、生活、生）を生きていく過程、その経験プロセスを物語る行為と、語られた物語についての研究」（やまだ 2000：1-38）
エスノグラフィー	「人びとが生きている現場を理解するための方法論」で、以下の7つの特徴がある。「①現場を内側から理解する」「②現場で問いを発見する」「③素材を活かす」「④ディテールにこだわる」「⑤文脈のなかで理解する」「⑥具体的な事象を通して理論的テーマを論じる」「⑦ある世界を内側から理解して、それを別の世界へと伝えること」（小田 2010：6-28）
現象学的アプローチ	哲学的思想のひとつである現象学に基盤をもち、「人間の経験とその背景」を「運動と構造」において捉える学である。特に「数値化できない部分、類型化できない部分をとらえることを目標とし」「個別的で具体的な経験からボトムアップ式で構造を見出そうとする。〈一回的なもののなかの構造〉こそが、個別者の持つ普遍性で」あり、そこにアプローチする（村上 2013：342-5）

④データの確認

　分析ではデータ（インタビューの逐語記録、記録、文書など）との対話を濃密に始めていくことになるのだが、一事例であっても複数事例であっても、そのデータが全体としてリサーチクエスチョンに照らして豊富な内容を含んでいるかという点から確認を行う。インタビューの場合、豊富な内容を含んでいるかどうかは具体的な経験がその語り手の生きた言葉で語られているかどうか、テーマに関して網羅的に語っているかどうかなどの判断である。この判断に厳密な指標はなく、あくまでも研究者の問題意識、先行研究等の知識や理論を念頭において判断することになる。もし、データの数や内容が不足していると感じた場合には、インタビューを追加で依頼するかデータ数を増やすなどの対応が必要である。質的研究では、研究者自身が分析の主たる道具となるため、研究を進めていくにあたっては判断や解釈・分析の主体となることを忘れないようにしたい。

▶ データを整理してなじむ

　分析に入る前に、最初にデータを扱いやすく整理し、よくなじむことからはじめる。ここではインタビューデータを想定していくが、具体的には以下のようなものがある。
- インタビューの音声データがある場合には逐語記録を作成する（非言語情報や、自分の質問も入れる）
- 複数事例の場合は事例ごとにナンバリングを行う
- 事例ごとにページと行にナンバリングを行う
- データの内容において匿名化が必要な個所は匿名化する
- データの分析中に検討したことや解釈を書き込めるようにコメント欄を設ける（コメント欄にはごく簡潔に記すことになるため、別にノートを使用したり文書ファイルを作成したりすることが多い）
- リサーチクエスチョンを念頭に置きながら、すべてのデータの通し読みを行いデータによくなじむ

　このような準備が整えられれば、おおよそどのような内容が、どのデータの、どのあたりに記されているか、複数データの場合は最初に取り上げるデータ（通常は内容が最も豊富なデータ）はどれがよいかがわかるようになる。そうなると準備OKである。

2 質的研究の結果の分析・考察をしよう

▶ 質的研究の一般的な分析

　質的研究では、前項で確認したように自身の問題意識や関心を軸に、リサーチクエスチョンに基づいて、かつデータ密着で分析を進めることになる。自身の言いたいことをデータ分析に乗せ、データを逆利用する恣意的な分析ではなく、データが何を語ってくるのかに耳をすませて、データ密着の分析を進めることが重要である。

　ここでは、修正版グラウンデッド・セオリー・アプローチ（M-GTA）を中心にどの質的研究法においても比較的一般的な質的記述的な分析の進め方について述べていくことにする。一般的な方法とは、「リサーチクエスチョンに基づき、収集した言語データのある部分に着目してその意味を明確化し、解釈を加えて概念化する作業を繰り返すことで、総体として結果を示す」というものである。「概念化」という言葉は、方法によっては「コード化」といったり、二次概念化を「カテゴリー化」という場合もあるが、ここでは概念化と総称している。

　また、総体としての結果は通常データによく表れるパターンやその重要契機、要因、詳しいプロセスなどを示すことになる。以下、その方法について述べていこう。

▶ 分析の進め方

　分析の進め方を順序立てたものが①から⑧である。以下、リサーチクエスチョンはRQと記す。

①データの特定個所に注目する

　最初に取り上げたデータについて、RQに基づいて最も重要と思われたデータの部分について、なぜここに着目したのか、どのような意味内容なのかを、多様な視点から解釈する。後で解釈を展開する重要なヒントにもなるため考察したことはメモしておく（人はすぐに忘れてしまうものである）。ここでは、簡単に意味内容を決めつけず、語り手がどのような意味を付与しているかとい

う観点から慎重に検討する。取り上げた質的研究法によっては、最も重要だと思われた部分から分析を始める場合と、データの最初から1行ごとあるいは意味内容のまとまりごとに分析を進める方法などがある。また、解釈にもデータの意味することの整理・分類というレベルと、語りから原因・理由や背景、帰結などを考察し、より深い解釈を行うレベルとがある。

②**その個所に名称づけ**

注目した部分の分析でみえてきた意味内容を、適切な言葉で簡潔に表現する。質的研究において言葉は分析や結果において重要となるため、その言葉がそもそもどのような意味をもっているかを考えて選ぶようにする。専門用語を多用してしまうと（例えば、「エンパワメント」など）、データ密着から遠ざかり平板な説明になってしまうので留意したい。インタビュー対象者の語りや経験の文脈、意味内容を丁寧にろ過して凝縮し、表現するというつもりで分析する。頭を使う作業であるが楽しい作業でもある。

③**類似の個所を検討する**

最初に注目した個所から1つ目の概念化をしたら（②）、同一データのなかでほかに同じようなことを述べている個所はあるだろうか、と検討を広げていく。そして、その個所の意味内容も検討し、最初に注目した個所からつくった概念に入るかどうか、つまり同一の意味内容と判断できるかどうかを検討する。その検討を繰り返して最初の概念生成を固める。こうして、最初の概念がデータ密着で立ち上がってくることになる。丁寧に分析を進めると、概念ごとに意味内容が固められていくので、つくった概念が相互排他的となり、全体として説明力を高めることになる。

④**2つ目以降の検討**

同一データの2つ目以降の概念についても、RQを念頭におきながら、かつデータ密着で丁寧に進めるが、以下のような方向性がある。進め方については選んだ質的研究法の手順、あるいは研究者の判断にゆだねられる。

(1) 最初の概念とは異なるが、関連することを言っている（意味している）部分はあるだろうか？

(2) 最初の概念と反対・対極のことを言っている（意味している）部分はあるだろうか？

(3) RQがプロセス性をもつ場合には、この次／この前の局面にはどのような概念がくるのだろうか。

⑤まとまりへの名称づけ

　RQに基づいて分析を進めていくなかで、いくつもの概念を作成していると、大括りにできそうなまとまりがみえてくることがある。これはデータからの記述的なレベルから、分析的なレベルへの進展である。みえてきたまとまり（カテゴリー／コアカテゴリーにあたる）に名称をつけよう。まとまりは、RQに対して重要なパターンや要因となるため、考えたことや気づいたことをメモしておくとよい。複数データを分析対象としている場合には、最初に取り上げるデータからはカテゴリー等を作成せず、いくつものデータについて分析した後で行うこともある。

⑥２つ目のデータ

　複数データの場合、最初に取り上げるデータからの概念をつくり終えた段階で、２つ目のデータに移って同じような検討を進める。２つ目のデータの選び方は、最初のデータと同じように内容が豊富なものを選ぶ場合と、最初のデータとは異なる内容を含むデータを選ぶ場合などがある。また、概念をどの程度つくるかは、データの種類やRQによって異なり、一概にいうことはできないが、多い場合は具体的な内容の整理・分類レベル（記述的レベル）となっていることが推察できる。より深い解釈として結果を示したい（分析的レベル）のであれば、つくった概念の数が多すぎないよう少し抽象度を上げるほうがよい。

⑦全体像の図示・文章化

　データの分析がかなり進み、概念やそのまとまりについての全体像（RQに対する研究結果）がみえてきた段階で、作成した概念等を図示し、概念間の相互の関連性を明確にする。図示するということは、全体の相互関連性を考えて配置していくことが求められるため、結果の説明力を高めると同時に理論化するということでもある。また、他者にわかりやすく結果を示すこともできる。図示に合わせて簡潔な文章表現によって結果全体を示すことも有用である。

⑧先行研究との比較

　RQに基づいてデータ密着の結果が全体として示されているかどうかを図示や簡潔表現等で再度確認したうえで、何が注目すべき結果なのかについて先行研究との比較から明確化する。また、研究の今後の課題についても検討する。

　以上の手順は、あくまでも一般的な方法を説明したものである。１つの目安として理解したうえで、どのような分析手順をとったのか最終結果と併せて明記する。

▶ 質的研究の正当性

　実証的な調査研究においては、結果に関する信頼性と妥当性が話題となることが多い。信頼性とは何度やっても同じ結果が得られるのかということで、再現性や精度のことである。妥当性とは測りたいものを測っているかということで一般化可能性のことである。しかし、質的研究では対象や現象の内側からの経験や意味解釈の記述、理論の生成を目的としており、一回性の経験や現象も対象となり量的研究とは異なる評価基準が必要とされている。

　萱間（2015）は質的研究の正当性を示す指標として、「真実性」「透明性」「転移可能性」をあげ、看護学における質的研究方法を用いた学位論文評価基準19項目（萱間 2009：309-13）を作成している。「真実性」とは「研究者の解釈や翻訳に都合のいいようにデータがゆがめられていないこと、研究参加者の意図がゆがめられていないこと」であり、「透明性」とは「どのようなデータを、どのように分析したかわかること」「再現は可能でなくてもよいが、手順は明確に示されていることが必要」としている。「転移可能性」とは「研究者が提示した概念が、実践者の毎日の実践を理解するために役立つこと、実践者が実践を変革するためのポイントがつかめること」としている。

　質的研究における結果の正当性を確保するためには、研究者がどのような経験的・理論的背景から、どのような問題関心・テーマ（RQ）をもち、研究協力者とどういった関係性・倫理的配慮のもとで、具体的にどういう手順でデータを収集・分析したのかについて、研究過程の重要局面（研究構想段階、分析の初期・途中段階、最終段階）で、同じ領域の専門家や当該研究方法に関する研究会などで報告し質疑を踏まえて言語化することが役立つ。なぜなら、何度も繰り返すことになるが、データ収集と分析において主な道具となるのは研究者自身だからである。さらにいうと、言語化のなかで特に磨き上げたいのは研究者の「具象と抽象の行き来」（具体的な事象から概念化や抽象化がどれくらい適切にできているか）である。これは研究者の内的・個人的な作業にとどまらず他者への発信とやりとりによって洗練されていくものである。

　質的研究の強みは、研究者の言葉によって人が社会のなかで生きる（生活する）ことや、社会の現象や経験をリアリティーをもって記述し、それによって読み手を「触発」（村上 2015）することである。ソーシャルワーカーの経験する濃密な実践を豊かに言語化し、見える化することで多くの「触発」を喚起しソーシャルワークの向上を目指したいものである。

（横山登志子）

文　献

安梅勅江（2004）『ヒューマン・サービスにおけるグループインタビュー法　科学的根拠に基づく質的研究法の展開』医歯薬出版株式会社.

萱間真美（2009）「質的研究方法を用いた学位論文――評価基準作成の概要とプロセス――」『看護研究』42（5）.

萱間真美（2015）「質的研究の正当性　研究の正当性とは何か？」『臨床実践の現象学会第1回大会抄録集』.

木下康仁（2003）『グラウンデッド・セオリー・アプローチの実践　質的研究への誘い』弘文堂.

Merriam, S.B.（1998）*Qualitative Research and Case Study Applications in Education*,（＝2004, 堀　薫夫・久保真人・成島美弥訳『質的調査法入門―教育における調査法とケース・スタディ』ミネルヴァ書房.）

村上靖彦（2013）『摘便とお花見――看護の語りの現象学』医学書院.

村上靖彦（2015）「現象とはリアリティのことである」『臨床実践の現象学会第1回大会抄録集』.

小田博志（2010）『エスノグラフィー入門　＜現場＞を質的研究する』春秋社.

田垣正晋（2008）『これからはじめる医療・福祉の質的研究入門』中央法規出版.

武田　丈（2015）『参加型アクションリサーチ（CBPR）の理論と実践　社会変革のための研究方法論』世界思想社.

田中千枝子編集代表（2013）『社会福祉・介護福祉の質的研究法　実践者のための現場研究』／日本福祉大学大学院質的研究会編集, 中央法規出版.

やまだようこ編（2000）「人生を物語ることの意味　ライフストーリーの心理学」『人生を物語る―生成のライフストーリー』ミネルヴァ書房.

やまだようこ編（2007）「ライフストーリー・インタビュー」『質的心理学の方法　語りをきく』新曜社.

中村和彦（2004）「第3章　事例研究・事例検討の意味」米本秀仁・高橋信行・志村健一編著, 日本社会福祉実践理論学会監修『事例研究・教育法　理論と実践力の向上を目指して』川島書店.

参考図書

Flick, Uwe（2007）Qualitative Sozialforschung, Rowohlt Taschenbuch Verla.（＝2011, 小田博志・山本則子・春日　常・ほか監訳『新版　質的研究入門――"人間の科学"のための方法論』春秋社.）

佐藤郁哉（2008）『質的データ分析法――原理・方法・実践』新曜社.

田垣正晋（2008）『これからはじめる医療・福祉の量的研究入門』中央法規出版.

田中千枝子（2013）『社会福祉・介護福祉の質的研究法――実践者のための現場研究』中央法規出版.

手続きによって確かめられていることが前提になる。

▶ 分析の目的と方法について

①データの特性と分析方法

調査によって得られたデータには、大きく分けて「定性的データ」と「定量的データ」がある。定性的データとは、いわゆる名義的に与えられた数字で表されたデータで、性別の「1.男　2.女」や、専門職種「1.社会福祉士　2.保健師　3.介護福祉士」などから1つを選択してもらう方法で得られる。これらは数字の大きさに意味をもたず、分類されることに意味をもつ。ただし、変数が「0.なし　1.あり」のように2つの値で表される場合は、相関係数が算出できるため「ダミー変数[1]」として定量的データとみなし、分析に投入することも可能である。

他方、定量的データとは年齢や人数などであり、間隔尺度や比率尺度によって集められたものである。定量的データは、平均値や分散などの統計量が算出でき、それらを比較・検討できる利点をもっている。なお、定量的データのほうが統計的計算になじみやすいが、自然現象をとらえる実験データと異なり、ソーシャルワークを含めた社会科学で実施される調査では多くが名義尺度や順序尺度で構成される。したがって、社会科学の量的研究では、順序尺度を平均値や分散などの特性を確認し提示したうえで、数量的データとみなして扱う研究も多い。

現在、社会科学の領域で一般的に用いられる基本的な分析方法は、独立変数、従属変数が「定量的データ」か「定性的データ」であるかによって適用可能性が決まってくる。表7-2は、量的研究で用いられる代表的な多変量解析の分析方法を示したものである。代表的な分析方法の特性については後述するが、自分が追究するリサーチクエスチョンを分析モデルに再構成し、そこで活用される設問や回答の選択肢を決める段階から、得られたデータがどのような分析方法によって解析できるのかを考えることも、調査設計の際に考慮しておく必要があるだろう。そうでなければ、データを目の前にした段階で、ただやみくもに数字と格闘することになりかねない。

表7-2 多変量解析の分類

目的	従属変数	従属変数	独立変数	代表的な多変量解析
予測・説明・判別	あり	定量的	定量的	重回帰分析、パス解析
			定性的	数量化Ⅰ類
		定性的	定量的	ロジスティック回帰分析、判別分析
			定性的	数量化Ⅱ類
変数間関係の要約	なし		定量的	因子分析、クラスター分析
			定性的	数量化Ⅲ類、多次元尺度法
その他	潜在変数を組み込んだモデル検証			共分散構造分析
	複数研究のEffect Sizeの差の検証			メタアナリシス

　そこで重要になるのが、分析に用いるモデルである。この分析モデルにおいて基本となるのは、目的となる「従属変数」（被説明変数とも呼ぶ）と、説明する側の変数である「独立変数」（説明変数とも呼ぶ）である。例えば、「家族介護者の介護負担感は被介護者の認知症の程度が重度なほど高まる」という仮説を検証しようとする場合、目的となる従属変数は「介護負担感」であり、それを規定する独立変数が「被介護者の認知症の程度」ということになる。

　さらに、介護負担感を規定する要因は1つであるとは限らない。介護者の年齢、続柄、健康状態も介護負担感を規定する要因として考えられる。ただし、この場合、これらも独立変数としてとらえるか、あるいはこれらの要因の影響を排除し、「被介護者の認知症の程度」のみを独立変数とした分析モデルを想定する場合は、介護者の年齢、続柄、健康状態は「統制変数[2]」として分析モデルに位置づけ、投入されることになる。その場合は、介護者の年齢、続柄、健康状態の影響を排除してもなお、認知症の程度が介護負担感に対して統計的に有意[3]に規定するかどうかを検証することになる。また、「相談できる専門職からのサポート」が、独立変数が介護負担感をもたらす過程で緩衝効果などの影響を及ぼすと考えられる場合、この変数は負担感の憎悪を調整する「媒介変数」に位置づけられる。

　なお、近年は、測定される変数以外にも、潜在的に存在する因子や誤差を変数として分析モデルに加える解析方法も登場するなど、分析モデルは複雑化する傾向にある。また、実際の分析においては、分析モデルを2変数間の相関関係といったいくつかの小さな作業仮説に分割し、それらを段階的に確認していくことで、多変量を用いた最終的な分析モデルの検証につなげていくのが一般的である。

②分析に入る前に〜データクリーニングと変数の同定〜

ところで、データの収集と入力がすんだ段階において、「分析」に入れるわけではない。その前に、いわゆる「データクリーニング」と呼ばれる予備的作業をしなければならない。社会科学で行われる調査は、コンピュータ機能が向上したからといっても、調査者、回答者、入力者、分析者は人間であり、それぞれがかかわる段階すべてでミスや勘違いが含まれることを前提にする必要がある。まずは集められた調査票を調査者、分析者らが共同で確認していくことが望ましい。調査票の1票1票は一人の人間の現状や意識が込められており、たとえ数字で選択されていたとしても、トータルなその人となりを理解する手がかりになる。回答の傾向性、外れ値、その方の回答における勘違いも、この段階でチェックして修正したり、欠損値とすることができる。

さらに入力・回答ミスは、クロス集計を用いた論理チェックや回答数値のプロットによる外れ値の確認などによっても実施される。例えば、「配偶者の有無」と「配偶者の職業」をクロス集計し、「配偶者なし」と答えているのに、配偶者の職業が「会社員」となっていたとする。おそらく亡くなった配偶者の以前の職業を思い出して「会社員」と答えたのかもしれない。この場合は、論理的には「配偶者なし」と答えた場合は、配偶者の職業は「非該当」で処理しなければならない。もっとも、「配偶者なし」の回答のほうが誤りである可能性も否定できない。このような齟齬を最小限にするためにも、原票に立ち戻って確認する作業が重要になる。

▶ 全体像をイメージする

①データを概観する〜記述統計とは何か〜

データクリーニングが終了し、いよいよ分析に着手するが、まずはデータのもつ基本属性ともいえる記述統計量を求め、データの概観を確認しておく必要がある。こうしたデータの特性は、定性的データであれば度数分布になる。これは、いわゆる単純集計と呼ばれるものであり、これによって、各設問の選択肢＝回答カテゴリーの分布が明らかになり、データの構成をイメージすることが可能になる。定性的データの度数分布は、度数とその割合がパーセントで示される。なお、選択肢が多い場合は、それらをわかりやすく、かつ意味あるまとまりに統合して再分析したり、グラフなどに表示して視覚的にわかりやすくすることもあるだろう。他方、定量的データの場合は平均値、分散、標準偏

差、最頻値、中央値、最小値、最大値などの統計指標によって表される。こうした記述統計によって、この標本が、母集団に比べて大きく偏っていることがないか、あるいは回答の偏りによって今後の分析に支障が生じないかどうかを確認することができる。

② 2つの変数の関連性〜クロス集計と相関係数〜

　量的研究における最も基礎的な分析は、2つの変数間に何らかの関係性があるかどうかを問うものである。定性的データの場合は、クロス集計がこれにあたる。また、定量的なデータの場合は、相関係数が一般的に用いられる。

　クロス集計では、各セル（ます目）の度数あるいは構成割合の均等性から2変数の関連性の有無が判断される。それが一目瞭然に判断できる場合もあるだろうが、厳密にはχ^2検定などの統計的手法によってその関連性の有無を推定するのが一般的である。χ^2検定は、母集団において2変数に関連がない場合に期待される各セルの値（期待値と呼ばれる）と、実際に得られた値（観測値）の一致度を推計し、「母集団において2変数の間に何の関係性もない」という帰無仮説[3]が許容する誤差の範囲を超えた場合（社会科学の調査では、5%あるいは1%の危険率を採用する場合が多い）、その仮説が棄却[3]され、「2変数には何らかの関係性がある」と考える。

　一方、2変数がともに定量的データである場合は、相関係数を算出することによってその関係性の有無が判断される。一般的に間隔尺度を想定して用いられるのがピアソンの積率相関係数と呼ばれるものである。変数XとYのデータをプロットした場合、完全な直線的関係にある場合、その係数値は「1.0」（−1.0）となり、両者に全く関係がない場合は、値は「0」になる。、社会科学が対象とする調査データでは、さまざまな要因が複雑に作用しており誤差の占める割合が多いことから、相関係数が0.2（あるいは− 0.2）を上回るようであれば、両者にはかなり高い関連性があると考えるが、この関連性の有無についても、統計的な検定を通してその有意性が確認される。

　ただし、2つの変数間に「正の相関」や「負の相関」があることは、2つの変数が共変動することは意味していても、いずれかが原因でいずれかが結果であるという因果関係を示しているわけではないことは留意しなければならない。独立変数と従属変数が設定される因果関係を想定する分析については、次節で言及する。

③2つのグループ間に違いはあるか～差の検定～

2変数の関連性のなかでも、2つのグループの平均値に差があるかどうかを検証する方法に、量的データの場合は一般的に「t検定」と呼ばれる手法が用いられる。この検定では、2つのグループの平均値の差が0であるという帰無仮説を検証する。例えば、筆者らが実施した特別養護老人ホームと老人保健施設の相談員が抱えるジレンマの研究では、相談員や施設の属性をはじめ、さまざまな項目について2種類の施設間あるいは相談員の間に差異があるかどうかを検討している（和気・間嶋 2017）。表 7-3 はその一例であり、2種類の施設間の定員や常勤相談員数などの属性に有意差がみられることが示されている。

表 7-3　特別養護老人ホームと老人保健施設の比較

	施設種別	平均値	標準偏差	t値	有意確率
入所定員人数	特別養護老人ホーム	93.9	33.2	−2.46	0.014 $p<0.05$
	老人保健施設	102.4	32.9		
利用者の平均在所日数	特別養護老人ホーム	1144.8	502.9	6.23	0.00 $p<0.01$
	老人保健施設	410.2	261.1		
入所施設の常勤専任相談員数	特別養護老人ホーム	1.6	0.8	−4.30	0.00 $p<0.01$
	老人保健施設	2.0	1.0		

さらに、同一の回答者が答えた2つの変数間についても、差異があるかどうかを検討することができる。この場合は、回答者ごとに2つの測定値の差を計算することになり、いわゆる「対応のあるデータ」の差異の検討がなされることになる。例えば、利用者に一定のプログラムを利用してもらい、プログラム前と後の精神的健康の尺度値の変化を量的データとして比較し、プログラムの効果評価を行いたい場合などにもこの方法を用いることができる。

4 量的研究の結果の分析・考察をしよう

　前項までは、2つの変数の間の関係性を判別する分析方法について述べた。しかしながら、現実社会では多種多様な要因が複雑に作用し合いながら特定の現象を生み出している。こうした状況において、複数の変数間の影響を取り除くことで、より純粋な変数（要因）の影響力を把握する統計的手法として、多変量解析の手法が考案されている。ここでは、代表的な手法を取り上げ、その考え方や結果の解釈について述べることにする。

▶ データ分析の手法について

①独立変数の分散の差にみる従属変数への影響力を探る～分散分析～

　前項では、2つのグループの平均値の差を検定し、その異同を明らかにする方法について述べたが、3つ以上のグループの平均値に差があるかどうかを統計的に検証する場合はどうすればよいのだろうか。この場合、一元配置分散分析と呼ばれる方法が用いられる。そもそも分散分析とは、平均値のばらつきの程度である分散が、誤差によるばらつきと同じであるという帰無仮説を検証する方法であり、分散の差は、統計指標であるF値の分布を用いた比の形で検定される。分散分析はしたがって、独立変数のカテゴリー（ここでいうグループ）によって、従属変数の平均値に有意差があるかどうかを明らかにする手法である。

　例えば、筆者が実施した全国の地域包括支援センターにおける支援困難ケースへの対応をめぐる研究では、3職種である社会福祉士（SW）、主任介護支援専門員（CM）、保健師（NS）の3つのグループの平均値の差異の検定をさまざまな項目について行っている（和気 2014：1-25）。そのうちのいくつかの分析（表7-4）をみると、過去6か月間にかかわった解決済み支援困難ケースについて、①主担当、②包括の他職員が主担当、③地域ケアマネが主担当、④自治体職員が主担当、⑤医療機関職員が主担当、のそれぞれの平均ケース数が検討されている。ここでは、各項目について、独立変数は「専門職種」（カテゴリーは3職種）であり、従属変数はそれぞれの「ケース数」ということになる。この分析では、①主担当、②包括の他職員が主担当の場合に限って、3職

種の解決済み支援困難ケースの担当数の平均値が異なっていることを示している。一方、③〜⑤の場合は、3職種の平均値に統計的に有意な差は認められない。なお、この一元配置分散分析では、3つのグループのうち、どのグループとどのグループの間の平均値に統計的な有意差が存在しているかまでは検証されない。そこで、多重比較と呼ばれる別の検定を追加することになる。多重比較には何種類もの分析方法があり、データの性質によって取捨選択することになるが、母分散が等しいとみなせる場合には「Tukey」の検定がしばしば用いられる。表7-4は、①主担当については、社会福祉士と主任介護支援専門員との間には1%、保健師との間には5%水準の危険率で有意差がみられ、②包括の他職員が主担当の場合は、保健師と主任介護支援専門員との間にのみ、5%水準の危険率で有意差があることを示している。

表7-4 解決済み支援困難ケース数
（一元配置分散分析による平均値の差の検定）

	解決済みケース数（平均値）			F値 有意確率	Turkyの多重比較検定
	主任CM	社会福祉士	保健師		
①主担当	1.11	2.11	1.48	8.35	SW>主任CM**
				0.00**	SW>NS*
②包括の他職員が主担当	0.99	1.70	1.96	3.05	NS>主任CM*
				0.05*	
③地域ケアマネが主担当	1.77	1.11	0.95	2.64	―
				0.07	
④自治体職員が主担当	0.35	0.44	0.38	0.04	―
				0.96	
⑤医療機関職員が主担当	0.24	0.21	0.16	0.44	―
				0.65	

* $p<0.05$　** $p<0.01$　N.S. 有意差なし

さらに、定性的データである独立変数が2つ以上ある場合は、多元配置分散分析と呼ばれる方法が用いられる。多元配置分散分析も一元配置分散分析と基本的な考え方は同じであるが、独立変数が複数あることにより、それぞれの独立変数が単独で及ぼす影響（主効果と呼ばれる）に加えて、複数の独立変数が同時に作用することによって従属変数に与える影響（これを交互作用効果という）についても分析され、それぞれのF値の検定が行われる。

②変数間の関連性の構造を探る〜因子分析〜

変数間に独立―従属の関係を想定せず、すべての変数間で相関係数が算出で

きるとき、変数が共通の因子によって関係を形成していることがわかれば、数多い変数を少数の因子からなる構造として理解、説明することが可能になる。こうした変数間の関係を成立させている共通因子を探る方法に因子分析と呼ばれる手法がある。因子は実際には測定できない潜在的変数であるため、抽出における因子数の決定は、固有値の大きさが急に小さくなる直前までの因子を抽出、あるいは寄与率（当該因子が全体の分散を説明できる割合を表す）の累積が一定の大きさ以上になるまで、などの目安により、因子を表す概念の説明可能性や妥当性をもとに分析者が判断する。同様に、抽出された因子がどのような概念を表しているのか、その命名も分析者の解釈にゆだねられている。

　因子の推定にはいくつかの方法があるが、一般的に母集団までの一般化を想定しないのであれば主成分分析や主因子法が適しているとされ、一般化を志向する場合は最尤法やアルファ因子法が適しているとされる。また、因子をより解釈可能なものとするために、因子軸を回転させ、傾向の類似した変数をグルーピングさせる手法がとられる。「因子間には相互作用がなく互いに独立している」という前提に立つ場合は「直交回転」、「因子間に相関関係がある」場合には「斜交回転」が選択される。結果として、因子分析によって明らかになる変数と因子の間の関係性の強さは、因子負荷量によって表される。因子負荷量は、相関係数と同様に－1～1の値をとり、絶対値が1に近いほど関連性が強い。一般的に、因子負荷量の絶対値が 0.4（場合によっては 0.3）以上ある場合、その変数が当該因子を構成していると考えられ、それ以外の因子への因子負荷量が0に近ければ、さらにその因子へ帰属が明瞭となる。また、算出される共通性の指標は、変数の分散のうち因子によって説明される割合を示している。

　表7-5 は、先に引用した特別養護老人ホームと老人保健施設の相談員調査において用いたバーンアウトを尋ねる項目の因子分析の結果である。ここで用いられた項目は、マスラックが開発したバーンアウト尺度（Maslach's Burnout Inventory）から抜粋したものである（Maslach & Jackson 1981）。この尺度は、「情緒的消耗」「個人的達成感」「脱人格化」の3つの下位尺度から構成されることが知られているが、ここでの分析においても3つの因子が抽出されている。

表7-5 バーンアウト項目の因子分析の結果
（バリマックス回転後の因子負荷量）

		因子Ⅰ	因子Ⅱ	因子Ⅲ	共通性
情緒的消耗	私は自分の仕事で情緒的な消耗を感じる	0.875	-0.059	0.001	0.769
	私はこの仕事によって欲求不満を抱く	0.764	0.048	0.281	0.665
個人的達成感	私は自分の利用者の問題を効率よく取り扱っている	0.017	0.823	-0.026	0.678
	私はこの仕事を通じて利用者の生活に良い影響を及ぼしている	-0.033	0.819	0.005	0.671
脱人格化	私はこの仕事につく以前よりも、人に対して冷淡になった	0.061	0.050	0.788	0.627
	私は利用者が私を責めているように感じる	0.154	-0.072	0.714	0.539
	固有値	1.681	1.357	0.912	3.950
	寄与率	28.018	22.614	15.199	65.831

　ところで、因子分析には、測定されたデータに基づいて未知の因子を探し出す、いわゆる探索的因子分析と、あらかじめモデルとして想定された因子が、現実のデータにどれほどあてはまるのかを検証する確証的因子分析の二通りがある。もともと、探索的因子分析が発展した後に確証的因子分析が考案された経緯があるため、一般的に因子分析という場合、前者を意味することが多いが、近年は統計ソフトが開発、普及し始め、確証的因子分析を取り入れる研究もみられるようになっている。確証的因子分析では、共分散構造分析と呼ばれる解析法により、因子構造モデルの適合度を示す複数の指標の検定が行われる。

　なお、因子分析は、項目の因子負荷量の比較検討から、構成概念に所属しない項目を除外したり、類似項目からより適切な項目を取捨選択することが可能であるため、尺度開発のツールとしても用いられる。

③多変量による予測と説明～重回帰分析～

　Xという変数が増加するとき、Yという別の変数が増加したり減少したりする関係は、言い換えれば要因XによってYが予測あるいは説明されることを意味する。このとき、XもYに定量的データであることが前提となる。この関係は数式ではY=aX+bで表すことができる。このような数式を予測式、描かれる直線は回帰直線と呼ばれる。ただし、現実のデータでは、YはX以外の諸要因によっても影響を受けるため、こうした誤差あるいは残差が、上記の

式に加算されることになる。この誤差の絶対値が最も小さくなるようなaとbの値を求めれば（最小二乗法と呼ばれる）、最も説明力の高い予測式を導き出すことができる。また、Xによって予測・説明できる分散と全体の分散の割合は、予測式の説明力の精度の高さを表す指標とされ、決定係数（R^2）と呼ばれる。

この考え方は、独立変数が2つ以上ある回帰式（重回帰式、Y=a1X1+a2X2…b）にもあてはまる。ただし、重回帰分析では、独立変数が多くなるとそれだけの理由で決定係数が高くなる性質があるため、数学的な補正を加えた修正済み決定係数を用いる。また、上記の式で示されるaは、それぞれの独立変数が従属変数に及ぼす影響力を表し、偏回帰係数と呼ばれる。ただし、複数の独立変数間の尺度が異なると偏回帰係数もそれに応じて変化し、偏回帰係数を相互に比較することができない。そこで、独立変数と従属変数のすべてを、平均値0、分散1となるよう変換（これを標準化するという）したうえで重回帰分析を行うことで、算出された偏回帰係数は標準偏回帰係数（一般的にβで表される）となり、相互の影響力の強弱を比較することができるようになるのである。標準偏回帰係数は、−1〜1の値をとり、他の変数の影響を取り除いたときの、その独立変数の影響力の大きさと向きを表している。さらに、これらの標準偏回帰係数について、それぞれの影響力が母集団に対しても「0」でないという有意性検定が行われる。同様に、決定係数についても、独立変数全体の影響が母集団においても0ではないと推論されるかどうか統計的な有意性の検定がなされる。

ここでは、前節で扱った特別養護老人ホームと老人保健施設相談員の「バーンアウト」を従属変数として、重回帰分析を実施した例をみてみよう。分析モデルは、バーンアウトの3つの因子、すなわち「情緒的消耗」「個人的達成感」「脱人格化」のそれぞれ（因子得点）を従属変数とし、相談員の性別、年齢、当該施設での勤務年数、施設種別（特養／老健）を独立変数として一括投入し、各独立変数に統計的にみて有意な影響力があるかどうかを問うている。なお、ここでは性別（1=男、2=女）と施設種別（1=特養、2=老健）はダミー変数である。

結果は表7-6のとおり、情緒的消耗についてはいずれの独立変数も統計的に有意な影響を及ぼしておらず、決定係数も有意にはなっていない。一方、個人的達成感については、性別、年齢、施設種別および決定係数のそれぞれの標準化係数が統計的に有意になっている。また、性別は標準化係数がマイナスで

ある点に注意する必要がある。したがって、この結果は、相談員の個人的達成感は、性別、年齢、施設種別が影響をもたらしており、男性であること、年齢が高いこと、老人保健施設の相談員であることが個人的達成感を高め、逆に女性、若年齢、特別養護老人ホームの相談員で個人的達成感が低下する傾向があると結論づけられる。最後に、脱人格化を従属変数とする分析では、年齢のみが有意な要因となっており、年齢が若いほどバーンアウトの脱人格化の次元が憎悪することを示している。

表7-6 3つの重回帰分析の結果

従属変数	情緒的消耗		個人的達成感		脱人格化	
独立変数	β	有意確率	β	有意確率	β	有意確率
性別	0.017	0.759	−0.155**	0.003	−0.056	0.290
年齢	−0.011	0.845	0.168**	0.002	−0.176**	0.001
現施設での勤続年数	0.003	0.957	−0.064	0.226	0.007	0.894
施設種別	−0.023	0.672	0.111*	0.035	0.058	0.273
調整済み決定係数(R^2)	-0.010		0.038**		0.029**	

* $p<0.05$ ** $p<0.01$

▶ 結果の解釈と応用

①介入研究とメタアナリシス〜エビデンスに基づく研究と実践へ〜

　ソーシャルワークは、生活課題を抱える個人、グループや地域に働きかける実践から成り立っている。したがって、量的研究は、社会現象の法則性の解明のみならず、特定のモデルやプログラムによる介入研究における効果評価にとっても重要な分析方法となる。それは、実践の効果を示す科学的根拠（エビデンス）を検証することでもある。

　ここでいうエビデンスとは、実践の有効性を示す科学的な根拠を意味しており、通常は「無作為制御調査」（RCT：Randomized Controlled Trials）という厳格な実験デザインのもとで検証された結果を意味する。RCTとは、ベースラインの状況に有意差のない、無作為に割り当てられた2つのグループに対して、特定の介入を行う「実験群」とそうでない「統制群」の介入後の効果（平均値などの定量的データ）の有意差を統計的に検証するという方法をいう。ま

た、RCTによる調査研究の結果を系統的にレビューし、特定の介入や方法に関する有効性の大きさ（effect size）を要約統計量から算出する、いわゆるメタアナリシスと呼ばれる手法を用いることにより、介入効果の有無やその程度を比較することも可能である。

　もっともこうしたエビデンスをめぐっては、ソーシャルワークの領域ではその実践の特性から、1）利用者支援の緊急性にかかわらず無作為に振り分ける過程に倫理的問題が生じる可能性がある、2）多様な支援が同時に提供されるなど介入環境の制御が難しい、3）支援は制度や機関によって大きく異なるとともに、制度や機関の制約を受けるため、必ずしも理想的なかたちで定型的な支援を提供することができない、4）ソーシャルワークは、支援者と利用者の関係性にもとづく相互作用によって展開されるため、仮に介入プログラムの再現性が確保されても、相互作用の同質性が確保されるとは限らない、といった批判や懸念が常に存在する（和気 2010：89-105）。

　しかしながら、一方で、ソーシャルワークにおいても利用者や社会に対する「説明責任」（アカウンタビリティ）が求められる時代を迎えている。こうした社会の要請に応えるためにも、量的研究を用いてさまざまな場面におけるソーシャルワーク・ニーズの発生メカニズムを解明し、また実践の効果を検証することが重要になっている。利用者の権利やニーズを踏まえ、研究倫理を遵守しながら、ソーシャルワーク研究の科学化を推進することで、利用者や社会の問題解決に効果的に取り組むことが可能になるのである。

（和気純子）

注

1) 変数とは、着目している事象の特性を表す、属性または値の集合体である。取り得る値は変数値と呼ばれる。例えば、「年収」という変数には 0 円から 1 円刻みの数値が変数値になり得る。また、「性別」という変数では、「男」「女」の各属性が変数値となる。ただし、量的研究を行う場合は、「男」「女」のような変数値にもそれぞれ 0、1 の数値を与えて分類する。この場合、2 値間の相関係数を算出することができるので、定量的データとみなして処理することが可能になる。このような 2 値で分類できる変数を定量的データとみなすものを「ダミー変数」と呼ぶ。

2) 変数 X が変数 Y に影響を及ぼすとき、変数 X にも変数 Y のいずれにも影響を及ぼす変数 Z がある場合、この変数 Z を統制変数と呼ぶ。例えば、学歴（変数 X）が年収（変数 Y）に影響を及ぼすという因果関係を考えたとき、性別（変数 Z）がいずれにも影響を及ぼしていることが想定される。この性別の影響を取り除きたい場合、男性、女性に分けたデータで学歴と年収の関係を見てはじめて、学歴（変数 X）の年収（変数 Y）への真の影響を知ることができる。このような分析を、性別で「統制」すると表現する。

3) 仮説とは、主要な概念間の関係性を明示して、事象の記述や説明を行うもので、通常は平易な文章で表現される。仮説の検証は統計的な検定によって行われる。統計的検定は、抽出された標本から得られた結果＝標本統計量が、母集団にもあてはまるかどうかを推定する方法でなされる。その場合、いったん、標本から得られた統計量は偶然得られたものにすぎないという「帰無仮説」を立てる。しかし、その標本統計量の出現確率を求め、それがきわめて小さい（これを有意水準と呼び、5％あるいは 1％以下に設定される）とき、それは偶然の産物ではないと判断され、「帰無仮説」が棄却されて、意味のある関係性を示す「対立仮説」が採択される。「統計的に有意」という表現は、有意水準を下回って出現確率が低い＝偶然の結果ではない、ということを意味している。

文 献

古谷野亘・長田久雄（1992）『実証研究の手引――調査と実験の進め方・まとめ方――』ワールドプランニング.

Maslach, C. and Jackson, S. E. (1981) The measurement of experienced burnout, *Journal of Occupational Behavior*, 2.

森岡清志編著（2007）『ガイドブック社会調査（第 2 版）』日本評論社.

土田昭司・山川栄樹（2011）『新・社会調査のためのデータ分析入門――実証科学への招待』有斐閣.

和気純子（2010）「ソーシャルワークの演繹的研究方法」ソーシャルワーク研究所監修, 北川清一・佐藤豊道編『ソーシャルワークの研究方法――実践の科学化と理論化を目指して』相川書房.

和気純子（2014）「支援困難ケースをめぐる 3 職種の実践とその異同――地域包括支援センターの全国調査から――」『人文学報』484.

和気純子・間嶋 健（2017）「介護保険施設の相談員が抱える倫理的課題とジレンマ（1）――自式質問紙調査からみる現状と要因――」『日本ソーシャルワーク学会第 34 回大会』, （北星学園大学）.

参考図書

SPSS による統計解析に関する文献

内藤統也・秋川卓也（2005）『文系のための SPSS 超入門』プレアデス出版.
大櫛陽一・春木康男・生川善雄・ほか（2004）『SPSS による看護・福祉・医学統計学入門（改訂版）』福村出版.
小塩真司（2006）『SPSS と Amos による心理・調査データ解析──因子分析・共分散構造分析まで』東京図書.

社会調査および統計解析に関する基礎的文献

古谷野亘（2001）『数学が苦手な人のための多変量解析ガイド──調査データのまとめかた』川島書店.
森岡清志編著（2007）『ガイドブック社会調査（第 2 版）』日本評論社.
島崎哲彦編（2002）『社会調査の実際──統計調査の方法とデータ分析──』学分社.
轟　亮・杉野　勇編（2010）『入門・社会調査法──2 ステップで基礎から学ぶ』法律文化社.
土田昭司・山川栄樹（2011）『新・社会調査のためのデータ分析入門──実証科学への招待』有斐閣.

本章のポイント

研究を進めるにあたって、データを分析し考察する作業は最も労力を要すると同時に、研究の喜びを感じる時間である。多くの時間と労力を費やす作業なので、その努力に見合う豊かな成果が得られるようにしたいものである。

▶ 研究テーマや目的に合わせたデータの分析方法の選択

研究計画の段階で、研究テーマや目的に合った研究方法を選択し、その方法に合う形でデータを収集していることが前提である。各分析方法に基づくデータ収集の視点や方法については、第6章で詳しく述べている。研究方法の選択や、さらに具体的な分析方法の検討については、さまざまな研究方法について造詣の深い研究者の助言を受けることを推める。研究テーマに対する研究方法を選択する際、最適な研究方法を1つ選択する場合と、テーマによっては複数の研究方法を組み合わせることが有効な場合もある。

▶ 研究方法に応じたデータの分析方法

本章で紹介している質的研究法、量的研究法のどちらにおいても、選択した方法に従ってローデータを加工し、分析を行う。第7章で扱った質的研究の1つであるインタビューで得られた「語り」はもちろんのこと、量的研究であるアンケート調査から得られた数量的データからも、分析によって多くの情報が得られる。まさに「データが語る」という経験をする瞬間である。

そこで得られたデータをそれぞれのルールに従って適切に処理するためには、分析方法の理解と習得が不可欠である。ソーシャルワーク実践者の場合、研究の問題意識や経験は豊富だが、分析方法についての知識や訓練を受ける機会は多くない。そのため研究方法についての研修会に参加する、個人的に指導を受けるなどにより、イメージを掴み、習得する必要がある。ある職能団体の地方ブロックでは、会員の研究活動を推進することを目的に、研究方法についての研修会を企画し、さらに実践者の研究活動を個別でサポートするしくみを設けている。このような機会を活用し研究を進めるとよい。また量的研究の場

合は大量のデータを分析するため、統計ソフトや大容量のデータを分析できるパソコンなど、環境面の条件を整えることも大事な要素である。

▶ データの考察について

　データの考察については、問題意識である「問い」をもとに、先行研究とデータ分析結果をすり合わせ多角的に行う作業である。本章で取り上げた質的研究と量的研究の考察における大きな違いは、前者は仮説探索的であり、後者は仮設検証的な研究が中心となる点である。仮説探索的な研究は、先行研究が十分にない場合や、複雑な問題の構造がわからない場合などに行う方法である。データの解釈から仮説生成を目的とする。研究者により解釈の仕方が1つではないという特徴がある。これに対し仮説検証的研究は、先行研究から導かれた仮説を事前に用意し、調査による大量のデータを統計的に分析することによって、仮説を検証し、その結果をもとに考察するという特徴がある（図7-1）。ただし量的研究にも仮説探索的なものもある。それぞれの研究方法は、互いに補い合うものである。この章で紹介した分析方法の詳細は、それぞれの文末に参考図書を掲載しているので参考にして欲しい。

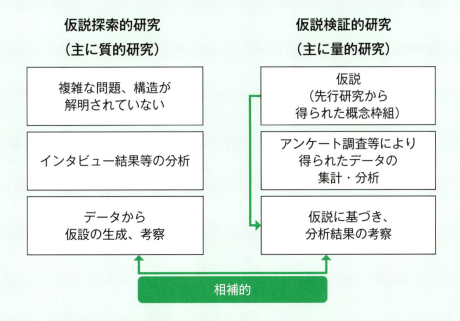

図7-1　各研究方法の特徴

（池田雅子）

第 8 章

学会発表をしてみよう

1 抄録を書いてみよう
- 学会発表の意義
- 研究における学会発表の位置づけ
- 発表する学会の選択
- 学会発表の形式（口頭発表とポスター発表）
- 抄録作成と学会発表の申し込み

2 学会発表を行おう
- 発表の準備
- 学会発表当日

本章では、学会発表を行うための学会の選択から発表当日までのステップを時間的な流れに沿って解説していく。特に前半部分では、学会発表を行ううえで最も重要な作業の1つである抄録の作成について、後半部分では、学会発表の成功の鍵を握るともいわれる資料作成について、筆者らが行った学会発表を例にあげながら解説していく。

1　抄録を書いてみよう

▶ 学会発表の意義

　学会とは、「学者相互の連絡、研究の促進、知識・情報の交換、学術の進行を図る協議などの事業を遂行するために組織される団体」（広辞苑第7版）であり、多くの学会が年に数回程度の学術集会を開催している。学術集会において研究成果を発表（学会発表）することの意義は「出会い」の創出にある。ここでは、学会発表によって得られる3つの出会いについて紹介する。1つ目が同じ分野の研究に携わる仲間との出会いである。学会発表をきっかけに研究者同士のコミュニケーションやネットワークが創出され、後に共同研究へと発展するケースもある。2つ目は、多角的かつ客観的視点との出会いである。学会発表では発表時間とは別に質疑応答の時間が設けられている。座長や聴衆から投げかけられる質問のなかには研究において見落としてしまっていた視点や想像もしていなかったような新たな視点が含まれていることがある。3つ目は、新たな学術知識や情報との出会いである。多くの学会ではテーマごとに分科会が設けられているため、他者の研究発表を聴くことができる。自らの研究テーマに近い研究や近接領域の研究発表のなかには、今後の研究に活用できそうな新たな学術的知識や情報が含まれていることもある。

　冒頭でも示したように学会とは、「研究の促進、知識・情報の交換」の場である。発表せずとも何らかの出会いは得られるであろう。しかし、発表することによってより豊かな出会いの機会が創出され、研究の進歩的発展が促進されるのである。

▶ 研究における学会発表の位置づけ

研究における学会発表の位置づけについて筆者らが行った研究活動を例にあげながら解説していく。まずはじめに、筆者らが行った研究活動の背景を概説しておく。

2011年3月11日に発生した東日本大震災は忘れがたい記憶として多くの人の胸に深く刻まれていることであろう。甚大な被害に見舞われた被災地では、多くのソーシャルワーカーが発災直後から今日に至るまでミクロ・メゾ・マクロレベルでのソーシャルワーク実践を展開し、生活課題解決のために力を尽くしている。ソーシャルワークの実践および理論レベルの向上を目的とする日本ソーシャルワーク学会にとって災害に関するソーシャルワーク実践の理論化は重要なテーマの1つであり、学会に課せられた使命でもあった。そこで震災の翌年（2012年）、研究推進第3委員会に「災害対応プロジェクト」が設置され、災害ソーシャルワークの理論化へ向けた研究活動が進められることとなった。この研究プロジェクトは、研究推進第3委員会のメンバーと東北ブロックの学会員、発災直後から現場で援助活動を展開していたソーシャルワーカーによる共同研究として進められ、4年半という時間のなかで30回を超える研究会が開催された。2013年度からは「災害ソーシャルワーク理論の体系化に向けた「機能特性」に関する実証的研究」というテーマで科学研究費助成事業[1]（科学研究費補助金／学術研究助成基金助成金）（基盤研究（C））の助成を受けることとなり、2016年度までの研究期間のなかで二度の学会発表（米山ら 2013；村山ら 2015）を行った（図8-1）。

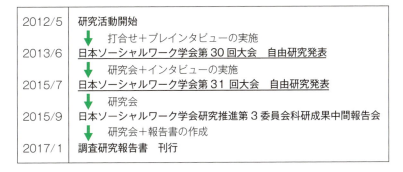

図8-1 研究経過と学会発表

「災害ソーシャルワーク理論」の体系化に向けて、災害時におけるソーシャルワーカーの具体的機能および機能特性を実証的に明らかにすることを目的として進められた当該研究においては一定の成果を得ることができたと考えている。そして、研究期間中に行った二度の学会発表は研究の発展にとって重要な意味をもつものであったといえる。そこで以下では、筆者らが行った学会発表が研究活動の過程においてどのような位置づけであったか解説していく。

　一度目の学会発表は研究活動を開始してちょうど1年が経過した時期であった。このときの発表では、研究枠組みの開発とプレインタビューの実施およびその分析に取り組んだ成果についての報告を行った。質疑応答の際には、研究枠組みや研究手法に関する質問のほか、研究の進め方に至るまでさまざまな意見が寄せられ、研究枠組みを固めていくうえでの多様な視点を獲得する機会となった。

　二度目の学会発表は研究開始から3年が経過し、研究活動も大詰を迎えていた時期であった。このときは、主にソーシャルワーカーを対象としたインタビュー調査により生成されたコアカテゴリーに関する報告を行った。質疑応答ではその後の検証に役立つ貴重な視座を得ることができた。

　筆者らの研究活動において二度の学会発表にはそれぞれの位置づけがあった。一度目は研究の基盤となる研究枠組みが妥当か否か、今後の方向性の確認として、二度目はこれまでの研究において明らかとなった研究成果の中間報告としての位置づけである。

　つまり、研究活動における学会発表の位置づけは恒常的なものではなく、研究の進展とともに変動し、それぞれのフェーズに応じた意味をもつことになる。研究活動は決して自己満足であってはならない。研究活動の進展に合わせ、その節目節目で学会発表を行い客観的かつ広い視野から指摘を受けることが研究の進歩的発展を促進させるのである。

▶ 発表する学会の選択

　日本国内には数多くの学会があり、日本における主要学術団体の各種データを収録・公開している「学会名鑑」には2,000を超える団体が登録されている（2018年3月現在）。社会福祉学系学会のみで組織される日本社会福祉系学会連合への加盟団体だけでも20団体を超えている（表8-1）。学会の選択にあたっては学会誌やホームページ、これまでに行われた学術集会の抄録集などの活用

が考えられる。また、学会は非会員であっても参加が認められていることが多く、入会前に実際の雰囲気を感じてみるのもよい。

学会発表については応募資格があり、多くの学会では学会会員であることを要件としている。例えば、日本ソーシャルワーク学会の場合には、「日本ソーシャルワーク学会会員であり、かつ年会費を納入していることです。もしくは、共催団体の会員です。※自由研究発表をされる全員が上記の資格を満たしている必要があります。」と記されている。

発表を検討している学会がある場合には応募資格に目を通し、要件を満たしているか確認しておくことが求められる。学会によっては学会発表のための入会申し込み書の到着期日が設けられている団体もあり、応募資格と併せて入会案内にも目を通しておく必要がある。

表 8-1　日本社会福祉系学会連合 加盟学会一覧

社会事業史学会	日本医療社会福祉学会
日本介護福祉学会	日本家族療法学会
日本看護福祉学会	日本キリスト教社会福祉学会
日本子ども家庭福祉学会	日本在宅ケア学会
日本司法福祉学会	日本社会福祉学会
日本社会福祉教育学会	日本社会分析学会
日本社会分析学会	日本職業リハビリテーション学会
日本精神障害者リハビリテーション学会	日本ソーシャルワーク学会
日本地域福祉学会	日本福祉介護情報学会
日本福祉教育・ボランティア学習学会	日本福祉文化学会
日本仏教社会福祉学会	日本保健福祉学会

▶ 学会発表の形式（口頭発表とポスター発表）

学会発表には口頭発表とポスター発表の2つの形式があり、申し込みの段階でどちらの形式で発表するかを選択することになる。それぞれの方法は異なる特徴をもつため、発表内容に適した方法を選ぶことが求められる（表8-2）。そこで、本項では口頭発表とポスター発表の特徴について説明していく。

①口頭発表とは

口頭発表は分科会形式で行われ、各分科会には進行役を務める座長（司会者）と時間の管理を行うタイムキーパーが配置されている。発表者は座長の進行のもと演台に立ち、決められた発表時間のなかで研究成果を報告する。発表時間が限られているため抄録原稿とは別に発表用のスライドやレジュメ（発表の内

容を簡潔にまとめたもの）を準備することで効率的に説明を行うことができ、研究内容に対する聴衆の理解も深まりやすくなる。ただし、パワーポイントや視聴覚機器等の使用については学会ごとの規定があるため事前に確認しておく必要がある。

　口頭発表では発表時間とは別に質疑応答の時間が設定されているため、発表者には質疑応答を踏まえて議論と理解が深まるよう努める姿勢が求められる。また、学会によっては分科会終了後に参加者による全体討議の時間を設けているところもある。

②ポスター発表とは

　ポスター発表は示説とも呼ばれる。発表者には幅1m、高さ1.6m程度の発表用パネルが与えられ、そのパネルに研究成果をまとめた紙媒体のポスターを貼付する。口頭発表のように発表時間の設定がない場合もある。仮に発表時間の設定があったとしても発表時間が3分、質疑応答時間が2分などきわめて短い時間設定となっている。通常、ポスター発表では1時間程度の質疑応答時間が設定されており、発表者と参加者が自由にディスカッションする場が設けられている。

表8-2　口頭発表とポスター発表の特徴

	口頭発表	ポスター発表
発表方法	座長の進行のもと演題に立ち、スライドやハンドアウトを使用し、限られた時間のなかで研究成果を説明する。発表は1対多数の構造となる。	指定された時間にポスターの前に立ち、訪れた参加者からの質問等に適宜答えていく。ポスターに興味をもった参加者が訪れるため、1対1もしくは1対少数の構造となる。
発表時間[※1]	学会によって異なるが社会福祉系学会の場合、15～20分が多い。	2～5分程度。学会によっては発表時間が設けられていない場合もある。ポスター掲示時間内であれば参加者は自由にポスターを見ることができる。
質疑応答時間[※2]	発表者の報告がすべて終わった段階で10～15分程度の時間が設けられている。	1時間程度。発表者はポスター前で待機し、参加者からの質問に答える。
特徴	分科会形式で行われるため、他者の発表を聞くことができる。参加者のなかには別の発表を聞きに来た人も含まれる。	興味のある人のみが集まってくる。ポスター作成においては参加者に興味をもってもらうための工夫が必要となる。

※1　発表時間および質疑応答時間は学会によって異なるため、各学会が提示する発表方法を確認すること。
※2　質疑応答時間についてはコアタイムなど学会により呼び方が異なる。

▶ 抄録作成と学会発表の申し込み

　学会で発表するためには事前申し込みが必要であり、申し込みの段階で抄録原稿を提出することになる。抄録の作成方法や提出方法等については各学会が発行する大会案内や学会ホームページ等に掲載される「研究発表申し込み要領」に記載されている。申し込み締切間際になって慌てることがないよう「研究発表申し込み要領」をしっかりと確認し、余裕をもって準備を進めておく必要がある。本項では、図 8-2 に沿って抄録作成から学会発表申し込みまでの流れを説明する。

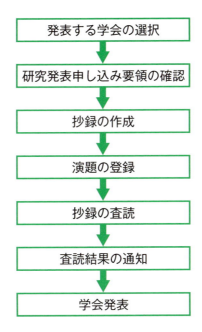

図 8-2　学会発表までの主な流れ

①発表する学会の選択

　まずは発表する学会を決めなければならない。非会員の場合には速やかに会員申込手続きを済ませ、学会会員になっておく必要がある。学会の選択方法については前掲の「▶発表する学会の選択」を参照してほしい。学会会員になると学会発表の資格が付与されるほか、学会の開催案内や学会からのお知らせなどが電子メールや冊子で届くようになりセミナーや当該分野の最新情報へのアクセスが容易になる。

②「研究発表申し込み要領」の確認

　会員申込手続きが済んでいる場合、発表の申し込みにおいてまず確認すべきなのが「研究発表申し込み要領」である。申し込み要領の内容はさまざまであるが、応募資格、申し込み方法、発表時間、要旨集掲載原稿の様式、原稿の構成など申し込みに必要な情報が掲載されている。「研究発表申し込み要領」は学会会員に送付される開催案内のほか、各学会のホームページ上でも確認することができる。学会ホームページには、「研究発表申し込み要領」の変更から各種連絡事項まで幅広い情報が掲載されるため、繰り返し確認する必要がある。

③抄録の作成

　「研究発表申し込み要領」の確認が終わったら次は抄録の作成に取りかかる。抄録とは、論文などの内容を簡潔にまとめたものであり、研究の概要を示したものである。抄録集の形態は学会によって異なり、冊子として配布される場合もあれば、インターネット上で閲覧し、必要な部分を各自が印刷するといったものもある。抄録の作成方法については、各学会の大会ホームページに作成要領が掲載されている。作成要領には、用紙設定（用紙サイズ、余白）、原稿の構成（研究目的、視点および方法、倫理的配慮、結果、考察、文献）、原稿の枚数などが記載されているほか、原稿テンプレートをダウンロードすることができるようになっている。原稿テンプレートと併せて作成上の注意点が掲載されていることも多いため、その内容に従い作成していく（図8-3）。

　作成要領に従い筆者らが実際に作成した抄録が図8-4である。テーマは一読して研究内容が想像できるものが望ましく、必要に応じて副題をつけるとよい。研究目的には、この研究を行うに至った背景と目的を記載する。視点および方法は、項目ごとに分けて書くとそれぞれの内容が読み取りやすくなる。方法には、調査対象、調査方法、調査項目、分析方法などを記載する。特に質的調査の場合には、調査の実施場所、調査期間、調査時間、録音機材の使用の有無も含め、丁寧な記述が求められる。また、分析方法についても量的調査以上に具体的かつ詳細に述べておく必要がある。倫理的配慮の項目では、説明の内容と方法、倫理委員会による承認を受けていることなどを必ず記載する。結果は紙面の都合もあるため考察につながる重要な部分だけを記載し、最後の考察では、結果の内容から導き出された結論を示す。

　抄録が完成した後は演題の登録となるが、作成要領に沿っているか、記述した内容に過不足がないか、誤字・脱字がないか、テーマと内容に一貫性があるかなどを丁寧に確認する必要がある。個人での研究の場合には、指導教員や所

属機関の上司または同僚などに目を通してもらうとよい。筆者らの場合は共同研究であったため、作成した抄録に誤りはないか、伝わりやすい内容となっているか共同研究者全員で確認作業を行った。

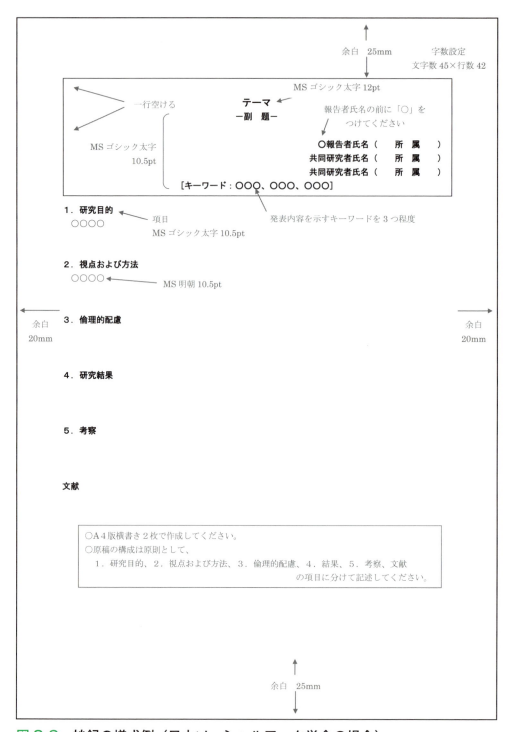

図 8-3　抄録の様式例（日本ソーシャルワーク学会の場合）

> 災害ソーシャルワーク理論の体系化に向けた「機能特性」に関する実証的研究（2）
> －災害時のソーシャルワーク機能の明確化とその特性－
>
> 　　　　　　　　　　　　　　　　　　　　○東北福祉大学　　　　　　　村山くみ　（0487）
> 　　　　　　　　　　　　　　　　　元・仙台市高砂地域包括支援センター　藤井美子　（0734）
> 　　　　　　　　　　　　　　　　　　涌谷町町民医療福祉センター　　　佐々木敦　（0782）
> 　　　　　　　　　　　　　　　　　　　　　東北福祉大学　　　　　　米山珠里　（0743）
> 　　　　　　　　　　　　　　　　　　　　仙台白百合女子大学　　　　嘉村　藍　（0544）
> 　　　　　　　　　　　　　　　　　　　　　大阪市立大学　　　　　　岩間伸之　（0062）
> 　　　　　　　　　　　　　　　　　　　　仙台白百合女子大学　　　　白川　充　（0265）
>
> ［キーワード　災害ソーシャルワーク、ソーシャルワークの特性、質的研究］

1．目的

　本研究は、日本ソーシャルワーク学会の研究推進第3部会における「災害対応プロジェクト」として、平成24年度から「災害ソーシャルワーク理論の体系化に向けた『機能特性』に関する実証的研究」をテーマとして取り組んできた（平成25～27年度科学研究費助成事業基盤研究（C）、課題番号：25380762，研究代表者：白川充）。

　本研究の目的は、「災害ソーシャルワーク理論」の体系化に向け、災害時におけるソーシャルワーカーの具体的機能及び機能特性を実証的に明らかにすることにある。この延長線上には、単なる災害研究としてではなく、東日本大震災におけるソーシャルワーク実践の分析によって、ソーシャルワークの特性のさらなる明確化と実践上の可能性を開拓することを目的としている。つまり、災害時に限定したソーシャルワーク理論ではなく、災害時にも強いソーシャルワーク理論の構築を目指すものである。

2．視点および方法

（1）研究の視点

　本研究の基本的視座としては、要約すれば、①「災害ソーシャルワーク」という特別な援助体系の構築を目指すわけではないこと、②第2には、甚大な被害状況化において求められる機能にこそ本質が発現すること、③改めて地域に開かれたソーシャルワーク機能が問われることになること、の3点に整理できる。

（2）研究方法

①調査対象者

　社会福祉士資格取得後3年以上の実務経験があり、東日本大震災発災時（2011年3月11日）からインタビュー時点まで所属施設・機関等に継続して所属しているソーシャルワーカー8名を、実践領域を勘案してインタビュー対象者として選定した。

②データ収集方法

　個別インタビューは、調査者の勤務する大学もしくは近隣の公営施設等にて実施した。調査期間は、2013年2月～2014年1月であり、平均インタビュー時間は約2時間であった。対象者

の了承を得たうえで、インタビュー内容はボイスレコーダーに録音し、逐語録を作成して分析対象とした。

インタビュー調査では、基本属性として「所属機関の施設形態」「所属機関での職種及び業務内容」を聴取したうえで、「震災発生当時はどこで何をしていたか」「震災発生当時の初期対応としてどのようなことをしたか」を尋ね、その後初期対応後の主な業務内容（実践活動）について時間経過とともに確認した。

③分析方法

分析は、佐藤郁哉による定性的（質的）コーディングに基づいて次の手順で行った。①インタビュー調査によって得られたデータをすべて逐語録化し、ソーシャルワーカーが行った実践に該当する発話データを抜き出し、セグメントを作成した。作成したセグメントは192であった。②これらのセグメントの内容をソーシャルワーカーの働きに着目して、サブカテゴリーを生成した。③その後、継続的比較法によりサブカテゴリーから18のコアカテゴリーを生成した。④最後にコアカテゴリーの表す内容について定義化を行った。

3．倫理的配慮

調査の実施にあっては、研究の目的、調査の趣旨、インタビューのボイスレコーダーへの録音、プライバシー保護の遵守、調査結果を研究目的以外には使用しないことを文書と口頭で説明し、承諾を得た。なお、本研究は、仙台白百合女子大学研究倫理委員会の承認を得て実施した。

4．結果

分析の結果、①人命救助及び安全確保を優先して対応する、②安否確認や被害状況に関する情報の収集・確認によって、課題やニーズを把握する、③情報の集約と整理ができる仕組みをつくる、④課題やニーズを予測して行動する、⑤把握できた課題に優先順位をつけながら対応する、⑥早急かつ的確に情報を発信する、⑦先の展開を予測して予防的に対応する、⑧組織としての力が最大限に発揮できるように調整する、⑨組織や機構を超えた連携と協働のための体制を整える、⑩専門職以外の新たな担い手の拡大に向けて取り組む、⑪被災者が主体的に関与できるように働きかける、⑫特別な配慮を要する人に対して優先かつ適切に対応する、⑬支援者自身や職員の身の安全を図る、⑭被災者と向き合い、精神的なサポートと生きる意欲の醸成を図る、⑮被災によって生じた家族の課題と変化に適切に対応する、⑯被災者の多様なニーズに応じた具体的な資源を調整・提供する、⑰ニーズに合わせて制度を柔軟に活用する、⑱地域における支援体制づくりに向けてネットワークを構築する、の18のコアカテゴリーが生成された。

5．考察

今回生成された18のコアカテゴリーを概観すると、①ソーシャルワークの本質的な機能が浮き彫りになっていること、②現状のソーシャルワーク機能は制度の枠組みや機関の機能に制約されていること、③災害時のソーシャルワーク機能は、その時点での対応のみならず、先の展開を想定した働きがみられること、④災害時には当事者や地域の関係者の力を最大限に活用する傾向が顕著であること等が明確になった。

今後は、18のコアカテゴリーについてさらなる検証を加えるとともに、災害ソーシャルワークとしての体系化と本来のソーシャルワーク機能との整合性について検討を加えることにしたい。

出典：村山くみ・藤井美子・佐々木敦・ほか（2015）「災害ソーシャルワーク理論の体系化に向けた「機能特性」に関する実証的研究（2）」『日本ソーシャルワーク学会第32回大会』自由研究発表，抄録

図8-4　抄録の実例

④演題の登録

抄録が完成したら次は演題の登録を行う。以前は郵送による申し込みが主流であったが、近年では大会ホームページにアクセスし必要事項を記入して申し込むオンライン申し込みが主流となっている。学会によっては郵送による申し込みもできるが、オンライン申し込みとは締切日が異なることもあるので注意を要する。日本ソーシャルワーク学会の場合は、自由研究発表の申し込み後に送られてくるアドレスへ、データファイルを添付してメール送付する方式がとられている。

演題の登録期間は、学会によって異なるが1～3か月程度の期間が設けられていることが多い。抄録は登録期間中であれば何度でも修正することができるため、ミスがあった際のことも考慮し、余裕をもって登録しておくようにするとよい。

⑤抄録の査読と結果の通知

演題の登録期間が終了すると提出した抄録の査読が行われる。演題の登録から学会発表までの主な流れを図8-5に示す。

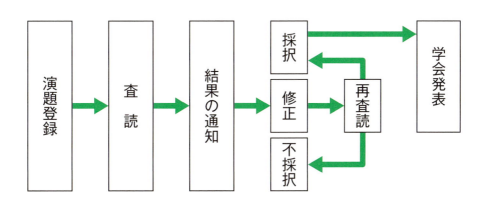

図8-5　演題の登録から学会発表までの流れ

査読結果には採択と不採択があるが場合によっては修正を指示されることもある。修正の指示があった場合は査読コメントに従い修正し、再査読を受けることになる。査読結果はメールで通知されることが多いため、学会からのメールはすぐに開封し、内容を確認するようにしておくとよい。

（村山くみ）

2 学会発表を行おう

査読の結果、採択となれば発表へ向けての準備を進めることになる。以下では資料作成から学会発表当日の流れについて説明していく。

▶ 発表の準備

①資料の作成

発表準備としては、当日使用する資料（当日配布資料）の作成がある。口頭発表であれば発表時に使用するスライドかレジュメを作成することになる。どちらを作成するかは、学会の規定を確認したうえで、発表内容がより伝わりやすくなるものを選ぶとよい。学会によってはパワーポイントや視聴覚機器等が使用できないこともあるため事前の確認が必要である。また、パワーポイントが使用できる場合には当日使用するパワーポイントのバージョンと作成に使用しているソフトとの互換性についても確認しておくとよい。

学会発表では、限られた時間のなかでいかに聴衆の理解が得られるかがポイントとなる。そのため、スライドであれレジュメであれ、資料の作成において重要なことは「わかりやすさ」ということになる。そこで、以下では資料作成における注意点についてふれておく。

発表におけるわかりやすい資料とは、発表を聴きながら資料を見ることで研究内容についての理解が促進される資料ということである。したがって、資料は発表の流れに沿って構成されていなければならない。内容は項目ごとにまとめ、文章だけでなく図表をうまく活用するとよい。フォントの種類・大きさや行間などにも配慮し、読みやすく、見やすい資料の作成に努める必要がある。図 8-6 は筆者らが学会発表をした際に使用した配布資料の一部である。抄録（図 8-4）では紙面の都合上、調査結果として分析により生成された 18 のコアカテゴリーの名称のみを示している。しかし、これだけではこのコアカテゴリーがなぜ抽出されたかがわからない。そこで、結果がどのようにして導き出されたか、コアカテゴリーの生成過程を伝えるための表を作成し、配布資料とした。資料は A4 の用紙で横版と縦版の 2 パターンを作成し、どちらがより見やすいか共同研究者らと協議したうえで縦版を採用した。

日本ソーシャルワーク学会　第32回大会
自由研究発表　J1-4　（2015/07/19）

	コアカテゴリー	サブカテゴリー	発話内容（抜粋）
【1】	人命救助及び安全確保を優先して対応する	優先して人命救助に取り組む	○診療を受けられる医療機関がなくて、とりあえずここに入ってきたというようなある程度トリアージをしなくてはならなかった。
			○急に具合悪くなる方もいたので、消防署まで自転車で行って、救急車を呼びに行くというふうなことをずっとやっていた。
		優先して避難誘導等、安全確保に向けて取り組む	○利用者の安全確保ということで、事務所から出て、利用者の方に1か所に集中して集まって頂いたり、避難誘導をした。
			○柱にしがみついて震えているお年寄りを何とか説得して、とにかく外にでようということで、「もう1回揺れが来るから外に出よう」といって空き地に。
【2】	安否確認や被害状況に関する情報の収集・確認によって、課題やニーズを把握する	安否や被害状況に関する情報の収集によって、課題やニーズを把握する	○避難所の運営委員長が大体町内会長がやっているパターンが多かったので、（中略）会長のところに行って、どれくらいの人がいらっしゃるのか、物資はどのくらい来ているのか、行政との連絡調整はどうしているのか、（中略）避難所運営で課題になっていることは何かということを大体聞き取りをした。それをしていったら、避難所の運営会議とかにも包括にも参加してほしいという要請があって、運営会議にも参加した。
			○その場所に行って、今日ここで、こういう受付をしてくだいとか、そういう形の仕事をしていました。小口の貸し付けについては、来てる職員がほとんどいろんな区からそういう状況で来ていたので、そこで初めてその他の区の状況であるとかそういう情報交換をした。
		安否や被害状況に関する情報の確認によって、課題やニーズを把握する	○もう、やっぱり座ってなんかいられないので、歩いて行ける範囲の△△△地区のところに下りていって、避難が遅れている人はいないかとかを見に行きました。
			○市内の医療機関、△△△会3施設がちゃんと機能できるのかどうかだけは、きちんと確認しておこうと見て回った。
【3】	情報の集約と整理ができる仕組みをつくる	情報の共有、集約、整理に取り組む	○集会所など回りながら、高齢者の安否確認と地域の状況確認を同時進行で行い、ノートに書いて、職員が皆でわかるようにして。
			○今持ってる情報を、整理しようというところで、もちろん連携室だけではできなかったので、同じ隣の建物に行政の福祉部門があるんですが、そこと共同して、どういう患者さんがいるかとか話し合いました。情報を持っているような、包括支援センターだったり、ケアマネージャーだったり、連携室等の相談部署だったりが集まって、この患者さんは一回家に行った方いいよねとか、そういう話をした。
		的確な情報の共有、集約、整理のための仕組みづくりに向けて工夫する	○一万八千くらい、一万七千くらいの町ですので、マップを出しまして、誰がどこにいるかということで、情報共有というか、ここにだれだれさんいるとか、ここにいるとかの作業をやっていきましたね。今この人は今入院してるとか、この人は、自宅にいるとかなど、それぞれ持ち寄って情報を得たと、いうことになります。
			○包括とかケアマネージャーとかも含めた、シートを作りました。ほんとに簡単なシート、名前、住所、構成だったり、飲んでる薬だったりとか、チェックするような独居とか、息子とかいるとか、そういう簡単なものです。
【4】	課題やニーズを予測して行動する	課題やニーズを予測して行動する	○在宅で、酸素を使ってる方とか、点滴で生活している方がいますので、そこに、行ってみなきゃいけないというような、判断がありました。病院長に伝え訪問するよう指示を受け、病院の車で自宅の方に行きました。
			○そうですね。もう私は△△地区の築何十年というお宅とか、一人暮らしの人達が固まっている地域があったので、真っ先にそこに行きました。結構渋滞もしてたので大変でしたけど。
【5】	把握できた課題に優先順位をつけながら対応する	優先順位をつけて被災者の支援にあたる	○それぞれ同じ事業所がかぶらない形で、変な不整合があってもだめだっていうことで、別な事業所さん同士ペアを組んで、それぞれ避難所に散ってもらって、保健師たちがそれぞれ避難所に配置されているので、保健師が目を付けていた高齢者の人のところにまず行ってくれって指示出した。

出典：村山くみ・藤井美子・佐々木敦・ほか（2015）「災害ソーシャルワーク理論の体系化に向けた「機能特性」に関する実証的研究（2）」『日本ソーシャルワーク学会第32回大会』自由研究発表，配布資料

図 8-6　当日配布資料の例

②ポスターの作成

ポスターの作成については上述した資料の作成同様、読みやすく、見やすいものでなければならない。ポスター発表では、発表時間が設けられていない場合もあり、質疑応答時間以外は発表者が近くにいないことも多い。つまり、発表者がいなくともポスターのみで研究内容が適切に伝わるような資料を作成しなければならないのである。さらにポスター会場は広く、会場内に数多くのポスターが掲示されるため、内容だけでなく見た目にも気を配る必要がある。

ポスターの作成には通常、パワーポイントが用いられる。作成にあたってはポスターサイズにスライドを設定し、業者等に依頼し大判印刷してもらう方法（大判型）と、A4からA3サイズのスライドをつなぎ合わせて作成する方法（分割型）の二通りが考えられる（図8-7、図8-8）。いずれの方法を採用するかは経費や会場への運搬方法などを含め検討する必要がある。

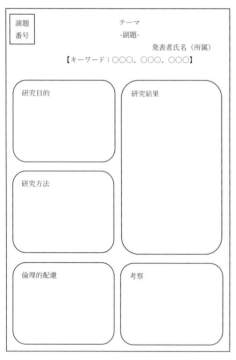

図8-7　大判型ポスター例

図8-8　分割型ポスター例

③発表原稿の作成（口頭発表）

資料が完成したら次は発表原稿の作成に取りかかる。ここでは発表原稿の作成における2つのポイントについて述べていく。まず1つ目は、発表時間の厳守である。社会福祉系学会の場合、発表時間は15～20分が多い。学会から指

定された発表時間に過不足なく終わらせるのが最良である。たくさんのことを伝えたいと欲張った原稿をつくれば、発表時間内に終わらせるために早口で話さざるを得なくなる。話す速度が速ければ聴衆の理解が追いつかず、発表内容への興味が薄らいでいく。2つ目は作成した資料（スライド）ごとに原稿を作成するというものである。1枚のスライドには1つの事柄についての内容がまとめられているはずである。1枚ずつ原稿を作成することで、説明の漏れがなくなり、聴衆にとってもどのスライドの説明をしているかがわかりやすくなるという利点がある。また、原稿のはじめに「次に……」や「続いて……」などの言葉を用いてスライドの切り替えポイントを聴衆に伝えるのもよい。

　作成した原稿については伝わりやすい内容となっているか、説明が不足しているところはないか原稿を何度も読み返し、丁寧に仕上げていくようにする。ある程度、原稿が固まったところで、予行演習を行うことになる。予行演習の内容については次項で説明を加える。

④予行演習（リハーサル）

　予行演習とは、本番と同じように他者の前で発表練習を行うことである。予行演習では、発表時間は適切か、説明が長すぎたり、または短すぎたりするところはないか、発表時の話す速度、声のトーン、身振り手振りは適切か、資料や説明に誤りはないかなどを指導教員や上司、同僚、共同研究メンバーなどに確認してもらう機会となる。ここで誤りや不足が見つかった場合には資料や原稿を修正し、発表の精度を高めていく。予行演習では、質疑応答も本番と同じように実施する。予行演習の際に出た質問は、本番でも質問される可能性が高いため、回答できなかった質問については本番までに回答の準備を進めておくとよい。

▶ 学会発表当日

①学会プログラム

　学会は1〜2日間の日程で開催されることが多く、自由研究発表のほか基調講演やシンポジウム、学会年次総会、情報交換会などが行われる（図8-9）。基調講演やシンポジウムは学会テーマに応じた内容が扱われ、最新の情報などにふれる貴重な機会となる。自由研究発表は分科会形式となるため、事前に演題に目を通し参加する分科会を決めておくとよい。

　また、1日目の夕方に開催される懇親会は食事を摂りながらアットホームな

雰囲気のなかで会話を楽しむことができるため、新たな出会いやさまざまな情報を得る場にもなる。学会に参加した際には自由研究発表のみに参加するのではなく、懇親会も含め、すべてのプログラムに参加し、新たな仲間や情報との出会いの場を積極的に創出するように努めて欲しい。

【1日目】

9:30～10:30	10:30～10:45	10:45～12:00	12:00～13:00	13:00～16:00	16:15～17:45	18:00～20:00
受付	開会	基調講演	昼食休憩	シンポジウム	学会年次総会	情報交換会

【2日目】

9:30～10:30	10:30～12:30	12:30～13:30	13:30～16:30
受付	シンポジウム	昼食休憩	自由研究発表

図8-9　学会プログラム例（日本ソーシャルワーク学会の場合）

②学会発表当日の流れ

　発表当日は、余裕をもって会場に到着するようにし、受付が済んでいない場合は受付を済ませ資料とネームプレートを受け取る。学会中はネームプレートを着用し、自分の所属と氏名を明らかにしておく。

　次に分科会が始まる前に発表会場へ入り、使用する資料の確認等を行う。スライドを使用する場合にはスライドがきちんと映るか確認する。当日配布資料がある場合には、分科会の会場スタッフの指示に従うことになる。通常、発表が始まる前に会場スタッフが聴衆へ資料配布を行う。学会によっては出入口付近に資料置き場があり、必要な資料を取ってから席に着くことになる。発表会場に座長や他の発表者が到着したら、挨拶を忘れずに行う。

　発表が始まる前にもう一度、報告時間と質疑応答時間を確認する。発表時間はそれぞれの学会によって異なるが、日本ソーシャルワーク学会の場合、一演題につき、報告時間20分、質疑応答10分の計30分となっている。発表時にはタイムキーパーがストップウォッチ等を使い、時間を正確に計測し、発表開始後、15分で1鈴、20分で2鈴（報告終了）、30分で3鈴（質疑応答終了）といったように時間の経過を知らせてくれる。発表の際は鈴の合図を参考に、発表時間をオーバーしないよう時間調整を行う。

　分科会では同様のテーマや分野に関する研究発表が行われるため、自らの発表以外の時間は他の発表者の発表に耳を澄ませ、主体的な聴き手に徹すること

となる。単に発表内容を聞き取るのではなく、自らの研究との類似点や相違点はどこか、今後の研究に応用できる点はどこかなど、考えながら聴き、不明な点などがある場合には積極的に質問するとよい。

　すべての発表が終了したら改めて座長と他の発表者、質問者がいた場合には質問者にもお礼を述べ、会場を後にする。

（村山くみ）

文　献

村山くみ・藤井美子・佐々木敦・ほか（2015）「災害ソーシャルワーク理論の体系化に向けた「機能特性」に関する実証的研究（2）」『日本ソーシャルワーク学会第 32 回大会プログラム・抄録集』（日本社会事業大学）．

白川　充・岩間伸之・藤井美子・ほか（2017）『災害ソーシャルワーク理論の体系化に向けた「機能特性」に関する実証的研究』（調査研究報告書）』仙台白百合女子大学　人間学部　心理福祉学科．

米山珠里・藤井美子・村山くみ・ほか（2013）「災害ソーシャルワーク理論の体系化に向けた「機能特性」に関する実証的研究（1）」『日本ソーシャルワーク学会第 30 回大会プログラム・抄録集』（仙台白百合女子大学）．

本章のポイント

　ここで示されている学会発表に関する記述は、一般的な見解と、事例から導かれる特殊な見解とが混在している。そのあたりを意識しながら3点についてコメントする。

▶ 学会発表の意義

　本文中では、学会発表の意義について「出会い」というキーワードを使い3つあげている。①1つは同じ分野の研究に携わる仲間との出会いである。これによって研究者同士のコミュニケーションやネットワークが創出される。②次に新たな視点との出会いである。学会発表における質疑応答によって投げかけられる質問のなかで、新たな視点や気づきが生まれる。③最後は、同じ分科会における他者の発表を通しての新たな学術知識や情報との出会いである。

　このような意義をもつ学会発表を行うことは、研究者にとって、あるいは福祉専門職にとって大切な機会である。学会とはまさに本文中に指摘されているように「研究の促進、知識・情報の交換」の場である。学会に所属することの意義と学会発表の意義を改めて確認したい。

▶ 研究活動における学会発表の位置

　この事例は、科学研究費助成による共同研究である。複数年にわたる研究計画があり、その中で学会発表が行われている。この研究に関する2回の学会発表は、1回目と2回目では位置づけが異なることに注意したい。

　共同研究の端緒は学会活動である。それが科学研究費助成による研究へと進展し、4年半という研究期間のなかで、実に30回を超える研究会が行われている。その過程において二度にわたる学会発表が行われている。筆者によれば、1回目の学会発表は研究活動を開始してちょうど1年が経過した時期にあたり、研究の基盤となる研究枠組みが妥当か否か、今後の方向性の確認のために行われたとのことである。2回目の学会発表は研究開始から3年が経過し、これまでの研究において明らかとなった研究成果の中間報告が目的であったとのことである。

このように、一連の研究活動における学会発表の位置は研究の進展によって変わる。この事例は長期にわたる複数研究者による共同研究であり、その研究活動の特性に合わせた学会発表の位置と内容であったことに留意したい。

▶ 学会発表に至るまでの手続きと準備の大切さ

　学会発表に至る一般的な流れは、本文中に示されているように発表する学会の選択⇒「研究発表申し込み要領」の確認⇒抄録の作成となる。通常、発表申し込みの時点で、研究はほぼ完了し研究成果の見通しが立っていなければならない。

　学会発表の申し込みに関する査読の結果、採択されたならば、いよいよ学会発表を行うことになる。発表の準備は、筆者が示したように、資料の作成（配布資料、ポスター作成を含む）⇒発表原稿の作成⇒予行演習⇒当日の学会発表という流れになる。

　このような学会発表に至る一連の手続きと準備に慣れると同時に、「学会発表」を視野にいれた研究活動が求められる。研究発表申し込みの期日、抄録の締め切り日、学会当日までにやるべきことは決まっている。そのなかで研究を仕上げ、一方で本来の業務をこなしていく「チカラ（総合力）」が必要である。現場で働くソーシャルワーカーが研究を続けるうえでは、このあたりの調整とバランスが課題となるのではないだろうか。

　最後に、学会発表と研究論文の関係についてふれておく。一般論として、学会発表は研究の知見・成果をできるだけ早く公にし、それについての評価・検討を行うことが目的である。そして研究論文は、一連の研究活動の成果として、先行研究の整理、研究目的、対象と方法、その結果と考察をまとめたものとなる。通常、研究論文は、学会発表の後、一定の時間的経過のなかで作られる。

　学会発表が研究論文につながっていくことが理想である。ただし、複数の研究発表が1つの研究論文になる場合もある。いずれにしても、研究活動においては、学会発表と研究論文の連動性について留意すべきである。

（白川　充）

第 9 章

研究論文を書いてみよう

1 作法に則って論文を書いてみよう
- 研究論文とは
- 研究論文を書く前の準備
- 研究論文の執筆

2 研究誌に投稿しよう
- 研究誌とは
- 投稿の基本―あなたに合う雑誌を探し、執筆要領に従う―
- 評価のポイント
- 修正を求められた場合
- 掲載不可となり、不満があるあなたへ
- 査読者への回答書
- 不適切な査読について

1 作法に則って論文を書いてみよう

▶ 研究論文とは

　研究とはそもそも何だろう。明石芳彦によると「学術的観点から見て未解決な課題を解明し、新たにわかった内容を示すこと」であるとされている（明石2018：3）。そうであるなら、研究論文は上記のことを文章化し自分以外の人と研究成果を共有するためのツールということになる。筆者は大学院生時代、ある研究会に参加した折に研究を志すものの心得として"Write or die"を心に刻めという教えを受けた。「書かなければ研究者としては生きることはできない」とは何とも厳しい言葉である。しかもそれが研究論文として認められるためには上述した明石の定義からすると、「起こっている事象をただ示すだけではなく、それを学術的観点というフィルターを通し、理論的に何がわかったかをきちんと説明し、しかもそのわかったことが、今まで言われたことではなく『新たにわかった』内容を記述する」ことが求められる。

　「研究論文を書いてみよう」という本章のタイトルなのに、いきなり論文を書くことのハードルを上げてしまってどうするのだとお叱りを受けるかもしれないが、ここで確認をしたいのは、「何のために研究論文を書くのか」ということである。

　ソーシャルワークは実践科学であり、その実践の向上を常に目指し、支援の対象となる人々のウェルビーイングに資するよう努めなければならない。今まで解決できていなかったことを明らかにし、それを解決するために役立つ知見を新たに見出したのであれば、それを一人の研究者の頭のなかにとどめおくのではなく、直接学会発表を聞きに来てくれた相手と一次的に共有するのみでもなく、研究論文としてテキスト化し、二次的・三次的により広範囲に波及することにより議論が生まれ、発見した知見がよりブラッシュアップされ、実践の発展が期待されるのである。実践知と研究の循環によりソーシャルワーク実践を高め、支援の対象となる人々のウェルビーイングに資することこそが、研究論文を書くということの目的となる。そうではなく、実践の向上に役立つような新たな知見を含まない「すでにわかっていることの上書き論文」、あるいは実践の向上のために現場にフィードバックされない「研究実績のための研究論

文」ということであれば、ソーシャルワークの研究論文としての価値をもちえないといっても過言ではないだろう。また別の見方をすれば、ソーシャルワークの研究論文として価値ある論文を書くためには、守らなければならない「作法（ルール）」があるということがいえる。ではどのようなルールがあるかをこれから見ていこう。

▶ 研究論文を書く前の準備

①研究テーマを磨き上げる

　実践現場には心が動かされるような、「研究テーマの種」ともいうべき事象にあふれている。「なぜそうなるのだろう？」「何が違うのだろう？」「どうすればよいのだろう？」という疑問形から興味関心が深まっていき、さらに探究していきたいという思いが研究を進めるモチベーションとなる。しかし、「種」すべてが研究テーマになるわけではない。関連する文献を読んでみると、すでにその事柄について詳しい解説がなされていることもある。

　逆に、事象に関わる要因があまりにも複雑すぎ、研究論文を執筆しようとしている本人の現段階の経験や研究能力では手には負えないということもあり得る。

　日頃から、研究ノートを持ち歩き、心に浮かんだ疑問やアイデアをメモし「研究の種」を蓄積しながら、そのなかで自分の心が大きく揺さぶられる「種」を選び取り研究につながるように磨き上げていく。まだ論文執筆に慣れていない人にとってこの作業は多くの時間と労力を費やすことになり、時に心が折れそうになることもあるかも知れない。そのときに、実践の場で心が揺さぶられた経験と「何とかしなければ」という思いが研究を継続するモチベーションとなり、実践知と研究の循環を生み出す原動力となる。論文執筆を始める前に、まず研究テーマを磨き上げリサーチクエスチョンをゆらぎのないものにすることを心がけよう（第4章 **1**「リサーチクエスチョンを明らかにしよう」参照）。

②先行研究のレビュー

　研究論文は「新たにわかったこと」を示す必要があると先に述べた。そのためには、論文を執筆する前に、今までの研究で何が明らかにされてきたのかを文献レビューにより理解し、そのうえで何が不足しているのか、何が現実とは違っているのかを自分なりに整理しておかなければならない。川崎剛はこのことについて「つまり先行研究の不備・限界を指摘しない論文、ましてや先行研

究のレビューなしに論旨が進むような論文は学術論文ではない」と断じている（川崎 2011：6）。先行研究はやみくもに数を多く読めばよいということではなくテーマに関する主要文献を押さえる必要があるため、文献リストを作成し計画的にレビューを進めていこう（第4章 2 「自分の関心についてどんな研究があるかを調べよう」参照）。

③執筆計画

　研究論文を公表していくには、いずれかの学術雑誌や書籍に掲載する必要があるが、そうした媒体に掲載を希望するのであれば、守らなければならないルールに「投稿締め切り」がある。また卒業論文、あるいは修士論文についても同様に「提出期限」というルールがあり、一秒でも遅れると受理されず、卒業や修了延期という憂き目にあうことになる。

　研究論文を提出する先（学会・研究機関・教育機関等）それぞれに提出期限が定められているので、必ず事前に確認し、提出期限ぎりぎりに論文を書き上げ、十分な推敲をする余裕もなく提出するのではなく、計画性をもって研究論文を執筆することを心がけよう。

　また、実際に研究論文を執筆する前に学会などの場で発表を行い、他の人からの批評やアドバイスを受けるなどして、研究内容の精度をより高めていくことも執筆計画のなかに組み込んでおくとよいだろう（第8章参照）。

▶ 研究論文の執筆

　研究テーマを磨き上げ、先行研究も十分に行い、何が既知で何がまだ明らかにされていないのかを理解し、執筆計画を立てたうえで、いよいよ本文の執筆に取りかかることになる。

　研究論文の構成としては、それぞれの研究領域によって異なる場合もあるが、おおよそ以下の構成となる。

- ・序文
- ・本文
- ・結語
- ・注記　文献リスト

それぞれの構成要素のなかで、どのようなルールを意識しながら執筆していくのかを、川崎（2011）を参考にしながら以下に示していくこととする。

①序文

本論に入る前の書き出しの部分にあたる。「はじめに」「序論」「問題の所在」など項目のタイトルにあたる言葉はいくつかあるので、いろいろな論文をレビューしながら、書き出しの部分にどのようなタイトルの選択肢があるかもメモをしておくとよいかもしれない。この部分では次の4つの要素（川崎2011：54）が明示されることとなる。

(1) 問題の提起

研究テーマを磨き上げていく必要があることは先述したが、そのテーマについて、ソーシャルワーク研究が不足していたり、あるいは手つかずの状況で残っていたりすることをまず示す必要がある。しかもそうしたソーシャルワーク研究の不備・不足が実践現場の支援を必要とする人にとって不利益な状況を引き起こしているのだということを説明していく。

例えば「ヤングケアラーへの支援の研究がイギリスでは進捗しているが、日本ではまだ研究が遅れており、特にヤングケアラー当事者側の視点に立った研究が不足している」というふうに、当該テーマのどの視点による研究が不足しているのかを具体的に示していく。ここで気をつけておかなければならないのは、問題の提起の「問題」とは事象そのものではなく、そのテーマについての研究の不備・不足によって、支援を必要とする当事者にとって不利益がもたらされているという状況であるという点である。ヤングケアラーが存在するということを問題とするのではなく、ヤングケアラーの当事者視点に立つ研究の不足により、ヤングケアラーに対する支援が未整備、あるいは一部の支援に偏重しているという状況にあるということが問題だということになる。

(2) 解決を当該論文が提示するという主張

問題の提起をしたうえで、この論文では先にあげた問題を解決することができるのだということを主張していく。つまり、この論文の価値は、支援を必要とする人への支援を向上することに資するのだということを明示するのである。先の例に沿って説明すると、「本論文では、今まで取り上げてこられなかったヤングケアラー当事者の視点に立つ調査を行い、その結果に基づいて支援のあり方を提起する」ことを示し、今まで行われてきた研究とは違う当該論文の独自性、ソーシャルワークとしての価値を主張していく。

(3) 議論のサマリー

当該論文で議論するリサーチクエスチョンを示し、この論文を通して何を明らかにしていくのかという研究目的を明示する。この部分を読んだだけで、こ

の論文の著者がテーマのどういう部分に着目をし、何を明らかにしようとしているのかがわかるようにしなければならない。先の例でいうと、仮説検証型の論文では「なぜ、ヤングケアラーは周りに支援を求めないのか」というリサーチクエスチョンに対して、「ケア行為がヤングケアラーの社会関係を制限し、社会的孤立を招いている」という仮説を立て、ヤングケアラーの社会的孤立感・孤立実態を当事者へのインタビュー調査により明らかにしていくということをサマリーでは示すことになる。そうすると論文の筆者がヤングケアラーの社会関係に着目し、ケア行為を要因とする社会的孤立状況を明らかにすることを目的としているのだということを端的に理解することができる。

　仮説創出型の探索的論文の場合は「なぜ、ヤングケアラーは周りに支援を求めないのか」というリサーチクエスチョンに対して、当該論文では当事者へのインタビューに基づき、ヤングケアラーの支援要請要因を探索的に理論化していくという論文の目的を理解することができるのである。

(4) 本論文の行き先案内図

　当該論文がどういう組み立てで構成されているのかを簡潔に示していく。1章では……2章では……と論文の骨格を先に示すことによって、次の本文へのつなぎを果たすことになる。ある程度の分量を要求される（卒業論文や修士論文等）では、こうした行き先案内図を示すことが必要となるが、字数が制限されている雑誌投稿論文の場合、この部分は省略されることもある。

②本文

　当該論文のなかで議論の中核を示すリサーチクエスチョンの答え、つまり論文執筆者の最も言いたいことを、説得力をもって立証していくこととなるメインの部分である。

(1) 先行研究の提示

　まず本文のなかでは、研究テーマに対してどのような先行研究が行われてきたのかを提示していくことが求められる。そこで重要なことは、ただ先行研究をAはこう言っている、Bはこう言っていると羅列するのではなく、どこまでの研究が進んでいて、何が未解決の課題として残っているのかということを、先行研究の批判的レビューによって明らかにしていく必要性があるということである。（先行研究のレビューのみを目的とする論文もあるが、本節で示す論文の作法は、あくまでも実証研究における先行研究のレビューに限定をする。）

　テーマによっては、J-STAGE等の論文データベースでキーワード検索すると数百にも及ぶ論文数がヒットすることがあり、それらを網羅的にすべて読み

込むことは現実的ではない。また雑誌投稿論文など字数制限が課せられる場合は、文献レビューにあてることができる字数が限定されることも意識し、そのテーマにとって重要な文献、重要な研究者をきちんと押さえ、それらの文献については漏らさずレビューしていくことが求められる。

(2) データ分析の記述

次に、いよいよ論文のなかで最も重要なオリジナリティを発揮する実証データの分析に入っていく。リサーチクエスチョンに対する自分の主張を立証していくために、集めたデータをいかに整理し説得力のある形に変換して提示していくことができるかが問われることになる。その際に、集めたデータから自分の主張に沿う部分だけを取り出して短絡的に結論を導くようなことをしてしまうと「ひとりよがりな結論」とみなされてしまうために、研究視点というフィルターを通す必要がある。そのフィルターこそが「理論」・「分析枠組み」であり、データ分析の記述の冒頭にまずはどのようなフィルターを使うのかを明示する。

明石は、理論および分析枠組みの必要性について「自分が分析した結果や内容を類型化するためには、ある程度の理論的観点や概念に関わる基準を持つことが必要となる（明石2018：31）。」としている。また、「理論や学説の多くは概して抽象度が高く、理論的視点から厳密に定義された概念は、そのままの形では実態分析になじまないことが多い。そこで事象や実態を具体的に分析できるように、理論の特徴となる考え方を集約または凝縮したものを、分析枠組み（分析フレームワーク）とよぶ（明石2018：32）。」として、実際のデータを分析していく際の整理の基準としての分析枠組みをもつことを推奨する。

時に、研究で得たデータを分析する際に用いる分析枠組みを示さず、調査結果を恣意的に解釈して一方的に見解を述べる論文も目にすることがあるが、これではデータを何に基づいて分析しようとするのかがわからず、読み手を納得させることができない。

研究初心者にとっては、どのような分析枠組みを用いればよいのか迷うことも多いだろうが、まずは、研究テーマに関連する文献をレビューしていくなかで、先行研究がどのような分析枠組みを、実証研究の論証に用いているかを参考にしていくとよいだろう。

次に実証研究の説明の部分に入っていく。実証研究の方法の説明には、
- 研究対象：研究対象の説明、なぜその対象を選択したのかという理由
- 調査方法：データを得る方法の説明、なぜその方法を選択したのかという

　　　　　理由
- 分析手法：得たデータを分析する手法の説明、なぜその手法を選択したのかという理由
- 倫理的配慮：実証研究を行ううえでどのような倫理的配慮を行ったかという説明

　以上の要素をきちんと明示することが求められる。読者はお気づきになるかもしれないが、一連の項目がとても「防御的」である。つまり、この論文を読んで文句をつけられないように、先に説明をきちんとして反論に備えているのである。「自分は実証研究の作法を熟知して、それに則って論文を執筆している」ということを明示することによって、自身の実証研究の信用度を高めていく必要がある。

　特に近年は倫理的配慮が記載されていない論文は、内容いかんにかかわらず掲載が認められない場合が多い。投稿する、あるいは提出する先の機関や組織の倫理規定や倫理ガイドラインを熟読し、遵守を徹底することが望まれる。

③結語

　当該論文の結論の部分であり、「結論」「考察」「まとめ」などとして記述される。ここでは分析の結果から導き出された当該論文の最も主張したいことが端的に示される必要がある。リサーチクエスチョンに対する応答であり、それは実証研究の結果を、分析枠組みを通して導き出した結論でなければならない。筆者が学術誌の査読委員や編集委員として学会紀要にかかわらせていただく折に、よく目にするのが、実証研究の結果と結語が乖離してしまっている論文である。結語部分だけを読むと政策への提言などが力強く展開されており実践に還元できる研究成果のように見えるのだが、実証研究の一体どこからその結論が導き出されているのか道筋が見えず、学術的なフィルターという分析枠組みを通していないことから、何を根拠として結論を導いているのかが見えない「結論飛躍型」の論文となってしまっている。

　結語で述べることができるのは、あくまでも自身の実証研究の結果を分析したものから導き出されることに限定される。そのなかで今までの研究にはない「新たにわかったこと」を提示していくことが求められるのである。

　そのうえで、研究と実践課題の循環を進めていくための「実践への示唆」を提示していく。当該研究によって導き出された結論が今後どのように実践に寄与していくことが考えられるのか、あるいは他の研究分野にどのように波及していくことができるのかを提示していくのである。また、それと併せて、当該

研究の限界と今後の課題についても提示しておこう。例えば「本研究は、限定された人数の調査協力者を対象とした質的調査にとどまり、年齢も20歳以上であった。しかしながらヤングケアラーはもっと若い10代前半にも多数存在することが先行研究で明らかになっており、今後は対象年齢をより広げ量的調査も併せて検討していく」というふうに、研究の不足する部分を論文の執筆者自身が認識していることを示し、論文に対する反論を想定した防御をしておく必要がある。

結語の最後に謝辞を記載するとよい。謝辞とは当該研究を進めるうえでお世話になった人（調査対象者、分析協力者等）や研究費助成団体に対する感謝を表す文章であり、文部科学省科学研究費補助を受けての研究はその旨を明記することがルールとして決まっている。

④その他

論文全体の記述が終わったら、注や文献リストを整理する。論文の字数制限は注・文献リストを含んだ字数をカウントすることを注意しておく必要がある。注の表記法、文献情報の論文内での記載方法はそれぞれの媒体でルールが細かく決められているので、執筆要領を熟読してルールを順守することを心がけよう。

論文タイトルや要旨については、論文執筆の最後に決定するほうがよい。論文タイトルは実はとても重要であり、論文の内容や著者の主張を短い1行のタイトルのなかに凝縮しておく必要がある。なぜかというと、論文検索をデータベースでかけたときに、最初にリストとしてあがるのが著者名とタイトルのみだからである。論文は二次的、三次的に波及して多くの人に読まれてこそ意味があり、実践との循環が可能となる。タイトルを読むだけで論文の中身に興味をもち、要旨に端的に記述される著者の主張や論文の結論を読んでさらに本文を読んでくれることにつながっていくことが望まれる。論文を書き上げてもう余力が残っていない状況かもしれないが、最後の力を振り絞ってタイトルと要旨作成に力を注ぎ、明快な記述を心がけよう。

研究論文の上達の近道はないといってよいと感じる。まずは査読のある学術誌に掲載されている論文を多く読むことから始めてみよう。そして論文作成の作法に則り、自分自身でも良質な論文をまねしながら書いてみて、それを第三者の視点で評価してもらい、ブラッシュアップしていくことの積み重ねこそが大切である。「百里の道も一歩から」まずは作法に則って研究論文を書いてみよう。

（川島ゆり子）

文 献

明石芳彦（2018）『社会科学系論文の書き方』ミネルヴァ書房.

門脇俊介（1994）「論文を書くとはどのようなことか」 小林康夫・船曳建夫編『知の技法』
　東京大学出版会，213-24.

川崎　剛（2011）『優秀論文作成術』勁草書房.

近江幸治（2016）『学術論文の作法第二版』成文堂.

2 研究誌に投稿しよう

▶ 研究誌とは

　ここでいう「研究誌」は、研究論文を掲載する雑誌を指し、学術雑誌、ジャーナル、学術誌などとも称される。研究誌の読者は主にその分野の専門家や研究者、あるいは研究者を目指す学生である。福祉の領域においても数多くの研究誌が存在し、その発行主体も学会や大学などの教育研究機関、出版社などさまざまである。

　また、研究誌に論文が掲載されるには、複数の「査読者」（レフェリーと呼んだりする）によって水準に達しているかどうか審査を経なければならない。これを「査読」といい、査読者の報告を受け、最終的には編集委員会で採否が決定される。

　本書の読者が論文を研究誌に投稿する動機はさまざまであろう。ソーシャルワーカーの実践経験から得られた「発見」を広くシェアし、ひいてはソーシャルワーカーの実践力の向上に貢献したいなど。最近では、博士号を取得するにあたり「査読付き論文◎本」などと条件がある場合がある。この「査読付き」とは、こうした研究誌による査読を指しており、博士号取得や就職のために投稿する者も多い。

　学術雑誌の間には、ヒエラルキーがあるとされる。教育機関が発行する雑誌は「紀要」と呼ばれるが、なかには投稿数が少なく査読があってないような雑誌も多い。したがって、紀要よりも学会が発行する研究誌へ掲載された論文のほうがよりよい評価を受ける傾向にある。

　なお、学会誌に投稿するには学会員であることを条件とする場合が多い。また、教育研究機関が発行する紀要にしても、所属する学生や教員、卒業生であることが要件となることがほとんどだ。学生になるには学費がかかり、学会に加入すれば学会費が必要となる。研究者を志す者は、複数の学会に入る場合が多いが、それだけコストもかさむということである。

▶ 投稿の基本
―あなたに合う雑誌を探し、執筆要領に従う―

　あなたには今、ほぼまとまりつつある論文がある。次は、①最適の媒体を見つけて、②当該研究誌の執筆要領に従って論文を仕上げることが必要である。

　日本社会福祉学会はあらゆる分野を網羅している。とはいえ、博士号取得のために限られた時間内で研究業績を稼がねばならないため、複数の媒体で異なる論文を同時進行で投稿する者もいる。そうした人は他の学会機関誌にも投稿することになるが、その際にも、自分の論文を客観的に見て、それに適合的な学術誌をリサーチする必要がある。

　媒体が異なってくると、その先行研究が異なることがある。同じ社会福祉の雑誌であっても、それぞれの領域や分野によって押さえるべき先行研究は異なる。執筆中の論文に応じて、これらの先行研究を的確に選別しレビューできているかが問われるだろう。

　次に、各研究誌が公表している執筆要領に従って論文を仕上げればよいわけであるが、これがなかなかできない投稿者が多いのが実態である。例えば、原稿提出の際に必要な書類が同封されていない、文字数が超過しているなどの単純なミスがある。このため、今では次のようなチェックリストの添付を義務づけるなど過保護ともいえる対応を取らざるを得ない研究誌もある。

投稿チェックリスト（日本社会福祉学会一部）
- □ 論文は、A4判横書きで1行の文字数を40字、行数40行を1頁としてあるか
- □ 論文の字数は、20,000字以内（注、文献、図、表を含む）か
- □ 論文は、3部（正本1部、副本2部：コピー可）準備したか

　投稿者の一定数が投稿のルールを守らないということは、これらに意味を見出せていないのかもしれない。しかし、編集側には、1つひとつ意味がある。例えば、査読者にそのまま転送される副本には投稿者を特定することができる氏名、所属、謝辞などの事項を隠す（マスキング）することが、執筆要領に書かれていることが多い。これは、投稿者の個人名を伏せることによって、査読者の先入観が論文の評価に影響しないようにし、公正を期すための工夫である（とはいえ実際は、複数の論文をすでに公表したことのある投稿者の場合、わ

かってしまうことがある）。

またすべての研究誌の投稿要領には、「投稿する原稿は、未発表のものに限る」と明記されている。同じデータ・事例・資料等に基づいて執筆した論文・報告書等がほかにある場合、注意せねばならない。投稿者としては、別の視点から論文を執筆したつもりでも、既出の論文と投稿論文との間に著しい重複があってはならない。これは「自己剽窃（じこひょうせつ・自分で自分の論文を盗用すること）」と呼ばれ、投稿者たるもの避けねばならないものである。なぜなら、考察および結論に新しい知見が含まれていることが基本だからである。

▶ 評価のポイント

先に最適の研究誌を見つけて、執筆要領に従うべきと述べたが、それは本書の前節までの指南を踏まえるという前提のうえでだ。ここで、前節までに書かれた基本を踏まえているかどうか、今一度チェックしてみよう。今では、査読者が査読後に記入するフォームを公表する雑誌もあるので、これを利用すると参考になるだろう。

例えば、日本社会福祉学会では「機関誌『社会福祉学』執筆要項」に「投稿論文査読報告書」が掲載され、機関誌やインターネット上で公表されている。以下は、報告書のなかの「項目別評価」を引用したものである。査読者はこれらの項目ごとに「適切」か「不適切」か「非該当」のどれかを選ぶ。

1　執筆要領（注・文献も含めて）に適合しているか
2　先行研究を的確に踏まえているか
3　研究目的は明確であるか
4　社会福祉の理念・政策・実践との関連付けは明確であるか
5　研究目的に照らして研究方法は適切であるか
6　使用されている概念・用語は適切であるか
7　調査の方法・分析が適切で、結果は明確であるか
8　論理の展開には一貫性があるか
9　考察および結論には新しい知見が含まれているか
10　表題は内容を適切に表現しているか
11　要旨の内容は適切であるか
12　省略語・単位・数値は正確に表記されているか

13　図表の体裁（タイトル・単位・形式）は整っているか
14　図表は本文の説明と適合しているか
15　研究倫理上の問題はないか

（日本社会福祉学会「投稿論文査読報告書」より）

　こうしたフォームが公開されていない研究誌に投稿する場合でも、これを参考にして間違いはないだろう。
　日本社会福祉学会の機関誌の場合、この項目別評価に加えて、A4をやや小さくしたくらいの面積に書かれたコメントが送付される。書かれている内容は上記の項目に関するコメントであることが多い。査読者の個性がうかがえるのがこのコメントであり、指摘される事柄は、研究目的や手法に関する根本的なことから、「てにをは」や誤字脱字までさまざまだろう。投稿者はここで、より具体的な評価を知ることができる。
　こうした査読報告書は、すべての研究誌の査読過程で作成されるわけではない。筆者の経験では、出版社による雑誌や紀要の場合、掲載不可とさらりと一文だけ書かれた報告書を受け取ったこともあったし、報告書を受け取らないまま掲載されたこともあった。

▶ 修正を求められた場合

　査読報告書には当然、掲載の可否も明記されている。査読の評価には、無修正で掲載可（アクセプト）、修正後に掲載可、修正後に再査読、掲載不可（リジェクト）などのパターンがある。それぞれの評価によってその後のプロセスは異なってくる。
　無修正で掲載可、修正後に掲載可の知らせを受けた者は、価値のある論文を書いたことが認められたということだろう。後者の場合、コメント欄に修正されるべき部分について書かれてあるだろうから、それを参考に修正すればよい。
　一人の査読者が掲載可とし、もう一人が掲載不可としたような場合がある。この場合、第三査読を行う委員が選出され、査読依頼になる。その他、掲載までの流れについて詳しく知りたい方は、各学会が公表する投稿受領から掲載までのフローチャートを参考にして欲しい。

▶ 掲載不可となり、不満があるあなたへ

　「修正後に再査読」もしくは「掲載不可」の結果が記された査読報告書が送りつけられ、あなたは今、それを手にしているとしよう。実践のなかで気づき、あるいは調査をし、考察を重ね、七面倒くさい執筆要項のルールに則って時間をかけて作成した論文が否定されたのだ。投稿者にとって心外な結果で、なかには憤慨する者もいるだろう。

　恥ずかしながら、筆者もそうした投稿者の一人であった。数年前、大学院生時代に某学会誌から送付された査読報告書を発見した。すっかり存在を忘れていたその報告書には、おそれ多くも、筆者の字で赤が入っていて驚いた。論文を落とされて憤り、査読文を査読し文句を書き連ねたようだ。名も名乗らず落とす査読者は、立ちはだかる権威的な存在に映り、はてには担当査読者に嫌われているのではないか、専門外の方だったのではないか、などと妄想を抱いたものだ。

　時を経て逆に編集委員の末席を汚すようになり、いかに編集委員や査読委員の先生方がご多忙ななか、ソーシャルワークの実践を向上させたい、学会を盛り上げたいといった使命感を携え、ボランティアで取り組んでおられるかを目の当たりにした。このことがわかってからは、昔の自分を振り返り、大いに反省したものだ。大学院時代の無分別な筆者は、根拠もなく、編集委員会は象牙の塔のようなところで、おいしいお菓子でもつまみながら開催されているのだろうとイメージしていたが、実際は、昔は印刷室だったという古びた雑居ビルの一室であった。ペットボトル入りのお茶が一本、配られるだけで、編集委員長をはじめ委員の先生方は、まじめに会議をしているのだ（もうちょっと待遇のよい編集委員会もあった。ただし福祉系ではない）。会議終了後に、宴が用意されているわけでもない。

　査読を引き受ける者も、ボランティアだ。論文がアクセプトされた者は、いずれこの順番が回ってくるだろう。授業だ、会議だ、入試だ、実習だ、調査だ、締め切りだ、長期休暇に入ったのでじっくり研究したい、福祉の教員として家事育児はおろそかにできない雰囲気はあるよね、などと忙しくしているときに来るのが、学会からの査読依頼だ。編集委員の場合、強いて言えば、研究者の履歴書の「社会における活動」という欄にたった1行「◎◎学会編集委員」と書けるが、査読者は匿名が基本であるので、広く評価されるわけでもない。そういった条件のなか依頼を受けた査読者は、基本、学会員としての任務を全う

する律儀な人である。

　そんななか、査読者は投稿論文に目を通す。結果だけではなく、コメントも記入しなければならない。内容によっては、関連する文献に目を通さなければならなかったり、その文献が手元になかったら、図書館に借りに行ったりしなければならず、数日を要する仕事になったりする（専門が適合的であったり、慣れれば2時間程度のこともある）。このとき、研究目的が漠然としていたり、執筆要領を踏まえていなかったりと、基本的なことに問題がある場合、速攻落としたくなる査読者の気持ちはおわかりになるだろうか。

　大きな学会になるほど、クオリティが低い論文の数も多くなる。へたに「修正後に再査読」などにすると、再び煩わしい査読の仕事をしなければならない。したがって、「修正後に再査読」の評価を受けた投稿者は、論文を評価してもらっているので希望をもってよいと筆者なぞは思う。

▶ 査読者への回答書

　「修正後に掲載可」や「修正後に再査読」の評価の場合、付されたコメントに対して、回答書を送付することが求められることがある（近年、この文章はより丁寧なものになっているような気もする）。これに関して執筆要領があるわけではないので、回答書は投稿者によってさまざまであるが、筆者はおおむね以下のような項目で書くことが多かった。

　　㋐あいさつ、感謝の旨
　　㋑コメントに対する返事、それを受けて修正した部分の明示
　　㋒修正箇所が複数にわたる場合、それぞれへの返事と修正点の明示

　こうした査読者とのやりとりが繰り返されることもある。ただ、長文になりすぎるのは、無駄に査読者の負担が増えて考えものだ。そもそも学会誌は「会員の社会福祉研究の発表」（日本社会福祉学会機関誌編集規程第2条）の場であり、教育を目的とするものではない。したがって、投稿者は大学の修士課程で修士論文を完成させるなどして研究手法を身につけたうえで、十分に推敲してから投稿することが望ましい。修士号のない者も、論文を書いた経験がある者に指導してもらったほうが（難しいかもしれないが）、早道だろう。

▶ 不適切な査読について

「修正後に再査読」「掲載不可」の多くは正当な評価であろう。とはいえ、不適切な査読があることも事実だ。

筆者もそうした体験をしたことがある。例えば、国際的なソーシャルワークの定義を引用した部分（もちろん文中に引用元は明記してある）であるにもかかわらず、「筆者の主観」だと指摘されたことがあった。ほかにも、引用した国際機関が提示した概念図の意味がわからないと批判されたり、「『だ』調は学術論文として適当であるのか。再考を促したい」と書かれたり。

人は間違いを犯すものである。また、複数の査読者が相反する指摘をして、投稿者が躊躇することも珍しいことではない。編集委員会の事務的なミスもある。社会学者の太郎丸博は、経験した査読の間違いを詳らかにし、「思い出すだにはらわたが煮えくりかえる」と述べている（太郎丸 2009-2010）。

とはいえ、査読者の（正しい審査ができないくらい）貴重な時間を頂戴していること、評価するのは査読者だという事態は変わらない。例えば「だ」調を不適当とする指摘を受けたときは、「だ」調の論文が数多く存在することを確かめ、「だ」調の論文をテーマにした日本語研究領域の論文にたどり着いたものの、直接反論しなかった。それが正しい方法かどうかはわからないが、心証が悪くなることを案じたからだ。「だ」ごときに落とされては面白くない。そして、「だ」調を極力避けた。しかしながら、明らかな間違いである場合、査読者のコメントに対する回答書に明記したほうがよい場合もあるだろう。

査読に過ちがあるのは、他の学問分野でも同様である。科学研究の領域で、学術雑誌に掲載された論文に捏造や改ざんが発覚し問題になるのも、査読のプロセスやシステムが不完全であることを示しているといえる。「ソーカル事件」（1994）が注目されたことがあったが、これは小難しそうな科学用語と数式を用いたでたらめな内容の疑似哲学論文が、雑誌編集者のチェックをかいくぐり著名な研究誌に掲載された問題で、その後、知のあり方やその衒学性に関する議論が高まった。

ほかにも、投稿論文の研究内容が多様化・細分化していることや（川島 2018）、教育・研究・学内事務に加えて実習や実践の場に足を運ばねばならない福祉の研究者は多忙を極めていることなどにより、査読者探しが非常に難しいという状況がある。

投稿者の想いがこもった論文が掲載不可となっても、それは、投稿者の想い

や熱意、人格を否定しているわけではない。逆に、編集委員会は、ぜひ、研究する力を身につけて、ソーシャルワークの研究を盛り立てていって欲しい（＝査読者や編集作業を手伝って欲しい）、ソーシャルワークの現場をよくして欲しい、そして、社会的弱者の生活をよりよくしていきたいと思っている。その想いがなければ、本書は存在しない。ここで、読者の皆さんに心よりのエールを送って結びにしたい。

（三島亜紀子）

文　献
川島ゆり子（2018）「編集後記」『社会福祉学』58（4），146．
太郎丸博（2009-2010）「投稿論文の査読をめぐる不満とコンセンサスの不在」『ソシオロジ』54（3），121-26．

本章のポイント

▶ 研究論文を書いて投稿することとは

　繰り返しになるかもしれないが、研究論文を書くということは、ソーシャルワークに関わる現象を事実に基づいて真実を記述することなので、自分の主観的な考えや判断を極力控えて事実に真実を語らせる表現をすることなのである。したがって、客観的データ、エビデンスともいうが、適正に得られたデータ情報に基づいて事実や真実を語るところから、なにがしかのソーシャルワークにかかわる意味や知見を提示することが求められる。ソーシャルワークにかかわる意味の発見や知られざる知識を提示するわけだが、それにはクライエントのニーズや心情や生活環境など援助の対象になる人々の実態や本質に関する場合もあれば、援助方法や援助原理あるいは援助の効果に関する研究もある。さらには援助を有効にさせる環境やサービス、制度・制度に関する研究も含まれ、ソーシャルワークにかかわる方法の研究のみならず、援助関係やソーシャルワーカーの資質や資格に関する研究、またソーシャルワーカー養成や教育に関する研究まで含まれる。もちろん、ソーシャルワークの原理や原論、思想や歴史も論文の対象になることは言うまでもない。

　研究論文の書き方、作法については、学会誌と呼ばれる研究雑誌に掲載されることを想定してどのように書き上げるかが解説されている。修士論文や博士論文をまとめ上げる論文執筆が原型になるが、いわゆる研究雑誌に掲載される場合は、紙幅の制約から本文を中心にした構成になるので、研究方法や調査方法の詳細な説明は割愛（省略）されることも多い。文献も主要な文献にのみ圧縮されて、論文作成に使用された参考文献などは省かれる。先行研究のレビューなどで引用した論文や要約紹介した論文は注などで記載する必要はあるが、すべての参考文献を列挙する必要はない。末尾の引用文献や参考文献の掲示は執筆者の価値判断が表れるので、何をどのように選んで引用・要約するかはその論文の質と水準を決めてしまうところがある。例えば、辞書や事典から定義など引用・要約する場合も、常識とされている知識なので、引用は避けたほうがよい。また、新聞記事など時代のトピックスや解説記事なので、論文に引用・要約するのは適切とは言いがたい。ただし、研究論文でなく研究ノートとされるものや調査報告や事例研究などはこの限りではない。

研究論文を研究誌に投稿するまでには気持ちも執筆も到達していない読者には、まだまだ先の話と受け止められるかもしれない。書き上げた研究論文を学術雑誌に投稿することをどのようにイメージするかは、実際に投稿しないと、どのような経過をたどって、論文掲載に至るのか想像しにくいと思う。ここでは、研究誌に投稿する行為を学会誌など学術雑誌に投稿することを基本に投稿論文の受理から、査読審査、再査読、採用掲載に至る一連の流れを示してある。投稿する者にとっては、どういう人がどのような基準でどのように査読し、掲載に至ったり、不採用の結果になっていくのかわかりにくいところを査読者のサイドからその実際の様子を解説してある。

　学術雑誌には、主に学術系学会の発行している会員向けの学会誌が想定されるが、各大学・短大が発行する機関雑誌、多くは「紀要」とか「論集」と呼ばれている研究機関に所属する構成員だけに投稿権のある研究誌もある。近年、各大学が福祉系学会（多くの場合、学内学会）を設立し、大学教員以外にも投稿の道を開いている場合もあるが、この場合も会員になれば投稿が可能となる。そのほか商業誌というべきか啓発学術雑誌として投稿論文を受けつけていることもある。『ソーシャルワーク研究』や『コミュニティ・ソーシャルワーク』なども民間学術雑誌ということができる。おおむね、執筆要領、投稿規定などは社会福祉学会の規定に準拠しており、類似している。

　学術論文となると投稿先は限定されてくるが、不特定多数の読者が比較的入手しやすい公判、出版という形式をとらない学術雑誌も存在する。いわゆる未出版雑誌で同人誌や大学院生の研究発表の場でもあるグループ雑誌に投稿することもある。学会誌などのように権威はないかもしれないけれど、論文投稿の試み、体験はできる。査読が通らなければ掲載不可という場合もあれば、編集者の意向で採否が厳しくないものもある。いずれにしても論文は未発表のものに限られているので、2つ以上の雑誌に二重に投稿することは認められていない。二重投稿が発覚すると、取り消し処分にされるばかりか、投稿者は信用を失うことになる。

　論文ではなく、研究ノートと呼ばれる研究論文のひな型や調査報告、事例研究などの投稿枠を設けている雑誌もあるので、まず、研究ノートなどから投稿を試みてみることも勧めたい。そのほか啓発雑誌やいわゆる教科書（テキスト）と呼ばれる教育書などに投稿するのも、学術論文ではないけれど、ある種の論考（文書）として書く機会を与えられることもある。

　もちろん、投稿ではないけれど、自費出版という方法もあり、自分の論文や

論考を世に問う手段は、費用と時間をいとわなければ、いくらでもあるのである。

（牧里毎治）

第Ⅲ部

研究の実際

第Ⅲ部では、多様な方法を用いた研究の実際について実例に基づき解説する。

具体的には、評価研究、政策研究、実証研究、プログラム評価研究、理論生成研究、事例研究、国際研究、文献研究、歴史研究、アクションリサーチを行ってきた研究者の論文を例に、それぞれの研究の概要、そこで活用された研究方法の紹介と研究への適応性、これから研究を行う人へのメッセージについて述べる。

第Ⅲ部は、「研究の実際」が読者にイメージできるように、各執筆者が自ら執筆した論文を素材に、その概要の紹介から読者へのメッセージまでふれたものである。
　各原稿は基本的に以下の流れで構成されている。
　０．対象とする論文の書誌情報
　１．論文の概要
　２．研究方法の紹介と研究への適応性
　３．これから○○研究を行う人へ
　　　ただし、実際の執筆にあたっての具体的作業は各執筆者に任せられているため、個別には構成は多様なものとなっている。

　実はここでは、「研究方法」という語と「○○研究」という語が必ずしも区別されずに使われている。そして、実際重なる場合も多いが、まずは違いを整理しておこう。
　○○研究という場合、その○○の部分は「目的」「方法」「対象」などの多様な要素が含まれた語が入る。例えば、「実証研究」「比較研究」などとという場合には、実証、比較という研究の「目的」について語っていることになる。「事例研究」「文献研究」などという場合には、研究において用いる「資料の性格」について語っている。また研究の対象について論じているものとしては、「政策研究」「歴史研究」などがあげられるだろう[1]。
　一方、「研究方法」という言葉もよく使われるが、これは上記のうちの「方法」に特に焦点をあてたものである。さまざまな分類の仕方があるが、例えばインタビューやアンケートなどの新規にデータを収集する「調査研究」や、すでに蓄積されている研究成果を用いる「文献研究」が代表的なカテゴリーといえるだろう。

　例えば、志水論文は福祉政策の策定に寄与することを目指しているという意味では「政策研究」に位置づけられ、研究方法としては量的調査（アンケート調査）を用いている。
　志村論文は、理論生成が目的（その意味では理論研究に位置づけられる）であり、研究方法としては質的調査としてのインタビュー調査（その意味では実証研究にも位置づけられ得る）を用いている。
　木原論文は「歴史研究」である。対象とする資料は「日誌」であるという意味では、文献研究であり、日誌全体をデータベース化し分析しているという意味では、実証研究ともいえるだろう。
　紙幅の関係で全論文についてコメントすることはできないが、便宜的に説明した上記分類を参考に、第Ⅲ部の原稿を読み、可能ならば原点の論文にあたり、「研究の実際」について学びを深めていって貰いたい。

---

1) ただし、上記の分類は例示的なものであるし、排他的な関係でもない。例えば、「比較研究」という場合、「比較」は研究の目的であると述べたが、比較は研究の方法であるともいえる。また上では、「政策研究」は政策を対象とする研究の意味で用いたが、政策に寄与する目的で行った調査も政策研究といわれる。また、事例研究や文献研究は資料の性格について論じているとも言えるが、この資料によってその後の分析の方法などが決まってくるので、「研究方法」ともいい得る。

第10章

1 評価研究
Shirasawa Masakazu and Ishida Hiroshi (2017) *The Difference Between Ideal and Reality of Work Perceived by Social Workers at Nursing Homes* 介護老人福祉施設のソーシャルワーカーが認識している業務の現状と理想の相違，IAGG 2017 World Congress of Gerontology and Geriatrics, Sun Francisco.

2 政策研究
志水 幸・小関久恵・嘉村 藍 (2006)「島嶼地域住民の主観的健康感の関連要因に関する研究」『厚生の指標』53 (13)，厚生労働統計協会，14-9.

3 実証研究①
川島ゆり子 (2015)「生活困窮者支援におけるネットワーク分節化の課題」『社会福祉学』56，26-37.

4 実証研究②
岡田まり (2007)「根拠に基づくソーシャルワーク実践を目指して――精神障害者の生活支援についての研究を通して――（学会企画シンポジウムⅠ：時代を切り拓く社会福祉研究）」『社会福祉学』48 (1)，179-81.

5 プログラム評価研究
新藤健太・大島 巌・浦野由佳・ほか (2017)「障害者就労移行支援プログラムにおける効果モデルの実践への適用可能性と効果的援助要素の検討」『社会福祉学』58 (1)，57-70.

6 理論生成研究
Shimura, K. (2008): *Standing-by leadership: A grounded theory of social service administrators.* Proceedings from the 10th Annual Conference International Leadership Association.

7 事例研究
杉野聖子 (2010)「子育て支援における地域組織化活動：関係づくりを視点とした「子育て講座」の実践をとおして」『人間関係学研究：社会学社会心理学人間福祉学：大妻女子大学人間関係学部紀要』(大妻女子大学) 12, 69-84.

8 国際研究
黒木保博 (2014)「移住労働者とNGO活動からみるアジア共同体――タイにおけるMMNとMAPの支援から」萩野浩基編『高齢社会の課題とアジア共同体』芦書房，115-29.

9 文献研究①
渡部律子 (2015)「ソーシャルワークの本質とアイデンティティ――アイデンティティをめぐる先行研究に見る現状と課題――」『ソーシャルワーク実践研究』2，ソーシャルワーク研究所，3-18.

10 文献研究②
久保美紀 (2014)「ソーシャルワークにおける当事者主体論の検討――援助されるということへの問い――」『ソーシャルワーク研究』40 (1), 相川書房，25-33.

11 文献研究③
空閑浩人 (2014)「『場の文化』に根ざした社会福祉援助に関する研究――ソーシャルワークにおける『生活場モデル (Life Field Model)』の構想――」『評論・社会科学』108，同志社大学社会学会，69-88.

12 歴史研究
木原活信 (1999)「ジョージ・ミュラーが石井十次に及ぼした影響」同志社大学人文科学研究所編『石井十次の研究』同朋舎.

13 アクションリサーチ
Takeda, J. (2011) Facilitating youth action for sustainable community using photovoice. *Kwansei Gakuin University Social Sciences Review*, 15, 13-23.
武田 丈 (2011)「ソーシャルワークとアクションリサーチ (3)：フォトボイスによるコミュニティのエンパワメント」『ソーシャルワーク研究』37 (3)，220-30.

1 評価研究

Shirasawa Masakazu and Ishida Hiroshi（2017）*The Difference Between Ideal and Reality of Work Perceived by Social* Workers at Nursing Homes 介護老人福祉施設のソーシャルワーカーが認識している業務の現状と理想の相違，IAGG 2017 World Congress of Gerontology and Geriatrics, Sun Francisco.

1 論文の概要

　本論文は、介護老人福祉施設のソーシャルワーカーが認識している業務の現状と理想の相違を明らかにすることを目的として研究を行ったものである。介護老人福祉施設（特別養護老人ホーム）の生活相談員は施設ソーシャルワーカーと呼ばれているが、ソーシャルワーカーである社会福祉士資格保持者は有していない者に比べて、生活相談員のソーシャルワーク業務を実施している程度が大きいとの仮説をもって、それを検証するものであった。

　調査の結果、ソーシャルワークの機能とされる「入所者に対する情報提供・相談」、「施設の運営管理」、「入所者のケアプラン作成」、「入所者への個別的な支援」、「地域の福祉教育」、「外部組織との連携」で、社会福祉士資格保持者は無資格者と比べて、実施度が有意に差がないことが明らかになった。

　なお、本調査研究では、41項目の業務内容の重要度についても尋ねたが、この結果でも、因子分析では8因子が抽出され、社会福祉士については8因子とも、社会福祉士資格保持の有無により、重要度に対する意識に有意な相違がみられなかった。そのため、社会福祉士資格保持者の意識は、業務に対する実践度と重要度について、無資格者と差がないという実態が示され、仮説は実証されなかった。

2 研究方法の紹介と研究への適応性

　ここでは、量的調査でもって論文作成や学会発表をする場合の手順を、1つの学会発表をもとに示してみる。

　論文であろうと、学会発表であろうと、「先行研究（緒論）」、「調査方法」、「調査結果」、「考察」といった形式をとるため、その順番で説明していく。

　なお、紙面の関係で、分析は現状の生活相談員の業務の実施状況に限定して、説明することとする。

▶ 調査票作成前に行うこと

　量的調査で論文や学会発表する際には、量的調査を実施する前に、準備をしなければならないことがある。それは、研究の目的となるものであり、仮説の設定なり、問題の設定を行うことになる。本研究では、介護老人福祉施設の生活相談員は施設ソーシャルワーカーと呼ばれているが、そこで実施している業務を明らかにし、さらに、生活相談員が社会福祉士、さらには介護福祉士、介護支援専門員といった資格を有している場合には、実施している業務に違いがあるのかを問題設定とした。特に、仮説としては、ソーシャルワーカーである社会福祉士資格保持者は有していない人に比べて、生活相談員の業務を実施している程度が大きいと設定した。この仮説では、目的変数は生活相談員の業務であり、説明変数は社会福祉士資格の有無となる。

　そのためには、これに関連する先行研究を検索するために、国内ではCiNii（http://ci.nii.ac.jp/）、J-STAGE（https://www.jstage.jst.go.jp/browse/-char/ja）、Google Scholar（http://scholar.google.co.jp/）、医療や公衆衛生の関係といった場合には、医中誌Web（http://search.jamas.or.jp/）等を利用する。海外の文献を探す場合には、大学図書館での認証が必要であるが、Web of science（http://login.webofknowledge.com/error/Error?Src=IP&Alias=WOK5&Error=IPError&Params=&PathInfo=%2F&RouterURL=http%3A%2F%2Fwww.webofknowledge.com%2F&Domain=.webofknowledge.com）やScopus（https://www.scopus.com/）を活用して文献を探す。「生活相談員」「業務」「ソーシャルワーク」等をキーワードとして検索された関連論文を読むことで、上記の仮説や問題の設定を深めたり、修正したり、フィードバックをしていく。

検索された問題設定に関連する論文や資料をもとに、仮説や問題設定に関して今日までにどこまで明らかにされてきたかを論述することになる。同時に、そこから、問題や仮説の設定を導き出すことになる。これは緒論や先行研究と呼ばれる部分である。

▶ 調査方法の確定と調査票の作成

　仮説や問題が設定されると、調査方法と調査票の作成を実施することになる。量的研究の調査方法としては、郵送調査にするのか聴き取り調査にするのか、サンプリングをどのような数で、どのような方法で抽出するのかといった視点である。さらには、必要とする郵送費や印刷費をいかに捻出するかも検討される。調査票の作成は、調査対象者やその所属機関についての基本属性の項目と、仮説なり問題点に関係する項目が吟味されることになる。

　本研究では、WAMNET（独立行政法人福祉医療機構が運営する情報サイト）に掲載されている全国の介護老人福祉施設から400施設を無作為抽出（系統抽出法）し、施設長を介して最も経験年数が長い生活相談員に回答してもらう、自記式アンケート郵送調査法で行った。

　調査票の作成については、説明変数として生活相談員の基本属性6項目（性別、年齢、社会福祉士等の資格取得状況、施設職員経験年数、生活相談員経験年数、学歴）を尋ねることにした。目的変数となる生活相談員の業務内容を抽出するために、2010年の全国老人福祉施設協議会／老施協総研「特別養護老人ホームにおける介護支援専門員及び生活相談員の業務実態調査研究」[1]を基本にして、5人の生活相談員からのインタビューをもとに、生活相談員の業務内容を41項目にして、その実施度をリッカートスケールの4件法（「ほとんど担っていない」「あまり担っていない」「ある程度担っている」「大いに担っている」）で尋ねた。

　ここまでが、調査票の作成を含めた調査方法の枠組みであるが、それらは所属する組織の研究倫理委員会に申請し、承認を得ることが原則である。ただ、福祉現場の方々で申請する研究倫理委員会がない場合には、学会等の倫理要綱（日本ソーシャルワーク学会では、「日本ソーシャルワーク学会研究倫理指針」がある）に則り調査を実施する。論文や学会発表で公表する際には、その旨を記述する必要がある。

　具体的に、調査票の作成においては、調査票だけでなく、調査への協力依頼

文をつけることになるが、調査の目的を記述し、期日までの調査への協力を依頼するだけでなく、調査結果についての匿名性や、回収した調査票の管理方法、返送しないことで回答を拒否できること等を記述しなければならない。本研究では、施設長宛に郵送し、施設長には最も年長者の生活相談員の紹介を依頼し、生活相談員には調査への協力を依頼する、2つの依頼文をつけて送付した。

▶ 調査結果の分析

　調査結果の分析は、回収された調査票の結果をデータとして入力して、分析を実施することになる。その際に、回収した件数、さらには、データが利用できる有効回収件数を示すことで、回収率や有効回収率を示すことになる。本研究での有効回収率は 26.8% であった。

　量的な調査研究の分析方法は、一つの変量についての平均値や頻度が基礎にある。次に、2変量でのクロス表での χ^2 検定や、平均値の差についての t 検定や一元配置分散分析がある。2変量とも数量データの場合には、相関係数がある。多変量分析では、従属変数を判別するロジスティック回帰分析や、従属変数を規定する要因を明らかにする重回帰分析、さらには複数の説明変数に影響を与えている共通因子を抽出する因子分析等がある。さらには、研究仮説のモデルを検証する共分散構造分析等がある。本研究では、問題や仮説の設定を分析するために、因子分析と t 検定を使って分析するが、使用する分析方法については、調査票の作成段階で一定確定しておくことになる。分析の結果、予測していた結果がでなかった等の場合には、分析方法を変更する場合もある。

　分析に先立ち、各調査項目についての頻度や平均値をまずは概観することから、調査全体の結果を理解する。そこで、基本属性として、表 10-1 のような結果が示された。

表 10-1　生活相談員の基本属性

n=107

		度数	%
性別	男性	62	57.9
	女性	45	42.1
年齢	40 才未満	60	56.1
	40 才以上	47	43.9

資格取得者 （複数回答）	社会福祉士	36	33.6
	介護福祉士	69	64.5
	精神保健福祉士	1	0.9
	社会福祉主事任用資格	73	68.2
	ホームヘルパー	17	15.9
資格取得状況 （複数回答）	看護師	1	0.9
	介護支援専門員	59	55.1
	社会福祉施設長資格認定講習会受講者	2	1.9
	その他資格	13	12.1
施設職員 経験年数	10年未満	34	31.8
	10年以上	70	65.4
生活相談員 経験年数	5年未満	66	61.7
	5年以上	41	38.3
学歴	短期大学以下	53	49.5
	大学卒業以上	54	50.5

　この結果、生活相談員の社会福祉士資格保持者は3分の1で、介護福祉士資格保持者は3分の2で、介護支援専門員資格保持者は2分の1であることがわかった。生活相談員は介護福祉士資格の保持が最も多く、社会福祉士資格保持が少ないことがわかった。生活相談員は施設ソーシャルワーカーと呼ばれながら、ソーシャルワーク資格である社会福祉士資格保持者は少ないことがわかった。

　次に、生活相談員の業務内容としてあげられた41項目の実施度について、因子分析（プロマックス回転）を行った。具体的には、41項目のうちで因子負荷量が0.40未満の項目を除外し、因子分析を繰り返し、因子構造を確定した結果、8因子34項目を最適解とした。表10-2のような結果となり、第1因子を【入所への支援】、第2因子を【入所者に対する情報提供・相談】、第3因子を【施設の運営管理】、第4因子を【入所者のケアプラン作成】、第5因子を【入所者への個別的な支援】、第6因子を【地域への福祉教育】、第7因子を【外部組織との連携】、第8因子を【貴重品等の管理】と命名した。生活相談員が行っている業務は、全体の累積寄与率（66.9%）となった。また、Cronbachのα係数を求めた結果、0.716～0.891の範囲であることから、各下位尺度の内的整合性は許容範囲に保たれていた。

　以上から、生活相談員の業務は8つでもって構造化されていることがわかった。入居者に対するさまざまな対応から、施設の管理運営にかかわり、さらには地域の団体との調整活動を行っている。生活相談員が「何でも屋」と揶揄さ

れることがあるが、多様な業務を実施していることが明らかになった。

表10-2 生活相談員の業務内容の因子分析（プロマックス回転）

	因子負荷								共通性
	I	II	III	IV	V	VI	VII	VIII	
第1因子：入所への支援									
入所にあたり契約を締結する役割	1.03	−.07	.12	−.20	−.02	.01	−.09	.13	.881
契約のための情報提供や重要事項を説明する役割	.96	−.02	.08	−.06	−.02	−.04	−.10	.13	.831
入所前の相談を受け付ける役割	.86	.02	.03	.06	−.13	−.12	−.07	.16	.718
契約締結にかかわる要望やニーズを把握する役割	.63	.21	−.05	.16	−.02	.04	−.06	.04	.667
利用者の生活全体を理解するためのアセスメントを行う役割	.48	−.10	−.14	.35	.09	.12	.29	−.31	.813
第2因子：入所者に対する情報提供・相談									
利用者・家族からの要望、苦情を関係職員にフィードバックする役割	.28	.67	−.04	−.02	−.01	−.04	−.08	−.07	.564
第三者委員と連携する役割	−.10	.65	.02	.09	.04	−.22	.19	.09	.603
経済的・社会的・心理的などの相談に対応する役割	.27	.64	−.07	−.02	.10	−.01	.04	.16	.809
ターミナルケアの場所や方法の選択ができるよう支援する役割	−.02	.58	−.06	.06	.32	.00	−.08	.08	.536
様々な媒体を通して施設情報を提供する役割	−.16	.57	.19	.02	.06	−.01	.20	−.05	.538
施設内で各職種との連携・調整を行う役割	−.07	.55	.13	.00	.04	.11	.14	−.05	.535
利用者の自己決定を支援する役割	.07	.53	−.10	.03	.19	.05	.09	−.08	.479
組織の理念および方針を周知する役割	.04	.48	.38	−.04	−.03	.17	−.14	−.02	.607
成年後見人や代理人（家族を含む）と連携する役割	.12	.42	.02	.02	.00	−.18	.36	.07	.601
第3因子：施設の運営管理									
施設内研修の立案・実施・評価を行う役割	.13	−.13	.92	−.10	.09	−.01	.07	−.17	.815
施設外研修の立案・実施・評価を行う役割	.02	.00	.85	−.02	−.04	.07	.03	−.13	.737
スーパービジョンを実施する役割	.21	.10	.57	.02	.15	.10	−.05	−.12	.684
設備等の整備を担う役割	.02	.06	.55	.02	.15	.03	−.02	.16	.528
職員会議・業務改善検討会などの企画・運営	−.17	.44	.46	.22	−.25	.15	−.09	−.01	.645
第4因子：入所者のケアプラン作成									
サービス担当者会議の企画・運営、参加する役割	−.20	.19	−.17	.90	−.15	.19	−.06	−.11	.676
利用者一人ひとりの状態に合わせた個別のケアプランを作成する役割	.09	.04	.05	.86	.11	−.07	−.26	.08	.774

	因子負荷								共通性
	I	II	III	IV	V	VI	VII	VIII	
モニタリング（ケアプランによる成果の測定）を実施する役割	.11	.00	.16	.84	−.09	.03	−.03	.03	.833
食事・排泄・入浴等に関する直接援助を行う役割	−.22	−.28	.05	.41	.29	−.10	.13	.25	.400
アセスメントに基づく課題分析を行う役割	.40	.00	−.03	.41	.13	−.02	.19	−.21	.790
第5因子：入所者への個別的な支援									
介護予防への支援（機能訓練等、福祉用具の選択）を担う役割	−.01	.34	.00	−.17	.74	−.09	−.03	−.13	.593
個別および集団の活動参加への支援を行う役割	−.03	.14	.01	−.07	.68	.24	.01	−.02	.618
行動上の問題に対する直接支援を行う役割	−.15	−.06	.12	.31	.54	.06	−.08	.11	.530
第6因子：地域への福祉教育									
実習生・福祉教育（小中学生）の受け入れ、育成を担う役割	.01	−.01	.07	.07	.12	.77	.00	.21	.763
ボランティアの受け入れ、育成を担う役割	−.12	−.15	.15	.07	−.03	.74	.31	.18	.686
第7因子：外部組織との連携									
地域の社会資源（インフォーマル）との連携を担う役割	−.21	.13	−.02	−.18	.00	.28	.95	.04	.817
地域の保険医療・福祉関係機関・団体との連携を担う役割	.24	.13	.08	−.05	−.16	.19	.48	.19	.615
成年後見制度・地域福祉権利擁護事業を活用するための支援を行う役割	.07	.39	.11	.04	−.06	−.34	.42	.10	.690
第8因子：貴重品等の管理									
預かり金等の管理を担う役割	.20	−.01	−.10	−.06	−.09	.20	.11	.75	.683
利用者所有物の管理（物品購入を含む）を担う役割	.25	.10	−.23	.05	.08	.26	.00	.64	.657
プロマックス回転後の因子寄与	12.981	2.735	1.976	1.456	1.172	0.936	0.821	0.748	22.825
プロマックス回転後の因子寄与率	37.914	8.045	5.812	4.283	3.446	2.752	2.416	2.200	66.868
Cronbachのα係数	.889	.891	.877	.826	.716	.828	.761	.824	
平均値（標準偏差）	3.5±0.6	3.0±0.7	2.6±0.8	2.4±0.7	2.3±0.6	2.8±1.0	2.7±0.8	2.7±1.0	

　次に、8つのそれぞれの因子を構成する項目の実施度の合計点をもとに、生活相談員が3つの資格取得の有無での平均値の差を求めた。これはt検定であるが、基本属性の変数が男と女といった2群の母平均値の差の検定にはt検定を用い、45歳未満、45歳～60歳未満、65歳以上といった3群以上の平均値の差の検定の場合には一元配置分散分析法を用いる。

　3つの資格保有の有無という2群であるためt検定を行ったが、その結果を表10-3に示してある。生活相談員が「介護福祉士資格保持者」の場合には、第1因子の「入所への支援」で、資格保持者ほど入所の支援を有意に実施して

いない（p<0.01）。一方、「介護支援専門員資格」の場合には、第4因子の「入所者のケアプラン作成」で、資格保持者のほうが当然であるが、有意に実施している（p<0.05）。ところが、「社会福祉士資格保持者」の場合は、8ついずれの業務においても、無資格者との間で実施度に有意な差がみられない。このことは、生活相談員は社会福祉士資格をもっていようがどうかで、業務の実施状況についての意識に違いがみられないということになる。

表 10-3　生活相談員の資格の有無による業務の実施状況の差の検定

		社会福祉士		介護福祉士		介護支援専門	
		資格あり	資格なし	資格あり	資格なし	資格あり	資格なし
第1因子：入所への支援	n	34	70	68	36	58	46
	平均値±標準偏差	3.6 ± 0.6	3.5 ± 0.7	3.4 ± 0.7	3.7 ± 0.3	3.5 ± 0.7	3.4 ± 0.6
	有意確率	0.345		0.007**		0.410	
第2因子：入所者に対する情報提供・相談	n	36	66	66	36	56	46
	平均値±標準偏差	2.9 ± 0.7	3.0 ± 0.7	2.9 ± 0.6	3.1 ± 0.7	3.0 ± 0.7	3.0 ± 0.7
	有意確率	0.740		0.205		0.727	
第3因子：施設の運営管理	n	35	68	67	36	57	46
	平均値±標準偏差	2.6 ± 0.8	2.6 ± 0.8	2.6 ± 0.8	2.5 ± 0.8	2.7 ± 0.8	2.4 ± 0.7
	有意確率	0.958		0.562		0.053	
第4因子：入所者のケアプラン作成	n	35	68	68	35	57	46
	平均値±標準偏差	2.4 ± 0.7	2.4 ± 0.7	2.4 ± 0.7	2.5 ± 0.8	2.6 ± 0.8	2.2 ± 0.6
	有意確率	0.751		0.520		0.010*	
第5因子：入所者への個別的な支援	n	33	70	67	36	57	46
	平均値±標準偏差	2.2 ± 0.7	2.4 ± 0.5	2.3 ± 0.6	2.4 ± 0.6	2.3 ± 0.6	2.3 ± 0.6
	有意確率	0.208		0.396		0.931	
第6因子：地域の福祉教育	n	35	71	68	38	58	48
	平均値±標準偏差	2.8 ± 1.0	2.8 ± 1.0	2.8 ± 0.9	2.8 ± 1.0	2.8 ± 1.0	2.8 ± 0.9
	有意確率	0.897		0.857		0.822	
第7因子：外部組織との連携	n	35	70	69	36	58	47
	平均値±標準偏差	2.8 ± 0.8	2.7 ± 0.8	2.7 ± 0.7	2.9 ± 0.8	2.8 ± 0.7	2.7 ± 0.8
	有意確率	0.477		0.222		0.590	
第8因子：貴重品等の管理	n	36	70	68	38	58	48
	平均値±標準偏差	2.8 ± 1.0	2.7 ± 1.0	2.7 ± 1.0	2.8 ± 1.0	2.8 ± 0.9	2.7 ± 1.1
	有意確率	0.945		0.711		0.566	

** p<0.01　　* p<0.05

以上の結果から、社会福祉士の資格保持者が、ソーシャルワークの機能とされるであろう第2因子の「入所者に対する情報提供・相談」、第3因子の「施設の運営管理」、第4因子の「入所者のケアプラン作成」、第5因子の「入所者への個別的な支援」、第6因子の「地域への福祉教育」、第7因子の「外部組織との連携」で、実施度が有意に高くないことは、社会福祉士資格保持者は無資

格者と比べて、施設においてソーシャルワーク機能の実施に差がないことが明らかになった。

　なお、本調査研究では、前述したように41項目の業務内容の重要度についても尋ねたが、この結果でも、因子分析では8因子が抽出され、社会福祉士については8因子とも、社会福祉士資格保有の有無により、重要度に対する意識に有意な相違がみられなかった。そのため、今回は結果は示していないが、社会福祉士資格保持者の意識は、業務に対する実践度だけでなく重要度についても、無資格者と差がないという実態が示されたことになる。

　以上のような調査の分析結果を記述することで、明らかになった知見が示され、論文や学会発表でのオリジナル性が発揮できることになる。そのためには、多様な分析方法を熟知し、どのような分析方法を活用すれば適切な結果がでるかの検討が必要である。

▶ 考察の検討

　論文や学会発表では、最後に、調査結果をどのようにとらえ、今後に向けて何をしていくべきかを記述する。これが考察であり、調査結果を超えて、どのような対応が求められているかを論述することである。同時に、他の論文での結果との関係についても検討することになる。本報告であれば、大きくは2つの考察が考えられる。現状の生活相談員の業務は幅広く、ソーシャルワークという視点でもって、生活相談員業務指針の作成が求められことの提案をする。第二には、生活相談員は施設ソーシャルワーカーと呼ばれ、ソーシャルワーカーとしてとらえがちであるが、介護福祉士や介護支援専門員資格よりも社会福祉士資格保持者は少ない現状にあり、かつ業務に対する実施度や重要度の意識が無資格者と比べて差がないことからの考察が求められる。確かに、調査対象が施設内で最年長の生活相談員を対象にしたことが資格保持者割合を低くしているおそれがあるが、社会福祉士養成でのソーシャルワーク教育についての抜本的な見直しとともに、生活相談員が社会福祉士資格取得に向けてインセンティブが働くしくみの必要性を提案している。

3 これから評価研究を行う人へ

　量的調査に基づく論文作成や学会発表は、質的研究に比べて、有意差も示され、エビデンスが明確であり、高い評価が得やすい。同時に、結果の分析をコンピュータに頼ることから、調査者が分析者である質的調査に比べて、容易に調査結果を記述することができる。ただ、調査に至るまでの問題や仮説の設定が確立していないと、アウトプットされた調査結果が意味不明な結果になる可能性が高くなる。

（白澤政和・石田博嗣）

注

1) 公益財団法人全国老人福祉施設協議会／老施協総研（2011）「特別養護老人ホームにおける介護支援専門員及び生活相談員の業務実態調査研究報告書——平成22年度老人保健事業推進費等補助金（老人保健健康増進等事業分）事業」公益財団法人全国老人福祉施設協議会／老施協総研, 東京

2 政策研究

> 　志水　幸・小関久恵・嘉村　藍（2006）「島嶼地域住民の主観的健康感の関連要因に関する研究」『厚生の指標』53（13），厚生労働統計協会，14-9.

1 論文の概要

　本論文は、アンケート調査結果に基づく量的研究による、介護予防政策の方向性に係る提言の実例である。

　わが国では、日常生活に制限がない期間としての健康寿命が延びているものの、平均寿命の延びに比較して小さい傾向にある。他方、近年の要介護度認定者数は増加しているものの、その割合は高齢者人口の6％弱で推移している。つまり、9割方の高齢者の健康寿命の伸長が本人や家族のQOLを維持・向上させるばかりではなく、介護保険制度の持続可能性にも関連することになる。社会福祉学系の研究では、要介護高齢者にかかる課題設定は多数散見されるものの、いわゆる社会福祉施策（＝事後性中心）に準拠する思考の性質上、予防的視点からの課題設定は少ない。

　本研究は、主観的健康感を鍵概念とし、根拠に基づく介護予防施策の方向性の確立に資するべく、日常生活行動の典型例の抽出が比較的可能な島嶼地域を対象地域として選択し、ライフスタイルを構成する多元的な要因を視野に入れ、主観的健康感の関連要因を解明することを目的としたものである。先行研究の知見によれば、主観的健康感は基本属性や客観的な健康指標等の要因による影響を調整した後でも、なお生命予後を予測する効果が高いことが明らかにされている[1]。したがって、主観的健康感の関連要因を検討することは、健康寿命保持に寄与する要因の特定と、根拠に基づく介護予防施策の方向性を示唆することになる。

一般に、調査研究には、サーベイ的方法とフィールドワーク的方法があるが、今日的には量的研究と質的研究に換言できよう。それぞれの方法には、客観性の文脈から言えば、①とらえる対象の数（サーベイ的方法：大／フィールドワーク的方法：小）、②尺度としての性質（サーベイ的方法：再現可能性大／フィールドワーク的方法：小）のような違いが指摘されている。そこから、質的研究に比較して、量的研究は対象とする事例数が多いため一般性・妥当性＝科学性の水準が高いとされているが、あらかじめ調査項目が限定されるため、問題を深く掘り下げられない限界もある。もっとも、ソーシャルワークが得意とする個別伴走型支援においては、必ずしも再現可能性を唯一の価値とする従来の科学観をそのまま適用する必要はない。

2 研究方法の紹介と研究への適応性

　本研究では介護予防にかかる多くの知見を有する疫学研究の成果を援用すべく、確立されたいくつかの尺度を用いた研究モデルを構築し、アンケート調査を実施した。

　当時、主観的健康感に関する先行研究は、高齢者を対象とするものが多数を占め、壮年期を視野に入れたものがほとんどなかった。そこで、本研究では、満40歳以上を調査対象者として選定した。調査に用いた主な尺度は、安梅（2000）の社会関連性指標、古谷野ら（1987：109-14）の老研式活動能力指標、野口（1991：37-48）のソーシャルサポート、古谷野ら（1989：99-115）の生活満足度尺度K、Berkmanら（＝1991）の健康生活習慣実践指標、主観的健康感である。また、解析方法としては、単変量解析では量的変数の検定にt検定を、質的変数の検定にはχ^2検定を用いた。さらに多変量解析では主観的健康感を目的変数とし、単変量解析（χ^2検定）で有意差が認められた項目を説明変数とするロジスティックモデルを構築し、強制投入法により変数の独立性を検討した。

　その結果、主観的健康感は加齢に伴い、身体的要因よりも精神的・社会的要因の影響を受けることが示唆された。このことは、一方で加齢による健康概念の質的変容を、他方では主観的健康感の多元的補足要因をも示唆するものであった。従来、介護予防や健康寿命の保持にかかる議論は、おおむね身体的健康の維持に収束する施策や、漠然とした生きがい対策を中心に展開されてきた。

しかし、この研究では、主観的健康感の多元的補足要因をもとに、サクセスフル・エイジングの実現に向け、良好なライフスタイルの早期形成を促進する施策の重要性を提言した。なお、分析方法については、量的研究を参照されたい。

3 これから政策研究を行う人へ

社会福祉学における「政策」とは、次のように措定される。すなわち、「社会福祉学が対象とする『社会福祉』」とは、人々が抱える様々な生活問題の中で社会的支援が必要な問題を対象とし、その問題の解決に向けた社会資源の確保、具体的な改善計画や運営組織などの方策や、その意味づけを含んだ」[2]（傍点、引用者）ものである。

一般に政策とは、ある目的や目標を達成するため、必要な資源を調達・動員により計画的に実施される一連の取り組みを意味する。ことに、社会福祉サービスやソーシャルワークに関連する政策とは、社会正義や公平性・公正性等を原理とする包括的な生活保障[3]に関係する一連の議論を意味する。一連の政策の相互関連の位相を示せば、"公共政策＞社会政策＞福祉政策＞社会福祉政策"ということになる。「公共政策」とは政府が主体となって策定・実施されるものであり、そのなかでも「社会政策」とは広義・狭義の社会福祉概念を内包する総合的な公共政策の一分野（主要課題は労働政策）である。また、「福祉政策」とは広義の社会福祉概念（外延としての住宅政策や教育政策等を含む）を、「社会福祉政策」とは狭義の社会福祉概念（社会福祉六法を中核とする）に対応する政策である。取り分け、いわゆる「ソーシャルワーク」とは、福祉政策や社会福祉政策に関連する一連の活動を意味する。

次に、政策プロセスとは、"政策形成⇒政治過程（立法過程）⇒政策実施（行政過程）⇒政策評価（司法手続きを含む）⇒……"の円環過程を意味する。「政策形成」過程は、社会の変化や世論の動向さらにはソーシャルアクションや政策研究等の影響を受けて政策課題が設定される。「政治過程（立法過程）」では、社会保障審議会や各種検討会等の審議を通して政策が立案され、具体的な法令として制度化される。「政策実施（行政過程）」では、法令に基づき規制や給付および助成や監督を通じて制度が運用される。「政策評価」過程では、有効性（生活権の向上に係る範囲と水準）・公平性（受益者間、拠出者間、その両者間）・効率性（経済学的指標）・実行可能性（政治学的指標）等に基づく評価をもとに、

制度や政策が見直しされる。また、場合によっては簡易迅速を旨とする行政不服審査や、行政事件訴訟のような司法判断をともなうこともある。これらのいずれかを対象とする研究が、いわば政策研究といえよう。

　ひるがえって、理論史にかんがみれば、社会福祉学における政策研究には、孝橋正一等のいわゆる政策論研究や、また一番ケ瀬康子や高島進・真田是等による運動論研究（労働論研究を含む）、さらに三浦文夫等による経営論研究の一連の理論的系譜がある[4]。いわゆる社会福祉本質論争は、政策論や運動論と技術論や固有論等との理論的対立であった。この点について松田真一（1973：195）は、資本主義体制を巡る"告発と冤罪の二つの態度"と総括している。他方、三浦文夫を嚆矢とする経営論研究では、社会福祉ニード論を起点にサービス論や供給体制論を射程とする現実的な枠組みが提示された[5]。この点について古川孝順（2002：66）は、「政策概念を相対化しただけではなく、同時に技術化した」と評価したが、この脱思想化[6]された実証研究の枠組みの延長線上に今日的な政策研究が位置づけられる。

　宮川（1994：390）は、「20世紀の社会思想は『である』（is）と『べきである』（ought）、事実と価値、実在的なものと規範的なものとの哲学的な区別を基本的な風潮としてきた」と指摘している。換言すれば、How to ～（to be）＝認識科学と What is ～（ought to be）＝設計科学との区別・対立である[7]。日本学術会議（2015：4）の社会福祉学分野の参照基準では、社会福祉学の固有の視点として、①政策と実践の連関システムの把握と、②実体と価値との連関の追究の二段構えの複合的視点について提起されている。

　調査研究の設計では、設定される研究テーマは具体的（ミクロレベル）である場合が多い。しかし、その"問い"の答えは、確実にマクロレベルを志向していることを忘れてはならない。"具体的なもの"⇒"抽象的なもの"……の円環的思考を通じて、歴史に新たな一行を記すことが研究である。

（志水　幸）

注

1) 例えば、Mossey JM, Shapiro E（1982）Self‐rated health; a predictor of mortality among the elderly. American Journal of Public Health ; 72 : 800-8. 芳賀　博、柴田　博、上野満雄ほか（1991）「地域老人における健康度自己評価からみた生命予後」『日本公衆衛生雑誌；38』783-9. を参照されたい。
2) 日本学術会議社会学委員会社会福祉学分野の参照基準検討分科会（2015）「報告 大学教育の分野別質保証のための教育課程編成上の参照基準 社会福祉学分野」ii頁. ちなみに、

ソーシャルワークについては、「問題を抱えた個人や家族への個別具体的な働きかけや地域・社会への開発的働きかけを行う」社会福祉実践として位置づけられ、(いま1つは、社会福祉政策)二者の総体が社会福祉学であると措定されている。
3)「生活保障」とは、1950(昭和25)年の社会保障制度審議会による「社会保障制度に関する勧告」において提示された概念である。そこでは、生活保障の土台としての経済の発展と、生活保障の柱としての社会保障と雇用の安定等に係る政策が位置づけられている。なお、国民の生活の安定には、それに加えて住宅政策や教育政策等が必要である。その意義にかんがみ、ここでは「包括的な」の語を付した。
4) ここでは、理論史の一例として、古川孝順(2002)『社会福祉学』誠信書房. 60-6 を援用した。
5) 代表的な著作として、三浦文夫(1995)『増補改訂 社会福祉政策研究——福祉政策と福祉改革——』全国社会福祉協議会. がある。
6) なお、脱思想化の詳細は、志水 幸(1998)「現代社会の社会福祉理論と思想」今泉礼右編『社会福祉要論』中央法規. を参照されたい。
7) 認識科学と設計科学については、以下の報告書を参照されたい。日本学術会議学術の在り方常置委員会(2005)「報告 新しい学術の在り方——science for society を求めて」

文 献

安梅勅江(2000)『エイジングのケア科学』川島書店
Berkman LF, Breslow L (1983) Health and Ways of Living. Oxford University Press. 星 旦二、森本兼曩(= 1991)『生活習慣と健康』HBJ 出版局.
古谷野亘、柴田 博、中里克治ほか(1987)「地域老人における活動能力の測定—老研式活動能力指標の開発」『日本公衆衛生学雑誌;3』109-14.
古谷野亘、柴田 博、芳賀 博ほか(1989)「生活満足度尺度の構造——主観的幸福感の多次元性とその測定」『老年社会科学;11』99-115.
松田真一(1973)「戦後社会福祉論史」野久尾徳美・真田 是編『現代社会福祉論——その現状と課題——』法律文化社. 195.
宮川公男(1994)『政策科学の基礎』東洋経済新報社, 390.
野口裕二(1991)「高齢者のソーシャルサポート——その概念と測定」『社会老年学;34』37-48.

3 実証研究①

 川島ゆり子（2015）「生活困窮者支援におけるネットワーク分節化の課題」『社会福祉学』56，26-37．

1 論文の概要

　本論文は、2015年　生活困窮者自立支援事業の本格実施を前に、生活困窮者支援事業を先駆的に行ってきた大阪府社会貢献事業に焦点をあて、生活困窮者自立支援にかかわる支援ネットワークがどうあるべきかを明らかにすることを目的として研究を行ったものである。

　実証研究では、生活困窮者に総合相談支援を展開する上述した大阪府社会貢献事業をフィールドとし、調査対象を社会的排除が集積される可能性が特に高いと推測される当事者群として精神疾患をもつ母子家庭に限定し、その生活状況の厳しさをまず明らかにした。調査の結果からは支援の狭間に漏れおち、先行きが見えないまま苦しむ姿が浮き彫りになり、多くのケースは就労していないにもかかわらず、生活保護受給にも至っていなかった状況が明らかとなった。このように複合問題を抱える当事者に対しては多職種連携による一体的な支援が求められるが、本論文による検証の結果、生活困窮者支援において2つのネットワーク分節化の課題があることが示された。1つは時間による分節化であり、もう1つは専門分野による分節化である。「関係機関」として当事者の支援にかかわる支援者が多数存在していたとしても、そのネットワークの内実は、引き継ぎの不足、専門分野別のバラバラの支援実態があることも明らかとなった。生活困窮当事者の視点に立ち、当事者の生活保障を継続的に切れ目なく実現していくためには、コミュニティソーシャルワーカーに対して生活困窮者支援に携わる支援者ネットワークのコーディネート機能を発揮する権限付与を制度と

して確立する必要があるということを提起した。

　このテーマを選んだ理由は以下のとおりである。筆者は、十数年来、大阪府において制度の狭間に陥るような複合課題を総合的に支援するコミュニティソーシャルワーク事業に研究・実践の両面においてかかわらせていただいてきた。コミュニティソーシャルワーカー（以下 CSW）が向き合うケースは、誰にも相談せず課題を抱えて地域のなかで孤立する人、家族全員が何らかの問題があり、それらが複合的に絡まり合って一歩も前に進むことができない家族など、とてもではないが一人の CSW で支え切ることはできるようなものではなく、チーム形成が支援を進めるうえで必須要件となる。ところが CSW が主催する事例検討会に提出される事例シートには「支援関係者」として多数の専門職の職名が記載されているにもかかわらず、「狭間の困難ケース」として事例検討会にあがってくるのである。

　「なぜ多様な専門職がかかわるケースが狭間の困難ケースになるのか？」

　これが私の最初に設定したリサーチクエスチョンだった。多くの人が課題に気づいたり、情報をもっていたり、実際に支援を行っていてなお、「総合相談支援」を担う CSW にケースがつながってくる現状は一体何を意味するのだろうか。そして決定的に私の心を動かしたのは「CSW にみんながケースを投げ込んできて、ケースの掃きだめのようになっている」とつぶやいた現場の CSW の苦し気な言葉だった。「このままでは CSW がバーンアウトしてしまう現状を何とかしなければならない」という思いから、生活困窮者支援ネットワークの実態をまず明らかにし、その課題を提起し当事者の生活保障に資するネットワーク構築の提起を試みたいと考え、研究に着手することとなった。

2　研究方法の紹介と研究への適応性

　本研究は、研究方法としては大阪府社会貢献事業に蓄積されているケース記録シートを対象としたテキスト分析と、ケース担当者に対する質問紙調査を併用した。

　ケース記録シートは1ケースにつきケース概要や支援プロセスが記録されており、それを読み込んでいく作業を考えると社会貢献事業の全ケースを対象とすることは不可能であるため対象の限定を行った。限定の基準としては、本研究の目的を達成しようとすると、複合多問題で多職種による支援が必要なケー

スを選別する必要があったため操作的に「精神疾患をもつ母子家庭のケース」を対象に限定し、さらに質問紙調査ではケース担当者に支援当時を振り返ってもらい当時の支援ネットワークの状況を回答していただくことを想定したため、過去3年分のケースにさらに対象を限定した。3年と決める際には、実際にCSWの方にパイロット調査を行い、何年前まで記憶をさかのぼることができるかという助言を得て決定している。

研究としては、論文の読者に対して、多職種によるネットワーク支援が必要な対象者に対するネットワークが内実としては分節化しているという仮説を、説得力をもって論証することを目的として、研究を二段構えで提示することを戦略的に想定した。

第一段階で「精神疾患をもつ母と子の生活」が生活困窮によりいかに困難な状況にあるかを実証的に提示することを目指した。文献レビューなどにより生活困窮の実態が仕事の喪失、住居の喪失、健康の喪失など多重に重なり合っていくということが明らかになっていることから、生活困窮者の生活実態の分析枠組みとして「家賃滞納」「光熱費滞納」「失業」「生活保護受給」を設定し、きわめて困難な生活実態を浮き彫りにした。

そこで次の段階として、「このような厳しい複合的な課題をもつ当事者を支援するネットワークが内実としては分節化されている」という仮説のもと、ネットワークの実態の検証を質問紙調査により明らかにしている。その際にソーシャルキャピタル論を援用し、ネットワークが本当の意味でつながっているかどうかの分析枠組みとして「信頼」「規範」を設定した。具体的には「信頼」を行動として「お互いに相談し合う」と操作的に定義し、「規範」を「連携相手にケースを投げ込むのではなく、関わり続ける」と操作的に定義し、ネットワークの実態を検証した。その結果、ネットワークが内実としては分節化されているという本調査の仮説が支持されることが明らかとなった。

この研究方法が実行可能となった一番の理由は、調査対象フィールドにおける調査協力者の存在であった。支援記録は当然のことながら個人情報の集積であり、もし筆者が当該の事業と全くかかわりのない外部研究者であったら、支援記録の情報提供も、CSWに対する調査実施も実現していなかったことと思う。

長年、調査対象フィールドにおいて研究者としてかかわりながら、実践者の現任研修にも講師としてかかわり、また研究者と調査協力者とその同僚の実践者の協働による研究会も継続的に開催をしてきた蓄積があり、そこに信頼関係

が構築されていたからこそ実現した調査であった。最初に実践フィールドにかかわりだしてから、本論文の研究調査を実施するまでにゆうに5年以上は経過している。調査を実施するという目的から現場のフィールドにかかわりだすということではなく、まずは実践現場とかかわり、実践者や当事者の声を「素(す)」のまま聞くという経験を積んでいくことにより、「リサーチクエスチョン」が現場から浮かび上がってくるということを、本論文の研究では経験させていただいた。

また、実態を分析する際には「どのような視点で分析するか」という分析枠組みをもつ必要がある。これは日頃から自分自身のリサーチクエスチョンに関連する文献をレビューしていくうえで、分析枠組みに使えるかもしれない概念や理論を意識的に探すことを心がけていた。またこの研究自体は、筆者単独の研究ではなく上述した実践者と研究者の協働によるチームで行い、互いに研究をピアレビューし合うことができたことも、本研究を進めるうえで大きな推進力となった。ネットワーク研究を行いながら自分自身もネットワークに支えられたのである。

3 これから実証研究を行う人へ

この研究は、生活困窮者自立支援事業開始とほぼ同時期に公表した。つまり今までの先行研究が蓄積されていない分野での研究であったということが1つの特徴であり、当然のことながらメリットとデメリットの双方があった。まずデメリットからあげると、当然のことながら先行研究が少ないので、すでにある研究方法のまねをするということができない苦しさがある。しかしながら、先行研究が少ないということは、チャンスが大きいということも意味する。つまり、そこで述べる結果が「新しい知見を含む」可能性が高い。研究論文の価値はこの「新しい知見」にこそあるとすれば、先行研究が少ない分野にチャレンジしていくということは、まさに研究の醍醐味といえるかもしれない。ただそこには落とし穴もある。新しいことをただ独善的に主張するのではなく、分析枠組みというツールをしっかりともって、説得力をもたせながら主張していくことが求められる。また、先行研究が少ない新しい研究テーマにチャレンジしていくとき、いきなり大風呂敷を広げるのではなく、まずは限定的に調査対象を焦点化し、自分の手の届く範囲で定性的な実態調査から着手しリサーチク

エスチョンを育てていくとよい。ぜひ、これから研究を志す人は、先駆的な分野に果敢にチャレンジしながら、新しい知見を見出す「研究のわくわく感」を感じていただきたいと願っている。

(川島ゆり子)

4 実証研究②

 岡田まり（2007）「根拠に基づくソーシャルワーク実践を目指して——精神障害者の生活支援についての研究を通して——（学会企画シンポジウムⅠ：時代を切り拓く社会福祉研究）」『社会福祉学』48（1），179-81.

1 論文の概要

　これは、シンポジウムにおいて、5年間にわたる一連の精神障害者の生活支援にかかわる調査研究を通してソーシャルワークにおける実証研究の可能性と課題について述べたものである。

　この研究のテーマを選んだ理由は、精神障害者の地域生活を支援する効果的な方法を見出すことが喫緊の課題だからである。わが国では、精神病院法制定（1919年）以来、精神障害者に対して入院医療中心の施策が行われてきた。1950年代に向精神薬が開発され、多くの患者は入院治療が不要になったが、偏見や差別、社会防衛的な考えにより入院中心の施策が続けられた。社会的入院の多さと数々の人権侵害が明らかになるなかで、ようやく自立・社会復帰を支援する保健福祉施策の必要性が認識され、2002年に策定された新障害者基本計画で、入院患者33万人のうち条件が整えば退院可能とされる72,000人の社会的入院患者の退院・社会復帰を10年間で行うことを国は打ち出したのである。

　このような状況のなかで、ソーシャルワークは精神障害者の退院と地域生活のための効果的な支援を行うことが期待されていたが、そのためには、関係者が共有できる明確な根拠をもって実践を行うことが必要だった。そこで本研究では、第一に精神障害者の生活状況とQOL（生活の質）を把握し、ソーシャルワークの介入を要する点を確認すること、第二に効果的な地域生活支援とはどのようなものかを明らかにし、介入やプログラムについての提言を行うこと、

第三に研究の知見に基づく介入やプログラムを実施して評価を行い、より効果的な支援のための改善点を明らかにすることという3つの目的の研究を段階的に進めることにした。

　第一の研究目的のため、まず精神障害者のQOL（生活の質）を把握するための尺度を開発する調査を2つ実施した（岡田ら 2002；岡田ら 2003）。精神障害者が他の人々と比べてどのような状況にあるのか、そして介入のターゲットとなる課題は何かを明らかにすることが不可欠であり、介入の効果測定のためにも尺度が必要だからである。調査結果から、QOLは8つの下位概念から構成されていること、開放病棟入院患者はデイケア利用者と比較すると社会生活機能や症状に差はないがQOLが低く、特にソーシャルサポートが乏しいことなどが明らかになった。また、精神障害者の具体的な生活状況や要望、変化のきっかけなど当事者の生の声を聴くために、精神障害者を対象とするフォーカス・グループ・インタビューを行った（岡田ら 2004a；岡田ら 2004b）。そこからは、居場所や仲間、体験からの気づきや達成感・満足感などの重要性が明らかになった。

　第二の研究目的については、QOLに影響を及ぼす要因を検証するために、精神障害者の地域生活を支援する施設の利用者と大学生を対象に自記式質問紙を用いた集合調査を行った（岡田ら 2005；曽根ら 2005）。この調査では、生活満足度や自己決定を行う自己効力感、希望などがQOLに関連していること、大学生と比較して精神障害者の方がQOL、特にソーシャルサポートが低いことが示された。さらに、QOLが向上するきっかけやプロセスを明らかにするために、生活支援にかかわる専門職とサービス利用者を対象とする面接調査を実施した。シンポジウムでの報告時には、この調査はまだ続行中で、今後、第三の研究目的のための研究として、これまでの知見を活かした実践を行い、その効果をケーススタディ、シングル・システム・デザイン、疑似実験計画法などで検証したいとしている。

　以上の調査研究は、横断調査のみで対象者も限定されているため、因果関係や効果の有無に言及することはできないが、少なくとも精神障害者を支援するうえでの方向性や方法について判断する根拠の一部分にはなるだろう。つまり実証研究は効果的な介入やプログラムを組み立てる際に役立つ情報を提供できるのである。一方、実証研究を行うためには、研究遂行のための専門性、現場の人々の理解と協力、研究助成金や研究時間の確保などの課題もあることを指摘している。

2 研究方法の紹介と研究への適応性

　本研究では、質的調査と量的調査を組み合わせ、第一と第二の目的のためにそれぞれ2種類の調査を行っている。QOL尺度開発にあたっては、先行研究のレビューとエキスパート・レビューによってQOL尺度（案）を作成し、3か所の精神科病院で患者（入院・デイケア利用者）133名を対象に、構造化された個別面接調査を実施して尺度（案）を試した。得られたデータで因子分析等の統計分析を行って尺度を検証し（岡田ら 2002）、その結果に基づいて修正した尺度を用いて翌年度、同様の調査を151名対象に実施して分析し尺度を開発した（岡田ら 2003）。

　精神障害者を対象とするフォーカス・グループ・インタビューについては、精神障害者通所授産施設と地域生活支援センター計4施設を訪問し、協力の同意が得られた利用者計30名を対象に、トピックについてグループ・インタビューを全部で5回行った。施設職員10人にも補足的にインタビューを行い、データを項目ごとに分類する内容分析を行った（岡田ら 2004a；岡田ら 2004b）。

　施設利用者と大学生対象の自記式質問紙を用いた集合調査では、まず先行研究に基づいて質問紙（案）を作成し、予備調査で修正したうえで、デイケア、地域生活支援センター、授産施設等の精神障害者の地域生活を支援する9施設を訪問し、91人の利用者を対象に、作成した自記式質問紙（無記名）を配布して記入を依頼した。大学生150名にも同じ調査への協力を依頼し、得られたデータは、重回帰分析等の多変量解析法で分析した（岡田ら 2005；曽根ら 2005）。

　QOLが向上するきっかけやプロセスを明らかにするための面接調査では、重い精神障害をもつ人が地域で生活できるよう多職種によるチームで訪問支援を行うACT（包括型地域生活支援プログラム）スタッフの訪問に同行し、利用者へのヒアリングを行うとともに、スタッフに対してもヒアリングを行った。

　このような実証研究を行うための留意点として、第一に、明確な研究目的が必要である。リサーチクエスチョンは何か、何をどこまで明らかにするのか、である。福祉分野での実証研究は他者の協力がなければ成り立たないため、協力を依頼するにあたって、研究目的について納得が得られるだけの意義も説明

できなければならない。そのためには、福祉現場の動向や課題についての情報収集や、それらを理解し解決策を導き出すための理論・モデル等についての先行研究のレビューが欠かせない。

　第二に、リサーチクエスチョンに応じたリサーチデザイン（調査設計）が必要である。誰を対象に、どのようなデータをいかにして収集するのか、得られたデータはどのように分析するのかなどを明確にしておかねばならない。研究方法にはそれぞれ長所・短所があり、必要となる時間、経費、人手、専門知識なども異なる。それらを踏まえて、リサーチクエスチョンに答えるためには、どの方法が適切で、自分（自分の研究グループ）にとって遂行可能か、よく見極めることが重要である。そのためには、研究方法についての体系的な教育訓練・継続的な自己研鑽が重要であり、そのような場と機会の確保が望まれる。

　第三に、人を対象とする研究は、必ず倫理的配慮に基づいて遂行しなければならない。研究倫理については厚生労働省、日本学術振興会、そして日本ソーシャルワーク学会や他のさまざまな団体から指針やガイドライン、行動規範が示されているのでよく確認し、人を対象とする場合は、必ず研究開始前に所属組織の研究倫理審査を受けておくべきである。そして、倫理的配慮に加えて、できるだけ現場での実践を妨げないように注意することも必要である。スムーズな調査実施のために、施設・機関の長および現場の責任者には十分な説明のうえで打ち合わせを行っておくことが大切である。

　第四に、研究に必要な人、時間、専門知識、費用などをいかに確保するか検討を要する。例えば、調査協力者や専門的な知識を提供してくれる専門家の確保や謝金、研究補助者を雇用する人件費をどうするか、ほかにもデータの収集・記録・分析にかかる時間やそのための設備備品、消耗品、交通費などさまざまな費用がかかる。それらの費用をどう賄うのか、あるいは費用がかからないリサーチデザインにするのか、研究計画の段階で検討をすることになるだろう。本研究も前半は厚生労働科学研究（当時は厚生科学研究）の分担研究であり、後半は科学研究費助成事業による研究である。ほかにも研究助成をしている団体があるので調べる価値はある。大学院生でも後期課程に進学・在籍する場合、日本学術振興会の特別研究員に採用されれば研究助成を受けることができる。助成金獲得のためには、申請のための研究計画調書が高く評価されることが不可欠で、そのためには前述の研究目的とリサーチデザインが鍵となる。

3 これから実証研究を行う人へ

　医療、看護などの対人援助職と同様にソーシャルワークでは、効果的な支援のために、科学的根拠に基づく実践（Evidenced Based Practice; EBP）を行うことが求められるようになっている（Hepworth et al. 2013）。専門職が支援する際には、よりよい意思決定のために介入方法の選択理由、想定されるリスク、予想される経過等について説明する責任（Accountability）があり、サービス利用者や関係者、協働する他職種にわかりやすく具体的な説明をするためにも、実践の根拠が必要である。

　ソーシャルワーク実践の根拠は、原理・原則、理論・モデルなどとして蓄積はされてきたが、介入方法についての科学的根拠については発展途上の段階であり、おそらく科学的根拠となる事実や事象の解明とその実践への応用は継続的な発展を要する課題であろう。そして、科学的根拠の解明や応用の評価を行うのが、実証研究である。ソーシャルワークがかかわる人・家族・グループ・組織・コミュニティや社会現象の解明に取り組んだり、効果的な介入やプログラムの開発と評価を行ったりすることで、ソーシャルワーク実践の質の向上に寄与できるのが、実証研究の醍醐味である。

　実証研究を行うのは、ジグソーパズルにピースを1つずつはめていく作業に似ている。うまくパズルのなかに収まったピース（先行研究で明らかになっていること：知見）と、はまっていないピース（不明なこと）の両方をよく見て（先行研究のレビュー）、はまっているピースの隣に「これが合うだろう」（仮説）と推測した別のピースが実際に合うか確認（検証）するのである。そうして多くの研究者によってピースがはめられていく（いろいろことが明らかにされる）につれて、はじめは見えなかったパズルの絵（現象、関係性、変化など）が浮かび上がってくるのである。地味で忍耐を要するところもあるが、わくわくすることもある。そんな実証研究に取り組む人が増えることを期待している。

（岡田まり）

文 献

Hepworth, D. H., Rooney, R. H., and Strom-Gottfried K (2013) *Direct Social Work Practice: Theory and Skills*, 10th Ed., Cengage Learning.

岡田まり・三品桂子・岡田進一・ほか（2002）「精神障害者QOL尺度の開発」『日本公衆衛生雑誌 特別付録（第61回日本公衆衛生学会総会抄録集）』（大宮ソニックシティ）．

岡田まり・三品桂子・岡田進一・ほか（2003）「精神障害者QOLの尺度と関連要因」『日本公衆衛生雑誌，特別付録学会総会抄録集，第62回日本公衆衛生学会総会』（国立京都国際会館）．

岡田まり・久木美智子・三品桂子・ほか（2004a）「精神障害者の地域生活：その課題と可能性」日本公衆衛生学会総会．

岡田まり・三品桂子・栄セツコ・ほか（2004b）「精神障害者の地域生活とその課題――当事者の視点から――」社会福祉学会．

岡田まり・曽根　允・三品桂子・ほか（2005）「地域で生活する精神障害者のQOL（生活の質）と希望」『日本精神障害者リハビリテーション学会第13回大阪大会プログラム・抄録集』（大阪大会），108．

曽根　允・三品桂子・栄セツコ・ほか（2005）「精神障害者の自己決定と生活満足度との関係」『日本精神障害者リハビリテーション学会第13回大阪大会プログラム・抄録集』（大阪大会），173．

5 プログラム評価研究

 新藤健太・大島　巌・浦野由佳・ほか（2017）「障害者就労移行支援プログラムにおける効果モデルの実践への適用可能性と効果的援助要素の検討」『社会福祉学』58（1），57-70．

1 論文の概要

①研究の目的・全体プロジェクトで目指すもの

　障害者就労移行支援事業は 2005 年に制度化されたが、成果が十分に収められない現状がある。これに対して、実践現場に適合的で効果的な「プログラムモデル」（効果モデル）を構築（再構築）することが求められてきた。本論文は、制度の改善や変革を促し、障害のある人たちの「働きたい思い」を実現できる「効果モデル」の形成・発展を目的に行った研究プロジェクトの成果の一部をまとめたものである。

　社会問題や社会状況を改善するべく導入された福祉制度や他の社会制度・施策が、期待される成果に結びつかないことはしばしば経験される。また近年注目される「制度の狭間」問題など解決すべき社会問題があっても制度的に適切に対応できずに、問題が据え置かれたままになることも多い。それに対して、社会問題や社会状況の改善・改革のゴール達成に有効な「効果モデル」の設計・開発が求められている。支援ゴールをよりよく達成するためには、実践現場の創意工夫や実践上の経験知を反映して、「効果モデル」をより効果的なものへと形成・改善するアプローチを身につけることが、特に実践現場にかかわるソーシャルワーカー（SWr）には強く要請される。本研究は、そのような実践的でかつ研究的なアプローチ法を開発するための「実践家参画型プログラム評価研究」の一環として実施した。

② **本論文の研究方法、研究による知見**

　私たちは、就労移行支援事業の「効果モデル」を、全国で就労移行や就労継続の取り組みで成果を上げている好事例の事例検討や、障害領域で就労移行・定着の成果を収めた先行研究レビュー等に基づき構築した（大島ら 2009：9-12）。そのなかで、私たちは好事例の検討等から、成果を上げることに密接にかかわる主要な支援要素（効果的援助要素；5領域23項目172要素）のリストを、実践現場の創意工夫や実践的経験知から抽出し、設定することが「効果モデル」構築のエッセンスと考えている。

　本論文では、まず効果的就労移行支援の「効果モデル」開発の概要を紹介し、暫定的な「効果モデル」が形成された後に行う、広域的試行評価調査の取り組みを取り上げた。続いてこの研究成果に基づいて「効果モデル」の有効性を実証し、モデル改善の方策を具体的に検討し提案している。

　この広域的試行評価調査では、全国レベルで参加事業所を公募し、参加意思を表明した22事業所を対象とした。評価調査は、①プロセス評価としては、1）フィデリティ尺度の評価、2）評価訪問時等の実践家からの聞き取り調査による質的評価と、②アウトカム評価（就労移行数＜12か月＞と就労定着率＜24か月＞）を実施した。フィデリティ尺度とは、「効果モデル」への適合度評価の尺度であり、効果的援助要素23項目の実践度を5件法で評定した。

　本論文の主な分析方法は、①プロセス評価の状況に応じて、②アウトカム評価の2指標がどのように変化・改善するのかを明らかにするものである。すなわち（a）フィデリティ尺度の高低2群ごとにアウトカムの改善度と、（b）フィデリティ尺度の総合尺度、5領域下位尺度、23項目尺度と、アウトカム評価2指標との相関分析を行った。

　その結果、フィデリティ尺度で測定する効果的援助要素項目の実施は2つのアウトカム指標の改善と関連することを明らかにした。同時に、現在の「効果モデル」をより効果的なモデルに発展させるためには、OJT（現場での訓練）やネットワーク型の就労定着支援のさらなる検討が必要であること等が示唆された。

2 研究方法の紹介と研究への適応性

①プログラム評価研究は当たり前に行われるべき実践的取り組み

　本論文で用いたプログラム評価は、社会問題の改善というゴール達成を目指す有効な「効果モデル」を開発・構築し、その有効性を確認するとともに、より効果的なモデルを形成・発展させることを目的に実施する、実践的かつ研究的なアプローチ法である（Rossi ら 2004）。1960 年代以降アメリカ等の実践と政策を架橋する領域において発展したプログラム評価の枠組みは、歴史の積み重ねのなかで社会的・政治的に進化したために理解にやや時間を要する場合もある。しかし基本的には、社会問題の改善・改革というゴール達成のために有効な支援方法を、実証的・実践的に明らかにする方法である。ソーシャルワーク（SW）の現場実践とも直結しており、決して難しい方法ではない。

②本論文で用いたプログラム評価の研究方法

　本論文で取り上げた障害者就労移行支援事業は、特に制度導入当時にはゴール達成に多くの困難や課題を抱えていた（年間の移行数ゼロの事業所が 30-40％等）。これに対して制度モデルを改めて見直し、「効果モデル」へと再構築することが喫緊の課題であった。

　「効果モデル」には、ゴール達成に有効な「効果的援助要素」と、「効果モデル」の設計図にあたるプログラム理論（プロセス理論とインパクト理論）の設定が不可欠である。また「効果的援助要素」の実践度を測定するフィデリティ尺度の活用も求められる。

　本研究は一連の評価研究プロジェクトのなかで、効果的援助要素やプログラム理論等「効果モデル」の構築（再構築）後に実施した、広域的試行評価調査の分析結果を示している。この分析により、「効果的援助要素」が備わったプログラム実践がよりよい成果をもたらすことを明らかにした。同時に「効果的援助要素」のうち成果との結びつきが乏しい要素項目には、改善の方策を検討しプログラム理論の見直しも考慮した。

　このようなプログラムの改善を目指す評価アプローチ法を「形成的評価（formative evaluation）」と呼ぶ（Rossi ら 2004 ＝ 2005；大島 2015）。

③前提としての「効果モデル」の設計・開発評価の方法

　前述のとおり、社会問題の改善のため導入された社会制度・施策が期待する成果を上げられないこと、あるいは実践現場で直面するニーズに対応する社会

サービスが存在しないことは、社会福祉の現場では日常的に起こる。それに対してSWrは、実践現場の経験に基づいて可能な限り科学的に、既存社会制度・施策の見直しや新たなモデル再設計を提案し、満たされないニーズに対応できる有効な「効果モデル」の設計・開発を行うことが要請される。このようなとき、本論文で用いた「効果モデル」の形成的評価方法論を最大限活用することが求められる（大島 2015：275）。

「効果モデル」の設計・開発に際して、上記で取り上げた①プログラム理論のプログラムゴールとインパクト理論、②同プロセス理論、③効果的援助要素の構築を中核に据える。加えて、④フィデリティ評価尺度を含む評価ツール、⑤以上を盛り込んだ実施マニュアルの開発を一体的に行う必要がある（以上を「効果モデル5アイテム」とする）（大島 2015：272）。

④必要とされる「効果モデル」の形成・改善評価の方法

研究的には、前項「効果モデル」の設計・開発に加えて、構築した「効果モデル」を試行的に実施し、効果的援助要素やプログラム理論が適切に機能しているのかを質的評価研究で検証し、改善の方策を提示する事例研究も有用である。また「効果モデル」完成後には、関連した取り組みを行う事業所がどの程度効果的援助要素を実施し、それがプログラム成果の改善に関連するかを検証する広域的事業所調査の実施も有効だ。

⑤実践家参画型評価で活用する「改善ステップ」とは

以上一連の取り組みの基盤として、まずは効果モデル5アイテムの構築を中心に「効果モデル」の設計・開発が必要である。「効果モデル」の設計図であるプログラム理論や、効果的援助要素リストの作成には、実践家参加型ワークショップの開催や、成果を上げている事業所へのヒアリング（好事例調査）などを実施する。

さらには、開発された「効果モデル」をより効果的なものへ形成・発展させるための道筋を、「改善ステップ」として提示することも必要だ（大島 2015；大島ら 2019：出版予定）。前項までに述べた「効果モデル」の設計・開発の方法、試行的事例評価、広域的事業所調査、本論文で使用した広域的試行評価調査や、比較による有効性研究の方法など、代表的な形成的評価の方法を、段階を追って具体的に提示する「改善ステップ」のガイドは有用と考える。本論文で使用した研究方法を含めて、実践現場で活用できる実践的評価研究アプローチの手引き開発が求められる。

3 これからプログラム評価研究を行う人へ

　以上のように、実践家参画型のプログラム評価研究は、単に実践的研究であるという以上に、SWには本質的に重要なアプローチである。相談援助の現場から見出された福祉制度・施策の変革へのニーズに依拠した科学的で社会的に合意可能な「効果モデル」を開発し、既存の取り組みを変革するマクロ実践SWの中核的な方法論に位置づける必要がある。

　日常的なSW実践に活用するには、実践家がプログラム評価に積極的に参画し、容易に実践し得る評価ツールやガイドラインが不可欠だろう。そのような実践方法論の開発・構築は今後の重要な検討課題と考える。既存サービスで課題解決が困難な当事者の複合するニーズに対応する主要なSW方法論として、多くのSW関係者がこの（研究）方法論の発展に関心をもち、関与して頂きたいと願っている。

（大島　巌、新藤健太）

文　献

大島　巌（2015）「ソーシャルワークにおける「プログラム開発と評価」の意義・可能性、その方法」『ソーシャルワーク研究』40（4），5-15.

大島　巌・大橋謙策・小林良二・ほか（2012）「CD-TEP｜円環的対話型評価アプローチ法実施ガイド．平成22年度文科省科学研究費補助金基盤研究A報告書」(http://cd-tep.com/，2018.10.25取得).

大島　巌・源由理子・山野則子・ほか（2019：出版予定）『実践家参画型エンパワメント評価の理論と方法――CD-TEP法：協働によるEBP効果モデルの構築』日本評論社.

Rossi, Peter H., Freeman, Howard E. and Lipsey, Mark W. (2004) *Evaluation: A systematic approach*, 7th Ed., SAGE（= 2005，大島　巌・平岡公一・森　俊夫・ほか監訳『プログラム評価の理論と方法――システマティックな対人サービス・政策評価の実践ガイド』日本評論社.）

大島　巌・佐藤久夫・小佐々典靖・ほか（2009）「効果のあがる障害者就労移行支援プログラム実施のあり方に関する研究報告書」『平成20年度日本社会事業大学学内共同研究報告書』

6 理論生成研究

論文　Shimura, K. (2008)：*Standing-by leadership: A grounded theory of social service administrators.* Proceedings from the 10th Annual Conference International Leadership Association.

1 論文の概要

　研究の目的の1つに理論を生成することがある。グラウンデッド・セオリーはその目的を達成するために創発された方法論の1つである。

　本研究は、グラウンデッド・セオリー（Glaser & Strauss 1967；Glaser 1978, 1992）を用いて社会福祉施設の施設長のリーダーシップについて実施したものであった。当該研究で用いられたデータは、施設長を対象とした開かれた質問によるインタビューの逐語録、対象となった施設長が運営管理する各社会福祉施設の組織図、また施設で発行している要覧やニュースレター等の資料である。グレーザーによって確立された分析方法（Glaser 1965）に準拠した理論的サンプリングと質的データの継続的比較分析のプロセスを通して、スタンディング・バイ・リーダーシップ（以下本論では、スタンバイ・リーダーシップとする）理論が創発された。
　本研究は英文で書かれているが、以下、日本語で解説していく。本研究の目的は日本における大規模社会福祉法人グループのリーダーシップに関する理論を生成することであった。研究対象となった社会福祉法人はカリスマ的素養を備えたクリスチャンのリーダーによって創設されたが、創設者が他界した後もその規模や地域性を拡大させてきた。データから生成されたスタンバイ・リーダーシップの理論は社会福祉施設の先導と運営戦略を示すものである。グラウンデッド・セオリーの理論的サンプリングによって5名の施設長を対象にイン

タビューを実施し、生成されたコンセプト、コンセプト間の関係を説明する理論的メモは、核になる変数（核概念）であるスタンバイ・リーダーシップを中心に種類分けされた。

　スタンバイ・リーダーシップの状況は、『ウォーム・スタンバイ』から『ホット・スタンバイ』までの度合い（温度差）がある。『ウォーム・スタンバイ』は『見守り』と特徴づけることができ、施設長は、ワーカーらがあらかじめ計画されたように責任を分担しながらどのように対象者らとかかわっているのか観察できている状態である。これに対して『ホット・スタンバイ』は『飛び込む準備完了』と特徴づけることができ、施設長は浮上した問題解決のためにすぐさま介入する準備ができている状態である。

　さらにスタンバイ・リーダーシップを実践するためには施設内に縦と横を結ぶコミュニケーションのシステムを構築しておくことが条件となる。当該研究において、縦と横を結ぶシステムは『重層的プサイシステム』と名づけられ、ギリシャ文字のΨ（プサイ）の形で表される。通常の組織図では施設長は上に位置づけられるが、『重層的プサイシステム』では施設長は一番下に位置づけられる。プサイの上に利用者が存在し、各レベルのリーダーたちは組織の情報を『動き回るハブ』として伝達するところに特徴がある。

　このようなスタンバイ・リーダーシップを発揮するスタンバイ・リーダーは『リセット可能な挑戦』のもとで育てられる機会を与えられてきた。『リセット可能な挑戦』とは「失敗してもいいからやってごらんよ」と上司から勧められるプロジェクトのことであり、職員は上司によるフォローがあることで安心してそのプロジェクトを遂行することになる。このような『リセット可能な挑戦』を繰り返すことで職員はスタンバイ・リーダーシップの特徴の1つである『強い信念』を徐々に入手することになり、リーダーとしての素養ができあがってくる。関連する社会福祉法人はキリスト教の精神を基盤に設立され、維持されているが、ここでいう『強い信念』はキリスト教の精神に特化されたものではない。しかしながら、ヒューマニズムの『強い信念』は、職員と地域の人たちに対する施設長らの責任をサポートしていた。この『リセット可能な挑戦』は組織の次世代のリーダーを育成する研修システムのアイディアを示唆し、各施設での『リセット可能な挑戦』のデータベース化を勧めることにつながった。

　スタンバイ・リーダーになっていく帰結は2つの側面を含有する。リーダーはグループや組織を先導することが快適で楽しいものである反面、疎外されている状況も経験する。この疎外感は「リーダーとしてバルコニーにあがる」

(Heifetz & Linsky 2002) というアイデアとも関連し、リーダーとしての必要なスキルでもある。スタンバイ・リーダーシップはサーバント・リーダーシップ（Greenleaf 1998）の一類型として位置づけることができ、非営利組織におけるリーダーシップ研究に寄与するものである。

2 研究方法の紹介と研究への適応性

▶ 研究方法の紹介

　グラウンデッド・セオリーは、社会調査から得られたデータから継続的比較分析によって当該調査領域に密着した理論を生成する方法であり、生成された理論である。分析の方法とその成果である理論がワンセットとなっているところに特徴がある。グランデッド・セオリーはグレーザー（Glaser, B）とストラウス（Strauss, A）が病院における死の現象について調査していた1960年代に確立された（Glaser and Strauss 1967；Glaser 1998）。グラウンデッド・セオリーの方法論を確立するに至った調査は「Awareness of dying（死の認識）」（Glaser and Strauss 1965）として出版され、多くの言語に翻訳されている。生成された理論も当然であるが、読者からはどのようにこの調査がなされたのか問い続けられることとなり、これに応じる形でグレーザーは方法論としてのグラウンデッド・セオリーに関して執筆することを提唱している（Glaser 1998）。現在グラウンデッド・セオリーはその確立から50年以上経過しているにもかかわらず、世界中の研究者によって選択され、質的データを分析する方法論としての地位を築いた。

　フィールドから得られるデータを用いて理論を生成することで、オリジナリティの高い研究が可能となる。

▶ グラウンデッド・セオリーのプロセス

①準備段階（調査研究課題の設定）

　グラウンデッド・セオリーは、対象領域に密着したデータを収集し、そのデータを継続的に比較分析することにより、領域で起こっている事象を説明する。データから浮上する概念こそ事実とする立場から、問題設定において先入観を

極力排除しようとする特徴がある。すなわち問題設定の段階では当該領域で何が起こっているのかという一般的な問題を設定することとしている（Glaser 1992：22）。

②データ収集（理論的サンプリング）

グラウンデッド・セオリーの標本抽出は理論的サンプリング（theoretical sampling）と呼ばれる。理論的標本抽出は理論生成のためのデータ収集の過程であり、分析者は収集、コード化、分析を同時進行的に行い、理論生成のために次に必要となるデータ収集を決定することである。すなわち、データの収集、コード化、分析が、二重、三重のらせん的に行われるといえよう。理論的標本抽出の一般的な手順は新たなデータが注ぎ込まれるたびに継続的比較を通してデータ収集の開始からコードを明確にすることである。そしてそのコードは以降のデータ収集の方向性を示し、さまざまな領域と他のコードとのつながりを重んじながら理論的に飽和するまで理論的発展を続ける。理論的標本抽出は飽和し、推敲され、浮上してきた理論に組み込まれた段階で中止される（Glaser and Strauss 1967：45）。

③データ分析（継続的比較分析）

理論的標本抽出の過程において既にコード化と分析が同時進行するが、抽出された標本を分析する過程を継続的比較分析（constant comparative method）と呼んでいる。この過程において始めにデータにおけるインシデント同士が比較され（incident）、次にインシデントと概念（concept）が比較され、やがて概念同士が比較される。この作業のためにデータをコード化することが重要となる（Glaser 1965：436）。

(1) コーディング

第一段階目のコーディングはオープン・コーディング（open coding）と呼ばれ、いわば以下の事柄に答えようとする作業であるとされている（Glaser 1992：38）。

1．このデータは何を研究するものか？
2．このインシデントは何の領域を示唆しているのか？
3．データにおいて実際に何が起こっているのか？

オープンコーディングの過程において核になる変数（core variable）（核概念）、すなわち継続的に浮上し、かつどのインシデントにもかかわるコードが浮上することを期待するが、オープンコーディングがこの期待に沿った場合、次の過程としてこの核概念に関係するコード化を行う。これをセレクティブ・

コーディング（selective coding）と呼んでいる（Glaser 1978：61）。

コア・バリアブルを中心としたセレクティブ・コーディングを次の過程では理論的にコード化する（Glaser 1978：72）。この理論的コーディング（theoretical coding）の過程を助長するのがコーディング・ファミリー（coding family）と呼ばれる18系統であり、グレイサー派に特有のものである。しかしながらこの18系統は絶対的なものではなく、あくまでも調査者が理論レベルで分析することを助長するものである。ここまでの過程において調査者は新たなデータを収集する必要性が生じる場合も多々想像でき、その意味で理論的標本抽出、コード化、分析が同時進行するのである。

(2) 理論的メモ

これらの過程において調査者は必要と考えられる事柄を半ば無意識に書きとめるであろう。この過程をグラウンデッド・セオリーでは理論的メモ書き（theoretical memoing）と呼んでいる（Glaser 1978：83）。分析の過程においてアイデア、仮説、図、表等が浮上した場合、作業を中止して書きとめる作業をするべきであり、これらのメモが後のアウトラインを構成することになる。主にメモとして書きとめる事柄はコーディングの過程で浮上したコードの解説、コード同士の関係等であるが、調査が進行するにつれ、書きとめる項目も増えてくる。

（注）先行文献に関する調査について
一般的に先行文献に関する調査は研究初期に行われるが、グラウンデッド・セオリーにおいては文献調査がこの段階で行われる。コーディングされたデータの分析が終了し、核概念がより一層確固たるものになった時点で、その中核となる変数の文献を調査することがグラウンデッド・セオリーにおける文献調査である。

④執筆過程

調査者によって作成されたメモは中核変数を中心に順序立てられ（アウトラインの形成）、その順序に沿って執筆される（Glaser 1978：128）ことによりグラウンデッド・セオリーの過程が終了する。

▶ 理論の質

グレーザーは生成された理論の質に関して以下のように述べている。
その理論は調査の独立した領域の関連する行動を説明するのに使えるか？
その理論は調査の独立した領域の人々に関連性を持たせるか？
その理論は調査の独立した領域に適合するか？

その理論は新たなデータが浮上した際に容易に修正できるか？

(Glaser 1998：17)

　そしてこの 4 つの基準に耐え得ることができ、調査者が十分な厳格性を保っているのであれば調査結果として使えるであろうとしている。すなわちこの基準は生成された理論の理論的飽和を確認する際の基準としても利用でき、またグラウンデッド・セオリーによって執筆された論文等の評価基準としても有効であろう。

▶ 研究方法の紹介と研究への適応性

　グラウンデッド・セオリーは仮説検証型の研究とは真逆の位置にある。検証する仮説がない、依拠できる理論がないという研究領域で、仮説を立てる、理論を生成するための研究方法である。研究者があらかじめ用意されている前提要件や仮説から抜け出せない状況ではこの研究方法は適さない。

3 これから理論生成研究を行う人へ

　混沌としたソーシャルワークの実践を可視化、言語化することはソーシャルワークのアカウンタビリティーにつながる。ソーシャルワークがクライエントに寄り添い実践を展開することは、グラウンデッド・セオリーがデータとじっくり向き合いながら理論を構築するスタイルと親和性がある。既存の理論にとらわれず、実践現場でクライエントとともに理論構築を目的とする研究を計画するのであれば、グラウンデッド・セオリーはその目的にかなう方法論である。前述したように、この方法は仮説を検証する方法ではないので、仮説を立てずに研究することがどういう意味をもっているのか、説明できることも要求される。

　研究を進めるにあたってそれほど準備をせずに進めたほうが有利となる独特の方法のため、グラウンデッド・セオリーに懐疑的な研究者も多い。一般的にも仮説検証型のほうが論理的でわかりやすく、安心して研究を遂行できる期待感もある。しかし、社会科学としてのソーシャルワークを前進させるためには既存の理論に厚みをもたせるにとどまらず、新たな理論を生成することも担わなければならない。

グラウンデッド・セオリーはその方法論を学び、理論構築をするのに2年半かかるといわれる（Glaser 1998：14）。博士課程で挑戦する研究方法としてはふさわしい期間であり、過去50年間にわたり、世界中で使われた方法として存在するグラウンデッド・セオリーに挑戦する価値は見出せるだろう。

（志村健一）

日本語で読めるクラッシック・グラウンデッド・セオリー文献一覧

Glaser, B. G. and Strauss, A. L. (1967) The discovery of grounded theory, Hawthorne, NY: Aldine de Gruyter.（＝1996, 後藤　隆・大出春江・水野節夫訳『データ対話型理論の発見』新曜社.）

Martin V. B. and Gynnild A. eds. (2012) Grounded Theory: The Philosophy, Method, and Work of Barney Glaser, Brown Walker Press.（＝2017, 志村健一・小島通代・水野節夫監訳『グラウンデッド・セオリー』ミネルヴァ書房.）

志村健一（2008）「グラウンデッド・セオリー――アクション・リサーチの理論と実際――第1回」『ソーシャルワーク研究』34（1），71-5.

志村健一（2008）「グラウンデッド・セオリー――アクション・リサーチの理論と実際――第2回」『ソーシャルワーク研究』34（2），51-5.

志村健一（2008）「グラウンデッド・セオリー――アクション・リサーチの理論と実際――第3回」『ソーシャルワーク研究』34（3），52-5.

志村健一（2009）「グラウンデッド・セオリー――アクション・リサーチの理論と実際――第4回」『ソーシャルワーク研究』34（4），56-60.

文　献

Glaser, B. G.（1965）The constant comparative method of qualitative analysis. *Social Problems,* 12, 436-45.

Glaser, B. G.（1978）*Theoretical sensitivity.* Mill Valley, CA: Sociology Press.

Glaser, B. G.（1998）*Doing grounded theory: Issues and discussions.* Mill Valley, CA: Sociology Press.

Glaser, B. G.（1992）*Basics of grounded theory analysis.* Mill Valley, CA: Sociology Press.

Glaser, B. G. and Strauss, A. L.（1965）*Awareness of dying,* Hawthorne. NY: Aldine de Gruyter.

Glaser, B. G. and Strauss, A. L.（1967）*The discovery of grounded theory.* Hawthorne, NY: Aldine de Gruyter.

Greenleaf, R. K.（1998）*The power of servant leadership.* San Francisco, CA: Berrett-Koehler.

Heifetz, R. A. and Linsky, M. (2002) Leadership on the line : Staying alive through the dangers of leading. Boston, MA : HBS Publishing.

7 事例研究

 杉野聖子（2010）「子育て支援における地域組織化活動：関係づくりを視点とした「子育て講座」の実践をとおして」『人間関係学研究：社会学社会心理学人間福祉学：大妻女子大学人間関係学部紀要』（大妻女子大学）12, 69-84.

1 論文の概要

　日々のソーシャルワーク実践やさまざまなソーシャルワークを必要とする問題事象について考え、「どうすればうまくいくのだろうか。」「何が原因で（影響して）このような事態になっているのだろうか。」などの疑問をもつことからすでに研究は始まっている。その意味では、現場で日々実践を行っている方は頻繁に事例検討を行っているため、数ある研究方法のなかで事例研究は最も近しく感じる研究方法であり、取り組みやすいものであろう。また、その研究成果（検討結果）をすぐさま次の実践に反映し有効活用することができるという点でも、探求への意欲・関心を駆り立て、研究への入り口となる方法である。

　しかしながら、研究としてまとめ上げたつもりでも「実践の紹介や活動報告にとどまり未熟なものである」という指摘を受けることも最初の段階では少なくない。ここでは、その論文を例に、そうならないためのポイントを述べていきたい。

　事例研究の例として拙稿『子育て支援における地域組織化活動：関係づくりを視点とした「子育て講座」の実践をとおして』（2010）を紹介する。本論文は筆者が現場職員と大学非常勤講師を掛け持ちしていた2010年に発表したものである。そもそもそれは、2003年から筆者自身が現場で地域を中心とした子育て支援活動を展開する地域活動ワーカーの任に就き、試行錯誤しながら重ねていた実践から自らの取り組みを検証しようとしたことが研究の始まりで

ある。

　児童福祉分野において 1990 年代以降から「子育て支援」の言葉は浸透しており、保育所や児童福祉施設だけでなく教育施設をはじめとする複合施設などの公共施設および類似施設、また地域の空きスペースを利用したつどいの広場（地域子育て支援事業）が全国に急速に広まっていた。2009 年 4 月から「地域子育て支援拠点事業」は児童福祉法上の事業として位置づけられたが、国の施策は「場の提供」や「機会の提供」が中心で、子育て支援において地域を組織化する意義やその方法についての示唆が弱いと感じていた。急速に場が増えるなかで、それまで地域組織化に携わったことのない人たちが困惑しながら機会提供を行い、実施した回数や参加者数だけで「地域組織化を展開している」ように映ってしまうことに、筆者は違和感をいだいていた。筆者は数年にわたり実践に携わるなかで、孤立化する子育て家庭を組織化していくことの難しさと、またその効果を実感するとともに、深刻化する児童虐待問題の予防・回復機能としての意義を含めて、改めて「子育て支援における地域組織化活動」について問い直し、実践の方法とスキルについて何かしらの提案ができないかと考えたのが本テーマを選んだ理由である。

　研究の目的には、「子育て支援において、生活の基盤となる地域社会において総合的な子育て支援体制づくりとサービスの提供、そしてそれらを自ら活用できるようなエンパワーメントを目指すために、関係づくりを支援する視点をもったソーシャルワークの必要性」を明らかにすることをあげた。そして、本稿では子育て支援における地域組織化活動のなかで、つながるきっかけをつくる機会として提供される「子育て講座」に焦点をあて、地域組織化活動で講座のもつ役割と意義、地域活動ワーカーの果たす役割について考察した。現在は実践事例の報告も多くあり、研究としての価値に疑問が残るが、当時個々の講座に関して詳細な内容やプロセスを示しながら考察したものは見当たらず、そこで本研究をまとめるにあたり、研究目的やテーマの中心になる「関係づくり」に焦点をあてるにはプロセスの分析が必要と考え、事例研究を選ぶこととした。

　本論文の構成は以下のとおりである。

①問題と目的
　(1) 問題の所在
　(2) 研究の目的
②子育て支援における地域組織化活動
　(1) 地域組織化活動の子育て支援策としての位置づけ

(2) 先行研究
  (3) 社会教育分野における取り組み
③東京都国立市子ども家庭支援センターでの実践―「子育て講座」と地域組織化活動
  (1) 国立市における子育て支援の展開
  (2) 国立市における「地域子育て講座」の位置づけ
  (3) 地域子育て講座の実践事例
  (4) この実践における課題と問題点
  (5) その後の国立市における地域組織化活動の展開
④結論
  (1) 地域組織化活動における「子育て講座」の意義
  (2) 地域活動ワーカーの役割

2 研究方法の紹介と研究への適応性

　数多くある事例を「研究」にしていくには、まずはじめにそれを理論化する意義、つまり問題の所在と目的、研究の社会的意義について考察しなければならない。そのためには、客観的視点をもって論理的に述べることと、オリジナリティの検証として同分野の先行研究を確認することが必要である。先行研究の検討においては、十分な検討かつ批判的検討を行わなければならない（北川・佐藤 2010）が、紹介論文のテーマに関する当時の先行研究は、問題意識や地域組織化活動への期待と課題はあげているものの、福祉分野では「講座」について着目したものが見当たらず、それを本研究のオリジナリティとした。また、同様の事例が視点を変えて研究されている例として社会教育分野での取り組みにふれた。しかし、紹介にとどまり批判的検討とはなっていない。

　事例研究は、実際に起こった現象、活動をとらえ客観的な視点から分析する。この場合、地域性や個別性からまずその事例の背景を述べることから始まるが、この説明に多くの文字数を要したり、特に学会発表などの場合に背景の説明で時間を取り、研究の本題についての内容が薄くなってしまうこともあるので注意したい。紹介論文では全体のバランスからその分量について配慮したつもりであるが、地域の特性を示すために詳細を示しすぎている。また、現在は倫理的配慮として、フィールドについても最低限の必要な情報を特定できないよう

コンパクトにまとめる必要がある。

　また本研究では単一事例研究として筆者は担当者として企画に携わり、さらにプログラムにも一緒に参加しながらデータを収集する参与観察を用いた。そのため、単なる外部の観察者ではわからないところまで詳細に記録することができる一方で、立場としては純粋な参加者ではないため、ワーカーの視点からの観察記録になっている。また、事例の内容は、準備段階、講座の実施状況と活動の様子、事後評価とその後の展開、と「子育て講座」というプログラムを用いたワーカーのグループワーク記録になっている。本来はこの記録の部分について、きちんとした質的な分析がされるが、紹介論文では参加者、講師、ワーカーそれぞれの視点の所感を記述してあるものの、例えばそこで用いられた表現や言葉の意味、行動を丁寧にかつ客観的に分析するというプロセスが欠落している。その意味ではこの論文は単なる事例の紹介とワーカーの所感にすぎず、研究というには不十分なものといえる。

　紹介論文では一応結論部分で、地域組織化活動の展開におけるプログラムの重要性と実施の留意点、そしてワーカーの技術についてまとめ、分析と研究結果の一般化を試みたが、分析の甘さと研究テーマとの整合性の曖昧さを残すものになっている。分析により個別の特徴ある条件の事例から得られた結論を、さらに広い条件に適用し普遍化するプロセスが一般化であり理論が生成されるため、本来は丁寧に述べていく必要がある。特に単一事例ではともすれば、「その地域だから」「この人だから」という限定的な条件のもとに得られた結果なのだろうと受け止められてしまうこともある。事例研究では、いくつかの事例を取り上げ、分析の段階で共通点、相違点、相関性などを見出し、理論を構築していくが、単一事例でも「研究者の知識の範囲や理解の限界を、実際にこれまで経験した事象以上のものにも拡張させてくれること」（岩本・川俣 1990：108）「たった一つの経験からたくさんのことが学ぶことが可能になること」（岩本・川俣 1990：108）の意義がある。

3　これから事例研究を行う人へ

　ソーシャルワークの実践現場は研究の観点から言えば、問題意識、研究目的が常に溢れ、日々の実践がデータの収集と重複している研究の種の宝庫である。現場職員が始めやすい研究だが、丁寧な記録等のデータの収集とさまざまな分

析方法で緻密に分析を重ね、理論を生成していくことまでたどりつかなければ、それは事例報告でしかない。その意味で紹介論文は、ある意味現場職員が初歩的に陥りがちな悪い例といえよう。

さらにこの論文には倫理的配慮についての明記がなく、現代的には事例研究としては致命的欠点となる。当然紹介論文の作成にあたり、所属長、講師、参加者に内容を説明し口頭で了解を取ったが、紙面上そのことは明記されていない。事例研究は、特に個別のフィールドや人を対象とすることから、個人の特定や研究のためのプライバシーの侵害がないよう配慮する必要がある。研究を始める計画段階で研究報告を行う学会や関係機関の倫理指針等に照らし合わせて倫理的配慮について確認を行い、できれば倫理審査を受けるなどして、十分に注意を払わなければならない。また研究協力者への説明と主催者および参加者に口頭だけでなく書面で了解を取ることも必要である。

人の人生に同じものはなく、人が抱える問題や苦しみもまた同様である。そんな人の営み、生き方に関わるソーシャルワークだからこそ、成功および失敗のさまざまな実践を分析し理論を構築していくためにも、個々の事例について丁寧に研究し新たな理論を構築していくことは、ソーシャルワークのさらなる発展に欠かせない。

(杉野聖子)

文　献

岩本隆茂・川俣甲子夫（1990）『シングルケース研究法――新しい実験計画法とその応用』勁草書房．
北川清一・佐藤豊道編（2010）『ソーシャルワークの研究方法――実践の科学化と理論化を目指して』ソーシャルワーク研究所監修，相川書房．
野口定久・ソーシャルワーク事例研究会編（2014）『ソーシャルワーク事例研究の理論と実際――個別援助から地域包括ケアシステムの構築へ』中央法規出版．
田中千枝子・日本福祉大学大学院質的研究会編（2013）『社会福祉・介護福祉の質的研究法――実践者のための現場研究』中央法規出版．
谷　富夫・芦田徹郎編著（2011）『よくわかる質的社会調査　技法編』ミネルヴァ書房．
津田耕一・相澤譲治編著（2001）『事例研究から学ぶソーシャルワーク実践』八千代出版．
山本　力（2018）『事例研究の考え方と戦略――心理臨床実践の省察的アプローチ』創元社．

8 国際研究

> **論文** 黒木保博（2014）「移住労働者とNGO活動からみるアジア共同体——タイにおけるMMNとMAPの支援から」萩野浩基編『高齢社会の課題とアジア共同体』芦書房，115-29.

1 論文の概要

　私が初めて国際研究のために海外に出かけたのは1973年9月であった。韓国ソウル市で開催されたアジア地域国際社会福祉会議に大学院生4人で参加した。当時は、日本と韓国は、事前に入国ビザ取得が必要な外交関係であった。朴正熙大統領政権下での戒厳令、夜間外出禁止令が出されていた時代である。出国直前に金大中拉致事件が起こった。現在のように学生・大学院生が海外にいつでも気軽に出かける状況ではなく、周りからは「滞在中はトラブルがないことを祈っている」とよく声かけされたことを憶えている。韓国から日本に来る留学生もまだ少ない時代であった。実は、この最初の韓国訪問で出会った人達のなかから2名が翌年留学してきたことにより、いまだに密接に連絡を取り合うヒューマンネットができた。また、この出会いから、私の国際研究がスタートし、韓国から香港、中国、台湾、ベトナムやシンガポール等のアジア諸国へと関心が拡がった。

　今回は、「移住労働者とNGO活動からみるアジア共同体——タイにおけるMMN[1]とMAPの支援から」を取り上げる。日本学術振興会科学研究費採択による国際研究、特にソーシャルワークと東アジア地域研究に2003年から取り組んできた経緯があり、この論文発表の前後に姉妹書出版（報告書）をしている[2]。

　このように、この国際研究は、一連の研究テーマで取り組む過程で、労働者

の移住や移動問題との関心を自然な形で展開することになった。そして、これらの多文化社会における社会的リスク問題にソーシャルワーカーがどのように問題解決・改善を目指して取り組むべきか、支援のための有効な理論や技術を明らかにしたいという研究へと継続発展したのである。

テーマ選択の理由：なぜこの論文を執筆することになったのか、また、なぜ、その他多くの国際共同研究に携わり、諸論文を執筆し発表することができたかを最初に説明しておきたい。第一には、長年にわたる人々との出会いを通じて得た個人的人間関係に大きな理由がある。第二には、国際会議での知り合った研究者、それから以降の人と人とのつながりでつくり上げたヒューマンネットが、次々と出会いを生み、国際研究の関心テーマを呼び起こし、かつ研究計画に発展した。第三には、関心テーマは1つの国側からの視点だけでなく、できるだけ関係国にまたがる視点から多様的両面的に検討、分析すべきという理由である。第四には、国際研究には多額の予算獲得が必要となることから、これらの国際研究計画を実現するための研究費を着実に獲得できたことも、テーマ選択の大きな理由である。もちろん海外に出て行かなくても、研究テーマ視点を日本国内に置く国際研究は可能である。しかし、体験的にかつ段階的にフィールドワーク研究できたことが分析や成果には得がたいものになったといえよう。

研究目的：今回の論文では、外国人労働者受入国タイに関した問題に取り組んだ。タイ・チェンマイで働くミャンマー人移住労働者問題に焦点をあてながら、外国人労働者の生活問題解決、生活支援に取り組んでいるNGO活動の現状と今後の課題をまとめた。

2012年当時、タイの人口は6,688万人であった。労働調査によれば、その内の60％、3,953万人が労働人口である。しかし農業人口が1,653万人を占め、その他の業種が2,318万人となっている。タイが直面している労働問題として、1) 労働力の不足、2) 労働の質が低い、3) 最低賃金が低い、そして4) 労働人口の7％を外国人労働者が占めていること、があげられている。タイは労働者の送り出し国であるとともに労働者の受け入れ国でもあった。すなわち、タイの経済成長が隣国諸国よりも早かったことに伴い、1990年代には隣国のミャンマー、ラオス、カンボジアから多くの労働者を受け入れてきた歴史と実績があった。2012年には約300万人以上の外国人労働者を受け入れてきた。

しかしながら、外国人労働者の増加に伴う諸問題が発生し始めた。これはタイのみならず、他のアジア諸国にも見受けられる問題であった。論文ではタイ

政府の外国人労働者受入政策、法律の変遷を時系列に整理し、その後の外国人雇用法公布、隣国政府と交渉について述べている。とりわけミャンマー政府との交渉では、ミャンマー国内の少数民族・政治的難民等の問題もあり、合法化手続きが難航してしまった。労働許可書を持たない不法移民労働者の登録や申請受付を実施するものの、手続きができない人々が数多く残されたのである。

2 研究方法の紹介と研究への適応性

国際研究の特徴には、1）高齢化問題のように、世界的規模で共通する社会福祉問題、2）多文化、難民のように、ある国の社会福祉問題を別の国からも研究する、3）社会福祉制度・政策・実践を比較研究する、などがあげられる。しかしながら、他の領域の研究と同じく、研究方法には正確性、研究結果には信頼性をもつべきものである。いわば研究は科学的に準備、計画され、測定・収集、分析、考察されなければならない。

今回の研究過程を時系列的に説明する。

①まず、事前準備である。2010年夏に共同研究者の科学研究費助成申請書内容検討の研究会を開催した。10月の申請テーマの継続性、さらなる発展性を協議し、骨子をまとめた。3年間の研究計画内容には、1年目～3年目の年度具体的研究計画が必要であり、従来どおりフィールドワークを取り入れた。1年目は台湾調査（量的調査）、2年目にタイ・チェンマイ調査（質的調査）、3年目にミャンマー・ヤンゴン調査（質問調査）とし、必要経費を予算化した。つまり、日本からの往復航空運賃、現地交通費、宿泊費、日当の人数分、さらに通訳費、翻訳費、資料収集費等をベースにした予算化である。

②2011年4月に科学研究費採択連絡を受け取る。そこで現地調査を実現するための情報収集と協力者および協力団体探しとなる。今回は、日本国内でタイに関するNGO責任者や活動家を探すことから始まった。人づてに候補団体と責任者との交渉を重ねることになった。同時進行として、事前打ち合わせ、現地調査（質的調査）、資料収集、資料精読、論文執筆を採用した。かつ、通訳者探しも同時並行して行った。

③以下はタイ・チェンマイ調査について紹介する。本研究からさかのぼること2010年6月に香港でのIASSW、IFSW国際会議に参加した。ヒューマンネットからの紹介で、参加直前にアジア地域を対象に活動するNGO団体MMN

香港事務所の日本人活動家に接触できた。会議開催期間中に面会が実現した。ここでチェンマイの MMN 責任者の紹介を受けた。後日、この責任者から研究グループの受入可能という返信が届いた。2010 年秋の科学研究費助成申請書には研究協力者として名前を書き込んでいる。

④ 2011 年 7 月東京での国際会議来日期間中に、その活動責任者に直接に面談し、訪問先等も詳細に打ち合わせができた。また訪問先や情報入手先について、先方からの提案もあった。フィールドワークは 2012 年 9 月とした。

⑤ 共同研究者同士の事前打ち合わせ、メールや電話での質問内容・項目の確定、往復航空券や宿泊先等についての旅行業者との連絡を頻繁に繰り返した。大学の研究支援課とも予算執行のための手続き、領収証準備を行った。今回は共同研究者が英語・日本語の通訳を担当してくれることになり、通訳者探しが不要となる。

⑥ 6 日間の滞在期間中、各共同研究者に精力的にインタビュー調査を実施し、資料収集した。夕食時には、一日の振り返りと翌日の調査についての打ち合わせを繰り返した。海外での調査中に、時々、時差や生活スタイルの相違、食事内容の変化から体調不良の研究者が出てくるが、今回はそれも発生せず、予定どおりに調査を終了する。

⑦ 帰国後、指定期日までにそれぞれの報告書を提出してもらい、総括研究会を開催する。また調査先への帰国報告とともに御礼の手紙を送り、今後の協力も依頼しておく。

以上の振り返りから、国際研究の場合、海外の協力者、調査協力団体が重要な存在となる。どのようなヒューマンネットで、適切な「社会資源」に準備段階で出会うことができるかが決め手になるといえるだろう。

今回の調査研究では、次のような知見を得ることができた。主に女性の移住労働者窮状をサポートする NGO 団体として MAP 活動は大きく 4 領域に分けられた。① CHE (Community Health and Empowerment) では、移住労働者が住む地域での意識改善である。本人と家族が充実した生活環境を送るための支援である。② RFA (Right for All) では、移住労働者、雇用者に労働基本権に関する教育講座等を開設していた。③ LRA (Labour Right for All) では、職場で労働権がしっかりと守られているか等のキャンペーンを実施している。また ④ MMM (Map Multi Media) では、24 時間放送の FM ラジオ 2 局を開設し、ビルマ語、シャン (Shan) 語、カレン (Karen) 語等の多言語（母国語）ラジオ番組を放送していた。多くの移住労働者に必要な情報が行き届くことを目標

としていた。

　人権、労働権確立への支援、移住労働者を力づける支援活動をしていたといえよう。

3　これから国際研究を行う人へ

　今後の国際研究を志す人へのメッセージである。実は多くの留意点があるが、紙面の関係で1つだけにする。それは、言語の問題をどのように克服していくかということである。ここでも正確性と信頼性の問題がある。

　共同研究者に通訳者や翻訳者がいない場合、直接的には適切な通訳者、翻訳者をどのように探すか、得られるかが重要である。欧米での現地調査、収集資料の翻訳では、通訳・翻訳業者を探すことは可能である。私の場合、ホームページでの業者探し、また人づてや友人による紹介で探した。しかし、日本語通訳が得られない場合もあった。経験豊富な日本語通訳業者がいても提示された料金で折り合わない場合もあった。業者を見つけても、これまでの通訳や翻訳の実績から料金交渉をすることになる。1時間あたり、半日、あるいは一日の単価計算で料金を示されたが、大学の基準上限額よりも高額の場合が多かった。いわゆる企業向け単価になっていることから、研究機関としての上限額と事情を率直に伝えて、交渉した。また業者にしてもこれまでに実績から得意領域があるとのことであった。ある業者は、通訳当日には社会福祉領域の専門用語を調べてくれていた。正確性と信頼性を感じることになる。なお、中国、韓国、台湾での調査先、現地調査や帰国後の収集資料翻訳では、大学院留学生の協力を得ることができると強力な研究協力者となる。

　しかしながら、質問紙やインタビュー質問項目が調査実施国との間で日本と同じ意味として理解されているかどうかという問題がある。大学院生通訳や翻訳で、質問内容の回答とは明らかに異なる場合があった。再度、質問して意味がやっと通じたということを経験している。意味の相違は表現様式の違いでもあることから、重要な質問内容に関しては、あらかじめの打ち合わせが必要となる。通訳業者には、あらかじめ質問紙や質問項目を送付したことから、事前チェックを受けられ、疑問点について先方から問い合わせがあった場合もある。

　最後に一言。国際研究で海外に滞在しているときに、いつも考えることがある。それは海外の国に訪問し、研究しているのであるが、実は同時に日本のこ

とを研究していることになるのである。

(黒木保博)

注
1) Mekong Migration Network. メコン地域で働いている数百万人の移住労働者調査を共同実施するため、2001年に組織化された。
2) 2013年には「東アジアの結婚移住女性とその家族が抱える生活問題」、中嶋和夫監修『グローバル時代における結婚移住女性とその家族の国際比較研究』(学文社) pp.23-42 を発表した。2016年には、「日本のドメスティックバイオレンス政策の現状と課題」、中嶋和夫監修『多文化家族における家庭内暴力と福祉的介入の国際比較研究』(学術研究出版) pp.48-65、等がある。

文　献
阿部志郎・井岡　勉 (2000)『社会福祉の国際比較』有斐閣.
岩田正美・小林良二・中谷陽明・ほか編 (2006)『社会福祉研究法』有斐閣アルマ.

9 文献研究①

論文　渡部律子（2015）「ソーシャルワークの本質とアイデンティティ——アイデンティティをめぐる先行研究に見る現状と課題——」『ソーシャルワーク実践研究』2，ソーシャルワーク研究所，3-18．

1 論文の概要

　本稿で取り上げる論文は「ソーシャルワークの本質と専門職アイデンティティ——アイデンティティを巡る先行研究に見る現状と課題——」で、2015年9月発行の『ソーシャルワーク実践研究』第2号特集（「業態別ソーシャルワークと専門職アイデンティティ——独自性と共有性をいかに説明するのか——」）の依頼原稿である。筆者に期待されていたのは、ソーシャルワークの専門職アイデンティティに関する総論的論文であった。論文冒頭で研究法選択理由と研究の目的を述べているので、少々長くなるが以下引用したい。「本稿のテーマである専門職アイデンティティは、筆者自身が教育者・研究者となってからも、現場の人々や学生とのやり取りを通して考え続けてきたテーマであり、実際にはまだ答えを見つけることができていない。そのような状況で、本稿のテーマを論じる資格があるのか悩んだあげく出した答えは、先行研究レビューにより、これまで積み重ねられてきた知見の整理作業を通じて任を果たせるのではということであった。」と述べ、研究の目的は、文献研究を通じて「『ソーシャルワークのアイデンティティを巡る研究に見る現状と課題』を整理・紹介し、そこに課せられた課題は何か、それらのどのように向き合えるのか論じること」としている（渡部 2015：3）。この引用からわかるように、筆者の論文（以下、筆者論文と呼ぶ）では、研究法を先行研究レビューと呼んでいるが、本稿ではこの用語を文献研究と同義語と位置づけ議論していく。

　文献研究はどのような研究においても必要不可欠な構成要素である。レ

ビューする文献量や分析視点は異なるものの、研究者は、自分が追求しようとしているテーマに関する先行研究の知見を十分理解したうえで、研究を実施する必要がある。例えば、仮説検証のために質問紙調査を実施する場合にも、仮説の生成・質問項目選択などにおいて、先行研究の発見を踏まえておかなければならない。このプロセスを怠ると、不要な研究をしたり、信頼性・妥当性に欠ける尺度を使用したりすることになり、時間・エネルギー・費用の無駄使いになってしまう。

　筆者論文の構成は、1.課題設定の視座、2.先行研究レビュー、3.先行研究レビューから得られた知見の整理と考察、4.結びにかえての4節である。「2.先行研究レビュー」では、数多くの論文をその主要テーマに従って、海外と日本に分けて、①アイデンティティを巡る全般的議論、②様々な領域でのアイデンティティ研究（医療、施設、児童相談所、高齢者など）③制度・政策・組織とアイデンティティ、④専門性・エキスパートとアイデンティティ、⑤教育とアイデンティティ、の5つに分類した。「3.先行研究レビューから得られた知見の整理と考察―わが国の実践・教育・研究の今後の課題とその解決方法」では、先行研究レビューから得られた主要な知見を5つのポイントにまとめ、わが国における実践・教育・研究の今後の課題と解決法を論じた。課題解決を考える際の道標としては、「CSWEによる10項目のソーシャルワーカーのコンピタンシー」を用いた。例えば、コンピタンシーの第7番目にある「人間行動と社会環境の知識を適用する」については、先行研究レビューで抽出された「科学性追求と実践知・芸術性の共存の可能性の課題」との関連性で議論を深め、「ソーシャルワーカーの仕事のプロトコール分析とその内容の検証を含めた実践知の蓄積」を提案している（渡辺 2015：15）。

2　研究方法の紹介と研究への適応性

　文献研究の方法論に関しては、すでに数多くの書籍が出版されていること、また本稿に紙幅制限があることを考慮し、ここでは筆者の経験をもとに論を進めたい。筆者にとって、文献研究の鍵は、1)「自分のたてた研究の問い」に適した文献を見つけること、2) 数多くの文献を読み込みその要点を理解するだけでなく、自分の研究目的にあった分析枠組みを用いて整理していくこと、3) 先行研究が見出した知見、残された課題を提示すること、にある。以下、これ

ら3点に関して筆者論文を振り返りたい。

第一に関しては、「ソーシャルワーク」と「アイデンティティ」の2つのキーワードを含む論文を日本語文献ではCiNii、海外文献ではPsycINFOから抽出した。文献を選択する際の悩みの1つに、どの時代の研究までたどるべきか、すべてを読破すべきかということがあろう。理想を言えば、「できる限り古い時期まで、すべてを」ということになる。しかし、これが不可能な紙幅制限のある論文では、しっかりとしたレビュー論文を見つけて「ある時期までの研究動向概要」を理解したうえで、必要不可欠な研究を取捨選択することもできる。筆者論文は、20,000字であった。「第2節①」で使いたい論文数はあまりにも多く、すべてにあたることは不可能であった。この問題から筆者を救ってくれたのは、「Flexnerの有名なスピーチが初期の専門職の発展に及ぼした影響」について、120本以上の先行研究をレビューして論じたMorris（2008：29-60）の研究であった。つまり、質の高い文献研究を見つけ出し活用することができれば文献が多すぎるという課題への対応が可能である。もう1つ提案できる方法は、レビューしたい論文すべてに関して、その研究目的・研究方法、結果、考察などを要約し、同時に論文を読み込んだ研究者自身による評価（議論の妥当性などに関するもの）を一覧表にして提示したリストの活用であろう。複数のテーマを一冊のなかで論じた書籍にこの方法を応用する際には、少し工夫が必要であるが骨子は変わらない。

第二に関しては先述のように、先行研究を便宜上、5つに分類し、その分類に従って先行研究の要点をまとめた。分類は議論の切り口に影響を与えるため、五分類にたどり着くまでにかなりの時間を要した。筆者が、全般的、領域別、制度などのマクロ視点、専門性、教育、という分類にたどり着くまでのステップは、1）タイトルや論文のアブストラクトなどからグループ分けをする、2）それぞれの研究論文を読み込み、論点をまとめてみる、3）最初のステップで作成した分類に属さない研究を外したり、また組み替えたりする、4）ステップ1の分類が不適切だと考えた場合には、分類の仕方自体も変えて先述のステップで分類の適切さを再考する、というものであった。

第三に関して、「先行研究が見出した知見の整理と考察—課題解決を考える際の道標（第3節—③）」の議論では、2008年にCSWEが出した「ソーシャルワーカーの10のコンピタンシー」を議論の道標として使用した。例えば筆者論文で何度も出てきた「ミクロからマクロまでの視点を同時に持つソーシャルワーカーの必要性」は、先述のコンピタンシーの10項目のなかの大半と合致して

いたため、「優れたSWer.[1]は、個人のクライエントが対象の仕事においても、その人の問題に影響している環境状況を統合的にアセスメントし、最善の支援を考えている。そのプロセスでミクロ実践をしていても、組織理解、制度・政策理解とそれらへの働きかけが必要なことを実感している。…（中略）そこで必要となってくるのは、ミクロかマクロかという対立構図で捉えるのではなく、いかに相互交流を成し遂げソーシャルワークを高めていける思考ではないだろうか。」と述べている（渡辺 2015：13）。

3 これから文献研究を行う人へ

　文献研究を計画している実践家・学生・研究者の方々にお伝えしたいメッセージは数々あるが、そのなかから3点を選び以下に紹介する。
　第一は研究の意義に関するものである。自らの研究がソーシャルワークにどのような形で貢献できるかという「研究の意義」をしっかりと考えて研究してほしい。もちろん、研究のテーマは多様性にとんでいてよい。それでこそ、研究に広がりがでる。しかし、忘れてはならないのは、「…その研究が本来ソーシャルワークに課せられている使命遂行を支えていくのに貢献し、クライエント・実践家・研究者をエンパワーできる…」（渡部 2010：20）ものであるかどうかをしっかりと見極めることである。
　第二は、文献の整理法に関することである。すべての研究者が、何らかの形で実践しているとは思うが、自分なりに定型化した「文献ノート」作成・使用をお勧めしたい。文献研究は複数の文献の要約羅列ではない。文献をクリティカルに読み込み議論することが不可欠である。そのための1ステップとして筆者が大学院生に提案してきたのが「文献ノート」活用である。文献ノートには①著者名、タイトル、出版年、などの基本情報、②研究の目的と研究方法（目的と方法の適合性）、③研究論文の構成（どのように論理展開されたか）、④結論（最終的に抽出された結論、残された研究課題）、⑤論文構成・使用参考文献・研究方法・結論に対する評価（どの部分がどの程度受け入れられるか、その根拠は何か等の批判的な考察）を整理していく（渡部・料所　2004：49-53）。さらに、文献ノートは、論文単位だけでなく、テーマ・キーワード別にも作成しておく。つまり、1つの研究論文から複数のノートを作成することになるが、PCソフトウェアを駆使すれば、この作業自体はそれほど大変ではないだろう。

第三は、文献の探し方に関するものである。焦点化されすぎたテーマを選択した人々がよく口にする「自分が研究したいテーマに関する文献がほとんどない」という問題では、応用可能な他領域研究にまで文献検索範囲を広げることをお勧めしたい。また、文献検索の際には、特例を除いては必ず海外での研究論文をも検索することが必要である。さらに、自分の足で文献探しをすることの意味を忘れないで欲しい。IT化が進んだ現在、データ検索ソフトウェアのみに頼って文献を探す研究者たちが増えているが、どこにどんな有益な文献が潜んでいるかわからない。特に単行本は、タイトルだけからはなかなか内容がわかりづらいことが多いため、実際に図書館など現物がある場所に足を運んで、上述したような関連領域をも含めた文献発掘作業を実施していただきたいと願っている。

　最後に、どのような研究でも、先行研究から導き出された知見の理解が重要である。「急がば回れ」の諺のとおり、ここにかけるエネルギーを惜しまずソーシャルワークの発展に寄与する研究が増えることを期待したい。

（渡部律子）

注
1) ソーシャルワーカーの略語として筆者論文でこの用語を使用。

文　献
Morris, P. M.（Mar 2008）. Reinterpreting Abraham Flexner's Speech, "Is Social Work a Profession?": Its Meaning and Influence on the Field's Early Professional Development, *Social Service Review*, 82（1）.
渡部律子・料所奈津子（2004）未刊行『渡部ゼミ大学院テキスト』（2011年改訂版）.
渡部律子（2010）「ソーシャルワークの研究方法――ソーシャルワーク研究の発展に向けて――」ソーシャルワーク研究所監修，北川清一・佐藤豊道編『ソーシャルワークの研究方法――実践の科学科と理論化を目指して』第2章，相川書房.

参考図書
木原活信（2010）「ソーシャルワークにおける先行研究の意義と文献検索の方法」ソーシャルワーク研究所監修，北川清一・佐藤豊道編『ソーシャルワークの研究方法――実践の科学化と理論化を目指して』第4章，相川書房，59-73.
筆者の章で参考文献としていれたものであるが、第4章は先行研究を取り上げている。論文の構成全般を取り上げるとともに、ソーシャルワーク固有の研究「介入研究」の方法や「質的・量的ミックス法」なども含まれている。

二木　立（2013）『福祉教育はいかにあるべきか―演習方法と論文指導』勁草書房.
日本福祉大学教授二木立ゼミでの実際の大学院論文指導の実例なども含まれ、具体的に研究論文を作成していくポイントが良くわかる一冊。指導を受けるものだけでなく、指導

者にとっても有益な一冊。

Reamer, F. G. (1998) Social work research and evaluation skills: A case-based, user-friendly approach. New York: Columbia University Press.
英書であるが、是非一読して欲しい一冊。ソーシャルワーク研究の固有性を考慮し、詳細に研究プロセスを理解できる文献である。

Richard M. Jr Grinnell and Yvonne A. Unrau (2018). Social Work Research and Evaluation: Foundations of Evidence-Based Practice (English Edition) 11th Edition, Kindle 版.

上野千鶴子（2018）『情報生産者になる』ちくま新書.
ソーシャルワークに特化したものではないが、全編わかりやすく役に立つ一冊。第3章「先行研究を批判的に検討する」(50-70) は、先行研究についての章である。批判的に先行研究を読む、ことの重要性が指摘されている。

10 文献研究②

> 　久保美紀（2014）「ソーシャルワークにおける当事者主体論の検討——援助されるということへの問い——」『ソーシャルワーク研究』40（1），相川書房，25-33.

1 論文の概要

　本論文は、「日本のソーシャルワーク再考―原点回帰の必要性を問う―」という特集テーマのもと執筆したものである。ソーシャルワークにおいて、「当事者主体」という概念が重要な位置を占めているが、それは援助活動の具体的側面にどのような影響を及ぼしているのか、これまでのソーシャルワーク研究が当事者の意思をどのように反映してきたのか、当事者の視点がなぜ必要なのか、当事者主体の支援とは何かといった問題意識が本研究テーマ設定の背景にはあった。

　論文構成としては、まず近年の当事者をめぐる議論を概観し、次に当事者主体を生み出した、援助対象である当事者（クライエント）からの発信の意義を確認した。そのうえで、援助活動に潜む罠に陥ることなく展開させる、当事者主体のソーシャルワークの援助枠組みを呈示することを目指した。援助活動はクライエントとソーシャルワーカーとの協働作業であり、信頼関係に裏打ちされた援助関係がないと成り立たないが、それぞれの立場が援助する側と援助される側に二分されることになる。援助される側になるということ、クライエントになるということは、その人をどのような状況に置くのか、クライエントにとって当事者主体とはいかなる意味をもつのか、検証したいということが副題に込めた想いであった。なお、多様な文脈で語られる「当事者」について、本論文においては、「社会生活を送っていく上で困難な状況に置かれ、その生を継続するためには他者の支援を好むと好まざるとにかかわらず受けざるをえな

い人。そして、その支援を受けることが正当であること」と概念設定して論を展開した。

　筆者は、本研究に取り組むまでに「当事者主体の支援論」をテーマに、ソーシャルワーカーおよび当事者本人を調査協力者として、インタビュー調査法を用いた実証的研究に取り組んできた。その際、常に念頭にあったのは、調査協力者、とりわけ当事者にとってその調査に協力することがどのような意味をもつのか、メリットがあるのかを考慮すること。また、かたちのうえでは、調査主体と調査対象に分かれるが、調査は調査対象者の同意が得られないと成立しないところから、調査の実施を調査主体と調査対象との共同研究として位置づけることであった。

　本研究においては文献研究を採用したが、それは、学術論文とは、新たな調査データや既存の文献レビューによる根拠の積み重ねによって説得力をもちながら、新たな知見を編み出そうとするものであるとの考えに基づく。対象とする文献の範囲は幅広く設定し、文献レビューの過程で絞り込んでいくにつれて、研究テーマについての考察が深まり、気づきが生まれ、新たな発想に結びつくことがある。さらに、研究計画の妥当性を見直すことができる。

　具体的には、対象とする文献は、社会福祉・ソーシャルワーク領域に限定せず、他の学問領域の文献を含むことになった。文献となる資料は、テーマにかかわる人・出来事の当事者が執筆したもの（手記、書簡、作品など）である一次資料と、それを素材にして第三者が執筆した研究書などの二次資料に分類される。本研究のテーマが当事者主体の支援論であることから、一次資料にあたることを重視した。セルフヘルプ運動の活発化によるアクターとしての当事者の登場もあり、当事者が社会的な場で生活体験やライフヒストリーを語ることや、当事者の手による手記・記録の刊行は珍しくなくなった。つまり、当事者が語られる対象から語る主体になり、客観的観察からは知り得ない当事者のリアリティを表す一次資料が蓄積されてきている。そうした当事者からの発信を踏まえて、当事者の声を聴くということを再考し、当事者支援の過程について論じた。そのうえでなお、当事者はなぜ語らなければならないのか、当事者は本当に語ることができるのか、当事者になるとはどういうことなのか、問い続けることの必要性に言及した。

2 研究方法の紹介と研究への適応性

　先行研究の批判的検討は研究活動の基本であることはいうまでもない。なぜなら、研究は、基本的には先達たちの努力の上に成り立っており、そのレビューは当該研究を進める根拠であり、その上に新たな根拠を積み上げていくものだからである。情報技術革新の恩恵を受け、文献研究のありようは大きな変化を遂げている。文献検索サービスは充実しているが、それによって膨大な情報量に溺れてしまうこともあり得る。そこで必要になるのが、問題関心の再確認と研究テーマの絞り込み、そして、研究テーマとの関連における当該文献の重みづけの作業である。一方で、従来型ともいえる、俗にいう「芋づる式」の文献収集は研究テーマの歴史的展開について、学びを深める作業にもなる。取り上げた文献に掲載されている文献にあたっていくと、そこから誰もが取り上げている共通文献、いわばそのテーマの基本文献があることに気づく。

　加えて、かつて強調されていた、いわゆる「足で稼ぐ」文献収集も忘れてはならない。文献検索サービスでヒットするのは、二次資料が多い。一次資料は、実践現場に出向き、その場での人との対話がないと出会えない。人と人との出会いがそうした文献との出会いを仲介する。そういう意味では、実践者は一次資料の宝庫にいるといえ、さらには一次資料を生み出す人でもある。本論文の着想を後押ししたのは、実践現場における勉強会や聴き取り調査などを通して学んだことであった。

　先行研究のレビューに限界があることを認識し、さまざまな文献収集の方法を駆使して、オリジナルの文献リストができあがるが、研究はそれに取り組む者の何らかの価値志向を含んでいるということを忘れてはならない。ソーシャルワークが対象とする問題群は、多様化かつ複雑化し、研究課題も細分化している。それぞれが取り組んでいる研究テーマの根底には、その人の価値観や人生が横たわっている。また、自分の都合のよい文献のみ活用したり、主観的な評価は避けなければならない。本論文の場合、ソーシャルワーク領域に限定せず、他の学問領域の文献、当事者の手による文献を対象にしたため、各文献の視点、立場性を特に考慮した。

　日頃より、当該領域の主要文献が吟味され、研究の全貌をつかんでおきたい。例えば、日本社会福祉学会・機関誌『社会福祉学』の「学界回顧と展望」、『社会福祉研究』（鉄道弘済会）の「社会福祉の回顧と展望」などは、最新の文献

レビューがなされているので参考になるだろう。それをもとに、中立の立場に立って、研究の到達点、研究成果の整理・評価を試みるとよい。本論文作成も、アップ・ツー・デートな研究動向を視野に入れ、本研究テーマの学術的意義を問い直しながらの作業であった。

　すべては時代の子であり、その文献の時代状況の制約も受ける。したがって、時系列で研究の展開を整理し、研究の枠組みやアプローチがどのように継承されたり、修正されたり、あるいは、もう1つの枠組みやアプローチが生まれているか把握する必要がある。先行研究の成果にはおのずと限界がある。したがって、既達成課題と未達成課題を明らかにし、既達成課題に新たな分析視覚を導入したり、未達成課題に取り組むための方法を見出していくことになる。学術雑誌の査読を行っていて感じたことは、先行研究のレビューが十分になされていない場合、研究目的の明確さや的確さ、研究計画の適切さ、論証過程の妥当性が見られず、結果として新たな知見を見出すに至らないということである。先行研究のレビューは、研究の生命線であるオリジナリティの発揮には不可欠である。

　先行研究のレビューは、その研究を行ってきた研究者の研究の過程を追体験することであり、先行研究との対話を通して、新しい思考のパターン、新たな知の領域を発見し、新しい着想を生み出す創造的な過程である。研究テーマは、いずれにせよスペシフィックでローカルなものである。自らの研究が、ソーシャルワーク研究全体のなかで、どのような位置を占めているか、いわば、研究の「ミクロ─メゾ─マクロ」の俯瞰図を描き、自分の取り組んでいる研究が、ローカルに、そして、グローバルにどのようにつながっているか確認する作業も必要であろう。

3 これから文献研究を行う人へ

　日本ソーシャルワーク学会研究倫理指針（2018）の遵守義務のなかに、「会員は研究者として、合理的な研究法に関する知見を探求し、使用することに努めなければならない」、「会員は、研究者として、新旧の先行業績を探索し、学界の研究水準の維持・向上に努めなければならない」ということが含まれている。先達の積み上げてきた知に学びながらも、新しい課題、待ったなしの課題に対処していくためには、それを否定し、放棄する勇気が必要なこともあるだ

ろう。いや、それは、ある意味、必然なのかもしれない。編み出された理論知は、誕生した瞬間に過去のものになる側面をもっている。従来、「大学で学んだことが現場で役に立たない」と言われ、現場実践と机上の理論との乖離が指摘されてきた。本論文でもふれたが、実践現場には、理論知だけではなく、実践知や暗黙知、さらには当事者の知など、さまざまな知が混在し作用している。実際のソーシャルワーク実践を支えている理論は、科学的に証明された理論知だけではない。既成の理論知を継承しながら、現場実践に根ざした研究を通しての新たな知の生成に取り組んでいくことが求められる。そうして生成された知が10年後、20年後に先行研究として蓄積され、やがては先行研究レビューの対象になり、次世代につながっていく。

　ソーシャルワーク専門職のグローバル定義（2014）では、「ソーシャルワークは、社会変革と社会開発、社会的結束、および人々のエンパワメントと解放を促進する、実践に基づいた専門職であり学問である」と明言されている。実践学といわれる社会福祉学において、ソーシャルワークの実践と理論をつなぐことは重要なテーマである。そこでは、現場実践からの学びと研究成果の実践現場への還元との相互交流が欠かせない。ソーシャルワーカーは実践者であり研究者でもあるという2つの顔をもち、実践と研究の相互作用のなかで成長していく。さらに、現場実践から見出された実践的な研究に取り組み、その研究成果が政策立案の根拠になっていく。それを果たす前提として、ソーシャルワーカーが日々の実践を振り返り思考する時間を確保していくことが実践力・研究力を養っていくうえで不可欠であろう。

　　　　　　　　　　　　　　　　　　　　　　　　　　　　（久保美紀）

文　献
岩崎晋也・岩間伸之・原田正樹編（2014）『社会福祉研究のフロンティア』有斐閣.
岩田正美・小林良二・中谷陽明・ほか編（2006）『社会福祉研究法』有斐閣.
斉藤　孝・佐野　眞・甲斐静子（1989）『文献を探すための本』日本エディタースクール出版部.
ソーシャルワーク研究所監修，北川清一・佐藤豊道編（2010）『ソーシャルワークの研究方法——実践の科学化と理論化を目指して——』相川書房.
東洋大学福祉社会システム専攻出版委員会編（2011）『経験と知の再構成　社会人のための社会科学系大学院のススメ』東信堂.

11 文献研究③

空閑浩人（2014）「『場の文化』に根ざした社会福祉援助に関する研究――ソーシャルワークにおける『生活場モデル（Life Field Model）』の構想――」『評論・社会科学』108，同志社大学社会学会，69-88.

1 論文の概要

　筆者が、2014年に執筆・発表した論文「『場の文化』に根ざした社会福祉援助に関する研究――ソーシャルワークにおける『生活場モデル（Life Field Model）』の構想――」（『評論・社会科学』108，同志社大学社会学会，2014）は、実践現場からの問題意識をもとに、文献研究により執筆したものである。

　筆者はかつて、身体障害者福祉施設の職員であったが、研修その他の機会でソーシャルワークを学ぶなかで次のような疑問を抱いていた。それは、「ここは日本であり、私が働いているのは日本の社会福祉施設であり、日々の仕事でかかわる利用者や家族の多くは日本人であるのに、なぜアメリカのソーシャルワーク理論ばかりが語られるのか」というものである。社会福祉における理論と実践との乖離、それに関連してアメリカ・ソーシャルワークの「直輸入」に対する問題、そして日本的なソーシャルワークの必要性の指摘は、これまでも数多くなされてきた。確かに、海外の理論の「翻訳」や「輸入」の重要性は認めつつも、それだけではなく、日本の社会福祉現場に根ざし、そこでの実践のなかから描かれ、日本人とその生活を支援するソーシャルワークが、日本語で語られないものかと考えていた。

　ソーシャルワークの実践では、当事者や利用者および家族の「生活」をとらえる視点が必要とされ、そこではどうしても、人々に共有されている生活様式や思考様式、価値観等の文化的側面を視野に入れざるを得ない。その意味で、日本で生活する人々のリアリティ、すなわち多くの日本人に共有されている生

活文化に基づいた、ソーシャルワークの方法や実践のあり方が求められる。そのような問題意識に基づいた筆者の一連の研究は、「日本流」のソーシャルワークのあり方（ソーシャルワークの「日本モデル」）を見出すことを目的とするものであった。

その成果の一部としての本論文では、日本人は「社会」というよりは「世間」という生活世界に生きる存在であることに着目した。それは、他者との関係が織りなす「場」によって、自らが生活の主体として支えられるという存在である。すなわち、日本人の暮らしを支えるのは、家族や世間という「関係」が織りなす「場」であり、家庭や地域、職場、学校、施設という具体的な「場所」で体験される「関係」である。そして、そのような「関係」や「場」が単なる物理的な空間ではなく、自らにとって「居場所」であるということが、安定した生活を営むうえで重要なのである。本論文では、このような日本人の文化を「場の文化」であるとし、「場の文化」に根ざしたソーシャルワークのあり方に関する検討を通して、ソーシャルワークの日本モデルとしての「生活場モデル」の構築に向けた考察を試みた。それは、他者との「関係」やそれらが織りなす「場（生活場）」を重視する日本人の価値観や生活習慣に基づいた日本のソーシャルワークのあり方である。当事者や利用者にとっての生活の基盤となる「関係や場所」、すなわち生活場へのアプローチを重視し、その生活場の維持や構築さらにその豊かさを志向するソーシャルワークのあり方である。

今日ではさまざまな領域や分野で「国際化」が進展していく状況にあるが、国や地域による生活や文化の差異を考慮しないままに、ソーシャルワークの方法や技術の「普遍化」や「標準化」を進めることには意味はない。そういう時代であるからこそ、「日本国籍」をもつ、日本の個性や独自性に根ざしたソーシャルワークを大切にしていかなければならないと主張した。

2 研究方法の紹介と研究への適応性

①本論文における文献研究の意義

本稿執筆に至るまでの作業の多くは、文献のレビューに費やした。日本人の生活様式や行動様式、意思決定の仕方、また親子関係や家族意識など、あくまでもソーシャルワークの実践場面で遭遇する人々とその生活の文化的な側面を念頭に置きながら、哲学や文化人類学、心理学や経営学など幅広く文献を渉猟

し、かつ丁寧にレビューを重ねた。集めた文献のレビューを通して、日本人の文化を表す言葉としての「場の文化」というキーワードが得られたことは、本研究において重要なことであり、かつこのことにより論文執筆の見通しが得られることになった。そしてここから、「場の文化」に根ざした日本流のソーシャルワークとして、日本人の生活を支える「生活場（Life Field）」へのアプローチを基盤に据えたソーシャルワークの理論と実践の追求へとつながっていった。

　文献研究とそれによる論文執筆は、テーマに関連する文献を適当に集めて、読んで、要約して、つないでというものでは決してない。自らが抱いた「問い」について、これまで何が言われてきたのか、何が明らかにされてきたのかということ（すなわち「先行研究」）を徹底的に調べて、問いに対する新たな知見を導くことが求められる。また、丁寧な文献のレビューによって、自らが取り組んでいる（取り組もうとしている）研究の正当性や必要性が与えられるという点も重要である。筆者の場合も、日本のソーシャルワークをめぐる課題に何があるのか、日本人の文化とは何か、そのどのような側面をとらえてソーシャルワークの実践に反映させていくのかという問いを抱えながら、文献レビューを行った。レビューに基づいた自らの研究の必要性や意義を感じながらの作業は、研究を継続する意欲にもつながった。研究のテーマによっては、社会福祉やソーシャルワークの分野に限らず、多様な研究領域の文献を集めることが必要となる。筆者も日本人の文化に関する著書や論文などを、図書館や大型書店で、またデータベースやインターネットを活用しつつ、ひたすら探して、集めて、そして読んでいった。

② 「文献研究」の意味

　一定の文献（著書、論文、雑誌や新聞、インターネット上の記事など）のレビューを通しての研究を総称して「文献研究」というが、この言葉の意味は2つあると考える。1つは「文献の研究」、そしてもう1つは「文献による研究」である。前者は過去に出版や公開された何らかの文献を取り上げて、そこに記された内容についての説明や分析、解釈といった作業を行うことを意味する。後者は、自らの問い（研究課題、リサーチクエスチョン）に対する解答を論理的に導くための方法として、先行研究としての複数の文献を活用した研究である。実際の文献研究の過程においては、両者は重なることが多いが、いずれにしても「先人達による先行研究から学ぶ」ということは、研究過程では欠かせない作業である。

Google Scholar（グーグルの学術情報検索サービス）のトップページには、「巨人の肩の上に立つ（Stand on the shoulders of giants）」の言葉があるが、先人たちが積み上げてきた先行研究のレビューにいかに時間と労力を費やしたかが、研究内容を左右すると言っても過言ではない。論文を書き始めるまでに止まらず、書き終わるまでの執筆途中の間も、常に新たな文献を見つけては、レビューするという姿勢が必要である。

3　これから文献研究を行う人へ

　文献研究とは、言い換えれば「理論研究」である。ソーシャルワークは理論と実践が両輪となって展開、発展する営みであり、その意味では、ソーシャルワークや社会福祉に関するさまざまな研究のなかでも、文献研究は基本となる研究であり、その方法である。質的調査や量的調査などによる調査研究を行う際にも、基礎的な理論研究そして先行研究のレビューとして、その土台となるものである。

　前述したように、筆者は社会福祉施設職員としての働くなかで、自らが漠然と感じていた疑問や違和感を、研究上の問いや課題として設定することができ、そのことが研究の動機やそれを継続する意欲につながったように覚えている。現任のソーシャルワーカーや社会福祉実践者の方々には、ぜひ日常の業務のなかから立ち上がる疑問や違和感などを（たとえ些細なことや曖昧なことであっても）、「問い」として大切にして欲しいと思う。そこから、その問いに関連する文献を徹底的に読み込むことを通して、自らが取り組むべき研究課題が明らかになる。研究の準備段階でよく言われることに、頭に浮かんだ何らかの疑問を研究課題として適切なものにするためには「絞り込み」が必要ということがあるが、この絞り込みの作業がすなわち、関連文献や先行研究のレビューなのである。

　自らの日々のソーシャルワーク実践経験のなかから感じた疑問を、研究上の「問い」とすることによって、関連する文献を読んで、考えて、また読んで、一定の解答を見出し、実践に反映させていく、あるいは論文にまとめることが可能となる。このことは人や地域にかかわる支援活動としての、ソーシャルワークに携わる魅力でもあると考える。言うまでもなく、私たちが取り組むべきは、研究のための研究ではない。専門職であり、「学問」としてのソーシャルワー

クの理論と実践の双方の発展が、何より当事者や家族、地域への支援やサービスの質の向上につながる、そのための研究活動なのである。

（空閑浩人）

文　献

大木秀一（2013）『看護研究・看護実践の質を高める文献レビューのきほん』医歯薬出版.
岩田正美・小林良二・中谷陽明・ほか編（2006）『社会福祉研究法――現実世界に迫る14レッスン』有斐閣.

12 歴史研究

>
> 木原活信（1999）「ジョージ・ミュラーが石井十次に及ぼした影響」同志社大学人文科学研究所編『石井十次の研究』同朋舎．

1 論文の概要

　歴史学者カー（E. H. Carr）は、歴史とは「歴史家と事実との間の相互作用の不断の過程であり、現在と過去との間の尽きることを知らぬ対話」（Carr=1962：40）であると述べた。そして「過去は、現在の光に照らして初めて私たちに理解出来るもの」であり、「過去の光に照らして初めて私たちは現在をよく理解することが出来る」（Carr=1962：78）と過去と現在に関する歴史の二重性を説いている。「現在と過去との対話」というこの歴史哲学は、ソーシャルワークにおいて歴史を学ぶことの重要性を問うているように思える。

　上記の問題意識をもって、ソーシャルワークの歴史研究の意味に関して考察していきたいが、ここで取り上げる論文は、「ジョージ・ミュラーが石井十次に及ぼした影響」（木原 1999）である。この論文は、ジョージ・ミュラー（George Müller）というキリスト教主義の孤児院創設者が岡山孤児院の石井十次に及ぼした影響について議論した歴史研究である。この論文を取り上げた理由は、ソーシャルワークの歴史を考察するにあたり、石井十次という「日本の児童福祉の父」の実践の先駆性とその思想を歴史的に考察することが重要と考えたからである。石井十次は著名でありながらも、案外その実践の中身については十分に理解されていない。石井のように名の知られた人物の実践を、既存の先行研究を批判的に考察しつつ原資料に基づいて丹念に研究することの意義と方法について、これから福祉実践を学ぶ学生やソーシャルワーカーたちに知ってもらい

たいと考えたからである。

　さて、石井十次は自分の理想の人物として、影響を及ぼした以下の3人の人物をあげている。母のごとく慕った炭谷小梅、ジョージ・ミュラー、そしてキリストである（1890年8月15日日誌）。彼の福祉実践思想は、この3人の影響を抜きに語れないが、信仰、事業の両面においてミュラーの影響はとりわけ大きい。本論においては、特にこのミュラーとの関係にのみ焦点をしぼって議論している。

　先行研究において等閑視されてきた以下の3点を中心に議論した。①日本のキリスト教史や社会福祉（事業）史において先験的ともいえるような形でミュラーが紹介されてきたが、そもそもミュラーとはどのような人物であったのか、特に欧米の社会事業史上にどのように位置づけられるのか、詳細に明らかにした。②石井がミュラーから具体的にどういう影響を受けたのか。例えば、石井が医師となることを断念して孤児救済事業にコミットすることを象徴的に物語る「医書焼却事件」にミュラー主義の影響の詳細を彼の日誌により詳細に論じた。③これまで石井がミュラーに傾倒したという面が強調されすぎたために、彼の全生涯におけるミュラー観の変遷過程は等閑視されてきた。石井がミュラーを尊敬し、その事業を模倣しようとしたというのは事実であるが、晩年はミュラー主義と対峙し、そのことゆえに苦悩し、そして最終的にはこれを批判しているという事実は見逃せない。この点についても日誌から分析した。なお、本論文の目次は以下のとおりである。

　一　ジョージ・ミュラーとブレザレン運動（Brethren movement）
　二　ジョージ・ミュラーの社会事業史に占める位置
　三　石井十次のジョージ・ミュラーへの出会いと傾倒
　四　「医書焼却事件」にみるジョージ・ミュラー主義の影響
　五　石井十次のジョージ・ミュラー訪問計画と挫折
　六　石井十次のジョージ・ミュラー主義の方法的検討と一時的復帰
　七　石井十次のジョージ・ミュラー主義への批判と総括

2　研究方法の紹介と研究への適応性

　研究方法は、歴史資料に基づく文献研究である。二次資料をもとにした研究ではなく、石井の残した日誌（石井 1956）という一次資料をもとにした研究

である。しかも、部分的に必要な部分だけ拾い読みをするのではなく、日誌全体をデータベース化し、それをもとに上記の研究目的に即して分析することに特徴がある。当時は、データベース化のソフトが限られており、「桐」（管理工学研究所が開発しているデータベース管理システム）というソフトを使った。膨大な石井十次の日誌を同志社大学人文科学研究所のキリスト教社会問題研究が、特別チームをつくってデータベース化することに数年の歳月をかけた。当時、大学院生であった私自身も長期間にわたってその中心的な作業メンバーとして研究チームに参加した。

　日誌、書簡等の一次資料の使用にこだわった理由は、これまであまりにも石井十次の研究が二次資料による研究が多く、それが石井十次の「神話化」を生み出すという弊害があったことが問題意識としてある。例えば、柴田善守の書いた『石井十次の思想と生涯』（柴田 1964）、あるいはその他の石井の伝記があるが、これをベース（前提）にして、石井像が組み立てられ、それをもとにその実践や思想が取り上げられることが多かった。それらは優れた研究、伝記ではあることは間違いないが、新しい研究は、むしろそれらを批判的に考察して、原資料（事実）に基づいた、再考察が必要であると考えたからである。これまでの先行研究を批判的に考察し、石井の「脱神話」作業を進めるチームとしての研究が重要なものとなった。

　研究の手順としては、一次史（資）料の収集、資料整理、からはじまる。書簡、日誌など、それらを所蔵している個人の私宅含めてこちらから出向いていく作業もあった。そして膨大な日誌のデータベース化（桐）に研究チームとして相当の年月をかけた。この成果は思わぬ発見にもつながった。例えば、石井が膨大な日誌のなかでたびたび「脳病」「頭痛」などと語る場面があったが、当初はその実情があまりよくつかめていなかった。この用語をデータベース化して、それを抽出した年代的データを、精神病理の鑑定の専門家である精神科医師に見せたところ、「梅毒による副作用の症状」であるとの見解を得た。これは、想定を超えた結果であった。その他、交友関係、施設のお金の出入りなど多くの点がこのデータベース化によって深層が明らかになった。数年にわたってこれらの研究成果を徐々に公表していった。最終的に同志社大学人文科学研究所編『石井十次の研究』（木原 1999）として出版したが詳細はそれらを参照されたい。

　ところで、一次資料と二次資料は、歴史学の研究方法上において峻別される重要な指針であるが、ソーシャルワーク研究においてはあまり意識されていな

い。歴史研究では一次資料を集め、それを正確に適切に分析し、最終的に解釈していく。そうなると、いかに一次資料を自ら発見し、それに接近することができるのかということが、よい研究の前提条件となる。

このような研究以外にも、社会福祉学研究の場合、実は、歴史学者や社会学者に指摘されたことがあるが、一級の貴重な原資料が福祉実践そのもののなかにちりばめられているという「強み」があることを忘れてはならない。例えば、施設史研究という場合も、100年以上にも及ぶような貴重な資料（宝物）がそのまま当該施設の倉庫などに手つかずで保管されていることがある（残念ながらすでに処分されていたということも少なくない）。施設実践にかかわるか、それを理解し、懇意にしていると、施設の側からその全資料の引き取りの依頼が入ってくることもまれにある。これらに協力することで、研究成果に活かされてくることがあるのである。

3 これから歴史研究を行う人へ

本章では一次資料による実証的研究の重要性について石井十次の研究成果をもとに議論してきた。そこには対象への徹底した接近には手間と時間がかかることを理解しなければならない。その覚悟が求められるし、そこには実践家への強い関心がなければ持続できるものではない。

ところで、ソーシャルワーク研究の場合、資料、文献の精査だけでなく、当事者や利用者の発言そのものが、生きた証人としての「語り」というデータが身近にあることも知るべきである。この「語り」は、文献探索して得られた資料を分析するよりも、実践そのものの生データであり、そこからリアリティに接近できる可能性もある（木原 2000；木原 2002）。

これまで述べてきたように援助者の専門性などの研究は多いが、援助される当事者の歴史的研究は等閑視されていると言わざるを得ない。実は私自身のこれまでのソーシャルワークの歴史研究も例外ではない。出発点は J. アダムズ（Jane Addams）（木原 1998）や石井十次、山室軍平らに焦点をあててきたが、被援助者の歴史は探究されていない、という厳しい現実を突きつけられた。

ソーシャルワーク研究者のハートマン（Ann Hartman）は、「知と権力とは再帰的な関係であり、権力を有する側の言説や声が結果的に支配的となり、真実とみなされるのに対して、権力を有さないものの言説は周辺に追いやられ、

征服され、そして彼らの物語は語られないまま終わってしまう」（Hartman 1991：275）と述べた。これはフーコー（Michel Foucault）理論を援用した議論であるが、歴史（物語）には常に複数のストーリーがあることを示唆している。しかし実際は、権力構造によってあたかもただ１つの物語しかないよう見えてしまっている現実があることを批判している。そして権力をもたない側の「物語」は「語られないまま」「征服されて」結局、何もなかったかのように消えていってしまうというのである。例えばハンセン病、精神障害、児童養護施設などの周縁に追いやられた当事者の物語がどこまで社会に語られてきたであろうか。

　今後、研究者、ソーシャルワーカーには、これらの被援助者の歴史そのものについても更にその物語を、掘り下げてもらいたいと願っている。歴史「ヒストリー」（history）とは「ヒズ・ストーリー」（his story）が「人間の物語」であるとするなら、ソーシャルワークの歴史研究は単なる教養的知識の集積ではなく、臨床への応用という実践的な新しい地平を開く可能性を帯びてくる。

（木原活信）

文　献

Carr, Edward Hallett（1961）*What is History?*（=1962，清水幾多郎訳『歴史とは何か』岩波書店．）
Hartman, Ann（1991）"Words Create Worlds" *Social Work*, 36（4）．
石井十次（1956）『石井十次日誌』石井記念友愛社，石井記念友愛社刊
木原活信（2000）「ナラティヴ・モデルとソーシャルワーク」加茂　陽編『ソーシャルワーク理論を学ぶ人のために』世界思想社．
木原活信（2002）「社会構成主義によるソーシャルワークの研究方法――ナラティヴ・モデルによるクライアントの現実の解釈――」『ソーシャルワーク研究』．
木原活信（1998）『J.アダムズの社会福祉実践思想の研究 ――ソーシャルワークの源流――』川島書店．
柴田善守（1964）『石井十次の生涯と思想』春秋社．

13 アクションリサーチ

>
> Takeda, J. (2011) Facilitating youth action for sustainable community using photovoice. *Kwansei Gakuin University Social Sciences Review*, 15, 13-23. (https://kwansei.repo.nii.ac.jp/?action=pages_view_main&active_action=repository_view_main_item_detail&item_id=23004&item_no=1&page_id=30&block_id=84)
> 武田　丈（2011）「ソーシャルワークとアクションリサーチ（3）：フォトボイスによるコミュニティのエンパワメント」『ソーシャルワーク研究』37（3）220-30.

1 論文の概要

　アクションリサーチとは、「人々が日常生活で直面する問題の効果的な解決策を見つけることができるような調査への体系的なアプローチである」(Stringer 2012：1)。実証研究が一般化できる、つまり他の脈略にも適用できる普遍的な説明や仮説の検証を目指すのに対して、アクションリサーチは特定の状況とその場に応じた解決に焦点をあてるものである。Kurt Lewin が 1940 年代に少数民族集団などの生活改善や問題解決を目的に研究者と現場の関係者が協力して「実践→研究→改善」という循環的に進めた研究により、社会科学の領域でアクションリサーチが認知されるようになった。その後は盛衰を繰り返していたが、近年当事者の主体的な参加や研究における問題解決や社会的有効性を重視する参加型アクションリサーチや CBPR（community-based participatory research ＝コミュニティを基盤とした参加型リサーチ）が、ソーシャルワーク、公衆衛生、コミュニティ心理学、教育などさまざまな社会学の分野で注目されている（武田 2015）。本節では、フィリピンにおけるコミュニティ改善のための若者のアクション喚起を目的に、フォトボイスというコミュニティの人たちにカメラをわたして写真を撮影してもらってデータを収集する

手法を活用して実施したアクションリサーチをベースに、アクションリサーチを用いた研究の実際を紹介する。

　フォトボイスは、参加者自らが撮影する写真（フォト）をベースに撮影者たちの語り（ボイス）を導き出し、地域のニーズを把握したり、当事者の声を社会に訴えたり、問題解決のためのアクションを促したりするとともに、参加者のエンパワメントを目指す参加型アクションリサーチの手法である（Wang and Burris 1997）。

　このフォトボイスを活用した事例は、フィリピンのアジア社会研究所（Asian Social Institute = ASI）の社会開発プロジェクト対象地域にある「持続的な未来のために行動する青少年団」（Children and Youth in Action for a Sustainable Future = CYASF）の活動の一環として実施されたものである。このCYASFの目的は、地域開発や環境問題に関する活動を通して地域の若者のエンパワメントを促進することであった。

　そこで環境問題と生活に焦点をあて、特に地域の持続性の脅威となるものを認識して、改善のためのアクションにつなげていくために、趣旨に賛同したCYASFの若者メンバーと協働してフォトボイスを行うこととした。具体的なアクションリサーチの目的は、以下の4点である。

・若者の視点から持続性が必要な分野を特定し、地域の状況に対する参加者およびコミュニティ全体の認識を高める
・写真を用いて地域の生活の現状と環境をイメージとしてとらえる
・芸術的および社会的な表現方法としての写真に対する若者たちの関心を高め、そうした手段を用いて他の住民に地域の課題や問題について知ってもらう
・地域のボランティア活動をする若者間の連帯感を高め、対人関係能力を向上させる

　本プロジェクトは、ワークショップ、成果に基づくアクション、プロジェクトの評価という3つの段階に分けて行われた。CYASFのメンバー22名が3か月間毎週末に参加して実施されたワークショップでは、関係づくりに始まり、目的の共有化、カメラの基本技術、写真撮影、写真をもとにしたディスカッション、写真展を含むアクションプランの策定が行われた。

このプロジェクトの成果を用いた写真展は、4か所でそれぞれ1週間程度ずつ開催された。各写真展では、若者たちによって設定された「自然（KALIKASAN）」、「未来（KINABUKASAN）」、「生計（HANAPBUHAY）」、「開発に関する問題（DEVELOPMENTAL ISSUES）」、「不安と苦悩（PAGKABALISA AT PAGKABAGABAG）」、「信仰（FAITH）」、「希望（PAG-ASA）」という7つのテーマに沿って、写真作品が展示された。これらの作品の多くは、生活のなかの喜びや不安に加え、生活を脅かす要因など、自分たちのコミュニティに関する若者たちの想いや視点を表現したものであった。作品から明らかになったことは、若者たちはコミュニティの将来に対する不安もたくさん感じているが、それと同時に希望、信仰、未来といったテーマの写真も多く、将来に対する希望もしっかりともっているということであった。若者たちの写真、および各写真の撮影者が作品につけた説明文からは以下のようなことがみえてくる。

- 若者たちはコミュニティの自然を楽しみ謳歌するとともに、そうしたコミュニティの自然の恵みに対して感謝の念をもっている。
- 次第に田舎から都会へ、伝統的な生活から近代的な生活へ、素朴な生活から複雑な生活へ、といった変化していく自分たちの暮らしに戸惑いをもっている。
- ごみ捨て、洪水、環境破壊といったコミュニティや、個人の生活のなかの問題や課題に強い関心をもっている。
- 友人、家族、信仰などの支えを受けながら、若者たちは自分たちの周りに希望の光を見出そうとしている。
- 人生のなかの困難や障害を乗り越える鍵は、立ち上がって行動したり、学校で知識を身につけたり、きっちりと人生設計を立てることだと認識している。

　写真展の来場者から作品に対するポジティブなフィードバックを受けたことで若者たちのエンパワメントが促進されたのに加え、調査地で開催した2回の写真展では来場した地域の役人や一般市民に対して、若者たちの視点からコミュニティの持続性に関する問題提起を行うことができた。また写真展の準備を通して、若者たちは自分が普段から気になっていたことや今回のプロジェクトで作品づくりのなかで気がついた地域の課題が、実は自分だけではなく、他

の若者も関心をもっていることを認識し、それらが「地域の問題」や「共通の関心事」であると確信するようになったのである。そこで写真展終了後のワークショップでは、こうした共通の地域の問題や関心事を再度全体で話し合い、コミュニティの洪水の問題、ごみの問題、湖の汚染の問題のそれぞれに対する対策を話し合い、ASIのサポートのもと、植林ボランティア、湖の水質改善活動、役所に対する資源ごみ回収ステーションの設置の交渉というアクションに結びつけた。

若者たちの観察やフォーカスグループインタビューからは、プロジェクトの成功体験が各若者の自信や成長に大きな影響を与えたことがうかがえた。またフォトボイスの活動を通じて、若者たちが普段はさして関心を払っていなかった環境やコミュニティでの暮らしの現状を認識できるようになったことが確認できた。さらに、若者たちのプロジェクト後の対人関係能力尺度の平均スコアもプロジェクト前よりも高まったことが確認できた。

2 研究方法の紹介と研究への適応性

▶ アクションリサーチとは

当事者の参加が強調されるようになったアクションリサーチは、「コミュニティの人たちのウェルビーイングの向上や問題・状況改善を目的とし、リサーチのすべてのプロセスにおけるコミュニティのメンバーと、研究者の間の対等な協働によって生み出された知識を社会変革のためのアクションやアドボカシー活動に活用するとともに、そのプロセスを通した参加者のエンパワメントを目指すリサーチに対するアプローチ（指向）」（武田 2015:39）と定義される。つまり、参加型アクションリサーチは、グラウンデッド・セオリー・アプローチやエスノグラフィー、質問紙調査、実験計画法といったリサーチの手法ではなく、リサーチに対するアプローチである。したがって、アクションリサーチでは、グループ・ディスカッション、インタビュー、図の作成、ビデオ、写真、芸術活動、マッピング、質問紙調査、ミックス法、実験計画法、エスノグラフィー、データのコンピュータを用いた分析などを含む、量的・質的のさまざまなリサーチ技法や分析技法が用いられる。上記の事例でも、写真とディスカッションなどの質的はデータに加え、対人関係尺度のスコアといった量的なデータが活用

されている。

　ただし、研究をアクションリサーチ、特に参加型アクションリサーチで行う際に重要なことは、データ収集法ではなく、ソーシャルワークの価値観とも合致する以下の10の原則にどれくらい基づいて実施できるかどうかである（Israel, Eng, Schulz, and Parker 2013；Minkler, Garcia, Rubin, and Wallerstein 2012）。

　①コミュニティとの協働
　②コミュニティ内のストレングスや資源の尊重
　③リサーチのすべての段階での対等に協働するパートナーシップ
　④すべての関係者の協働の学びと能力開発の促進
　⑤リサーチとアクションの統合
　⑥エコロジカルな視点の重視
　⑦循環的で反復のプロセスによる変革
　⑧すべての関係者との結果の共有と協働による結果の公開
　⑨長期にわたるかかわりと関係の維持
　⑩リサーチの厳格さと妥当性、および適切性の向上

3 これからアクションリサーチを行う人へ

　アクションリサーチは、リサーチによって生み出される知識を社会変革のためのアクションやアドボカシー活動に活用したり、そのプロセスを通して参加者のエンパワメントを目指すのであれば有効であるが、質的アプローチ、量的アプローチ、あるいはミックス法と同じで、どんな目的や状況でも活用できる万能なものではない。アクションリサーチを活用して研究を行うかは、以下の点を考慮して決定されるべきである。

①研究の目的との適合性

　最も重要なことは、研究の目的が状況改善や社会正義のための社会変革を目指すものであるかどうかである。

②研究者との適合性

　状況改善や社会正義のための社会変革といった、アクションリサーチの目的やその原則に、研究者の目的、目標、知識やスキル、対人関係スタイルが適合

しているかどうかも重要な基準である。

③コミュニティとの適合性

一方、コミュニティからのアクションリサーチに対する協力姿勢や関心が得られるかも重要である。コミュニティの人たちが協働に対して前向きか、また場合よってはリサーチに参加するための訓練を受ける姿勢があるかといったことが確認できなければ、アクションリサーチを用いてプロジェクトを成功させることは難しい。

④組織との適合性

研究者が所属する組織や助成団体の理解や協力が得られるかどうかも、一つの判断基準となる。

⑤物理的可能性

アクションリサーチを成功させるには相当の時間と根気強いかかわりが必要となる。したがって、研究者やコミュニティの人たちが、アクションリサーチの実施に必要な時間やマンパワーを確保できるかどうか、それぞれの参加者たちが担う役割に必要な能力や資源を十分に有しているか、またそうしたものをアクションリサーチのために活用する意欲があるかも、重要な判断基準である。

（武田　丈）

文　献

Israel, B. A., Eng, E., Schulz, A. J. and Parker, E. A. (2013) Introduction to methods for CBPR for health. In B. A. Israel, E. Eng, A. J. Schulz,., & E. A. Parker, eds. *Methods in community-based participatory research for health* 2nd Ed., San Francisco, CA: Jossey-Bass, 3-37.

Minkler, M., Garcia, A. P., Rubin, V. and Wallerstein, N. (2012) Community-based participatory research: A strategy for building healthy communities and promoting health through policy change. A report to the California endowment. Retrieved from December 16, 2014, from http://ccrec.ucsc.edu/sites/default/files/Minkler%2C%20Garcia%2C%20Rubin%2C%20Wallerstein_CBPR.pdf.

Stringer, E. T. (2011) Action Research, 3rd Ed., Sage.（=2012, 目黒輝美・磯部卓三監訳『アクションリサーチ』星雲社.）

武田　丈（2015）『参加型アクションリサーチ（CBPR）の理論と実際』世界思想社.

Wang, C. and Burris, M. (1997) Photovoice: Concept, methodology, and use for participatory needs assessment. *Health Education & Behavior*, 24, 369-87.

参考図書一覧

	著者	著書名	発行所	発行年
1	佐藤俊一	対人援助の臨床福祉学――「臨床からの学」から「臨床への学へ」	中央法規出版	2004
2	木下康仁	グラウンデッド・セオリー・アプローチの実践―質的研究への誘い	弘文堂	2003
3	久田則夫	社会福祉の研究入門―計画立案から論文執筆まで	中央法規出版	2003
4	岩田正美，中谷陽明，小林良二，稲葉昭英	社会福祉研究法―現実世界に迫る14レッスン	有斐閣	2006
5	佐藤郁哉	質的データ分析法―原理・方法・実践	新曜社	2008
6	ソーシャルワーク研究所（監修），北川清一，佐藤豊道（編）	ソーシャルワークの研究方法―実践の科学化と理論化を目指して	相川書房	2010
7	小田博志	エスノグラフィー入門＜現場＞を質的研究する	春秋社	2010
8	ウヴェ フリック（Uwe Flick）著，小田博志，山本則子，春日 常，宮地尚子訳	質的研究入門―"人間の科学"のための方法論	春秋社	2011
9	奥 喜正，髙橋 裕	データ解析の実際―多次元尺度法・因子分析・回帰分析	丸善プラネット	2013
10	田中千枝子，日本福祉大学大学院質的研究会（編）	社会福祉・介護福祉の質的研究法―実践者のための現場研究	中央法規出版	2013
11	山川みやえ，牧本清子	研究手法別のチェックシートで学ぶ よくわかる看護研究論文のクリティーク	日本看護協会出版会	2014
12	樋口耕一	社会調査のための計量テキスト分析―内容分析の継承と発展を目指して	ナカニシヤ出版	2014
13	V・B・マーティン，A・ユンニルド（編），志村健一，小島通代，水野節夫（翻訳）	グラウンデッド・セオリー：バーニー・グレーザーの哲学・方法・実践	ミネルヴァ書房	2017
14	河野哲也	レポート・論文の書き方入門 第3版	慶應義塾大学出版会	2002

文献・研究情報検索サイト一覧

文献・研究情報検索サイト	概要	
NDL Search	（国立国会図書館）国立国会図書館をはじめ、全国の公共図書館、公文書館、美術館や学術研究機関等が提供する資料、デジタルコンテンツを統合的に検索可能	http://iss.ndl.go.jp/
CiNii	（国立情報学研究所 Nii）論文、図書・雑誌や博士論文などの学術情報で検索できるデータベース・サービス	https://support.nii.ac.jp/ja/cinii/cinii_outline
CiNii Articles	日本の論文	https://ci.nii.ac.jp/
CiNii Dissertations	日本の博士論文	https://ci.nii.ac.jp/d/?l=ja
CiNii Books	大学図書館の本	https://ci.nii.ac.jp/books/?l=ja
Webcat Plus	（国立情報学研究所 Nii）日本全国の大学図書館等が所蔵する図書・雑誌の所在情報データベース。NII の学術コンテンツ・ポータル GeNii」のコンテンツのひとつ	http://webcatplus.nii.ac.jp/
Google Scholar	（Google）論文、学術誌、出版物データ情報検索サービス	https://scholar.google.co.jp/
J-GLOBAL	（科学技術振興機構）科学技術情報をつなぎ、発想を支援するサービス	https://jglobal.jst.go.jp/
reserchmap	（国立情報学研究所社会共有知研究センター）「研究者」中心の研究人材双方向コミュニケーションサービス	https://researchmap.jp/
KAKEN	（日本学術振興会）科学研究費助成事業データベースは、文部科学省および日本学術振興会が交付する科学研究費助成事業により行われた研究の当初採択時のデータ（採択課題）、研究成果の概要（研究実施状況報告書、研究実績報告書、研究成果報告書概要）、研究成果報告書及び自己評価報告書を収録したデータベース	https://kaken.nii.ac.jp/ja/
国会会議録検索システム	（国立国会図書館）第 1 回（昭和 22 年 5 月）以降の国会会議録を閲覧可能	http://kokkai.ndl.go.jp/
J-STAGE	（国立研究開発法人科学技術振興機構（JST））が構築した日本の科学技術情報の電子ジャーナル出版を推進するプラットフォーム	https://www.jstage.jst.go.jp/browse/-char/ja
医中誌 Web	（NPO 医学中央雑誌刊行会）国内の医学、歯学、薬学およびその周辺分野の論文情報の検索サービス	http://search.jamas.or.jp/ https://www.jamas.or.jp/service/index.html
Web of science	海外文献検索（大学図書館の認証が必要）	http://login.webofknowledge.com/error/Error?Src=IP&Alias=WOK5&Error=IPError&Params=&PathInfo=%2F&RouterURL=http%3A%2F%2Fwww.webofknowledge.com%2F&Domain=.webofknowledge.com
Scopus	海外文献検索	https://www.scopus.com/
PsycINFO	（American Psychological Association(APA)）心理学に関する雑誌記事、書籍、学位論文、技術報告書の文献情報データベース	https://www.apa.org/pubs/databases/psycinfo/index.aspx
法令・統計データ		
e-Gov	法令検索電子政府の総合窓口（e-Gov）。法令（憲法・法律・政令・勅令・府令・省令・規則）の内容を検索・提供	http://www.e-gov.go.jp/
e-Stat	政府統計の統計窓口（e-Stat）。各府省庁が公表する統計データを一つにまとめ、統計データを検索したり、地図上に表示できるなど、統計を利用する上で、たくさんの便利な機能を備えた政府統計のポータルサイト	https://www.e-stat.go.jp/

索引

和文

■あ
アイデアを洗練 51
アウトカム評価 209
アカウンタビリティ 109, 218
アクションとしての調査 96
アクションリサーチ 96, 252
　——を用いた研究 253
アクセスの容易さと合理性 15
足で稼ぐ文献収集 239
新しい思考のパターン 240
厚みのある記述 86
厚みのあるデータ 93
アブストラクト 233
アフターコード化 97
新たな知の領域 240
ある現象が起きる理由を確かめる研究活動 21
ある現象の理解と予測の根拠 108
アルファ因子法 125
アンケート調査 xi, 193
暗黙知 21, 241

■い
生きた証人としての「語り」 250
一元配置分散分析 123, 185
一次データ 97, 105
一次資料 238, 248
医中誌 Web 183
一回性 115
移動問題 226
意図的な感情の表出 14
居場所 243
イメージトレーニング 46
医療ソーシャルワーカー vi
因果関係 23, 99, 109
因子構造モデル 126
インシデント 216
因子負荷量 125

因子分析 117, 119, 125, 182, 185, 186, 204
インターネットを使った調査 99
インタビュアー 92, 94
インタビュー xi, 10, 78, 87, 184, 213, 255
　——ガイド 88
　——質問項目 229
　——調査 138, 228
　——調査法 238
　——データ 111
　——の逐語録 213
　——のトランスクリプト 76
インタビューイ 92, 94
インパクト理論 211
インフォームド・コンセント 68, 73, 75, 78, 86, 90
引用文献 175
引用法 83

■う
ウォーム・スタンバイ 214
動き回るハブ 214
運動論研究 195

■え
エキスパート・レビュー 204
エスノグラフィー 11, 110, 255
エスノメソドロジー 46
エビデンス 175, 191
エビデンス・ベースド・プラクティス 109
円環的思考 195
演題の登録 147
エンパワメント 254

■お
応募資格 139
オープン・コーディング 216
オリジナリティの高い研究 215
オリジナル性 190

オリジナルの文献リスト 239
音声データ 111
オンライン申し込み 147

■か
会員研究奨励費 37
会員の社会福祉研究の発表 172
下位概念 21
回帰式 127
回帰直線 126
回帰分析 98
介護福祉士 183
介護負担感 117, 119
介護予防施策 192
介護予防政策の方向性に係る提言 192
介護老人福祉施設 182
改竄 81
回収率 98, 185
改善ステップ 211
蓋然性 103
外的妥当性 103
回答数値のプロット 120
回答の傾向性 120
ガイドライン 205
χ^2 検定 xii, 11, 98, 121, 185, 193
介入の効果測定 203
概念 42
概念化 50, 112
概念生成 50, 113
概念設定 238
科学研究費助成 32, 154
　——事業 58, 205
　——事業データベース 36
科学研究費補助金 37, 137
科学的根拠 128
　——に基づく実践 206
学位授与式 xv
学位論文 30
各下位尺度の内的整合性 186
学術雑誌 52, 160, 167

学術集会　136
学術団体　28
学術的意義　108
学術用語　23
学術論文　160, 238
各種の補助金・助成金　37
確証的因子分析　126
学内学会　xiii
仮説　105, 184
——検証　232
——検証型調査　96, 99
——検証型の論文　162
——検証的研究　133
——生成　109, 117
——創出型の探索的論文　162
——探索的な研究　133
——の棄却　121
——の検証を目指す研究　117
——の正当性　103
課題リポート　20
学会　136
——プログラム　151
——ホームページ　142
——員資格取得の有無　32
——活動　154
——紀要　164
——等の倫理要綱　184
——発表　xiii, 136, 141, 183
——名鑑　138
カテゴリー　42, 114
カテゴリー化　112
間隔尺度　97, 118
看護学　52
看護研究における倫理指針　69
観察シート　89
監視　78
感情労働　vii
観測値　121

■き
キーワード　21

危険率　121
疑似実験計画法　203
記述的レベル　114
記述統計量　120
既知への問い　5
記入ガイド　88
帰納的な調査　109
基本属性　184, 188
帰無仮説　122, 123, 130
疑問から問い　5
疑問をもつ　4
客観的観察　238
客観的データ　175
紀要　167, 176
共感疲労　ix
共同研究　30, 136, 238
共同主観化　6
共分散構造分析　119, 126, 185
共変動　121
寄与率　125

■く
具象と抽象の行き来　115
具体的で測定可能な変数で構成される分析モデル　117
グラウンデッド・セオリー　11, 94, 213
グラウンデッド・セオリー・アプローチ　46, 91, 110, 255
クラスター分析　119
クリップ　53
グルーピング　24
グループインタビュー　xi, 110
グループスーパービジョン　xi
グループ・ディスカッション　255
グループワーク記録　223
クロス集計　96, 120, 121

■け
経営論研究　195
傾向分析　23

掲載不可　170
形式知　21
形成的評価　210
継続的比較分析　215, 216
ケース記録シート　198
ケーススタディ　203
ゲートキーパー　77
結果の考察　36
結語　160
決定係数　127
結論　164
結論飛躍型　164
検閲　78
研究
——ガイドライン　69
——課題　244
——過程の重要局面　115
——環境　30, 108
——期間　32
——時間　31
——機能　26
——協力者　229
——計画書　viii, 48, 57, 64, 105
——計画の妥当性　238
——結果の受益の問題　83
——構想発表　10
——誌　167
——時間の確保　203
——資金　36
——資源　34
——実績のための研究論文　158
——誌の査読過程　170
——手法　138
——上の不正　81
——助成金　203
——する実践家　16
——生制度　34
——対象　163
——対象者保護のための倫理原則及び指針　68
——テーマ　viii, 21, 32, 45, 46, 159, 238

──デザイン……… 36, 108
──動向を洗い出す……… 27
──内容……… viii
──に関する種々のガイドライン……… 71
──の背景……… viii
──の意義……… 234
──能力……… 159
──ノート……… 159, 175
──のオリジナリティ……… 6, 222
──のゴール……… 32
──の実践的意義……… 27
──の進め方……… 138
──の進め方と予算……… 32
──の促進、知識・情報の交換……… 136, 154
──のテーマは多様性 234
──のバックデータ……… 93
──の目的……… 20, 57, 161
──の目的と意義… viii, 108
──の倫理的妥当性……… 71
──のわくわく感……… 201
──は研究する人の思いを明らかにするための手段……… 62
──発表会……… 48
──発表申し込み要領……… 141, 142, 155
──者番号……… 37
──費の確保……… 31
──方法……… viii, 63, 180
──方法の選択……… 13
──補助……… 28
──補助者……… 205
──力……… 241
──力のある実践者……… 17
──倫理……… 68, 129
──倫理委員会……… 184
──倫理審査……… 205
──倫理をめぐるジレンマ……… 68, 72
──レビュー……… 52
──レポート……… 10

──論文……… 9, 175
──枠組み……… 138
──を行う実践者……… 17
研究成果……… 14
──の中間報告… 138, 154
──を受け取り活用する人……… 13
──を発表……… 136
原稿テンプレート……… 142
健康寿命……… 192
健康生活習慣実践指標……… 193
言語的なデータ……… 109
現在と過去との対話……… 247
探索的因子分析……… 126
現象学……… 11, 35
現象学的アプローチ… 78, 110
現象として何が起こっているのだろうか……… 49
現状分析……… 93
限定的に調査対象を焦点化……… 200

■こ
コアカテゴリー……… 114, 138, 148
コア・バリアブル……… 217
広域的試行評価調査……… 209
効果測定……… 21
効果測定調査……… 96, 99
効果的援助要素……… 210, 211
効果評価……… 128
効果モデル……… 208, 210
公共政策……… 194
考察……… 164
構成概念の妥当性……… 102
厚生労働科学研究……… 205
厚生労働省……… 205
厚生労働省「長期入院精神障害者の地域移行に向けた具体的方策に係る検討会」の報告……… 54
構造化面接……… 87, 94
構造を限定しない面接……… 87
交通費……… 205
行動規範……… 205

口頭試問……… xiv
口頭発表……… 13, 28, 139, 148
公平性・公正性……… 194
項目別評価……… 169
国立公文書館……… 36
コーディング……… 216
コーディング・ファミリー……… 217
コード化……… 95, 97, 112, 216
国際共同研究……… 226
国際研究……… 225
国際比較研究……… 16
国立国会図書館……… 36, 53
国立国会図書館サーチ NDL Search……… 36
誤字脱字……… 170
個人研究……… 30
個人情報保護法……… 100
子育て支援……… 220
国会会議録……… 36
個別面接法……… 98
コミュニティ・ソーシャルワーク……… 176
コメント欄……… 111
コンテクスト……… 47

■さ
サーベイ的方法……… 193
災害ソーシャルワーク理論……… 137, 138
災害対応プロジェクト……… 137
在学期間……… 28
再現性……… 115
最小値……… 121
最小二乗法……… 127
最大値……… 121
最頻値……… 121
最尤法……… 125
作業療法……… 52
サクセスフル・エイジング……… 194
座長……… 136, 139
雑誌投稿論文……… 162
査読……… 31
──委員……… 164, 171

──依頼 171
──コメント 147
──者 167
──付きの学会誌 28
──付き論文 167
サブカテゴリー 42
作法 175
参加型アクションリサーチ 110, 252, 256
参考文献 175
サンプリング 184
参与観察 78, 223

■し
時間やエネルギーの配分 59
自記式アンケート郵送調査法 184
自記式質問紙 203
思考回路の整理 24
思考の筋トレ 57
自己決定 56
自己研鑽 205
自己剽窃 169
字数制限 163
施設ソーシャルワーカー 182
施設内審査委員会 70
事前申し込み 141
視聴覚機器 140
質疑応答 xiii, 28, 136, 151
実験群 128
実験計画法 255
実験データ 118
実施マニュアルの開発 211
実習 44
実証研究 180, 195, 197, 202, 238
実証研究の醍醐味 206
実証性 106
実証データの分析 163
実践家参型プログラム評価研究 208, 212
実践から生まれた問い 6
実践研究 15, 16
実践→研究→改善 252

実践志向 25
実践知 232, 241
実践的意義 108
実践と研究の相互作用・円環的循環 9
実践と理論 6, 22
実践の積み重ねのなかで生じる「問い」 108
実践の見える化 23
実践の豊かな言語化 115
実践への示唆 164
実践報告 10, 16
実践力 22, 241
実践を通じて生まれた疑問 9
実態調査 95, 200
質的アプローチ 256
質的研究 vii, 10, 44, 63
──会 48
──の正当性 115
──法 108
質的調査 xi, 204, 245
質的データの継続的比較分析 213
質的方法 105
質的面接 87
執筆計画 160
執筆要領 165, 168, 172
質問項目 88, 102
質問紙 88, 229
質問紙調査 198, 232, 255
指導教授 31, 32
児童養護施設でソーシャルワーク実践 91
自費出版 176
自分のたてた研究の問い 232
絞り込み 245
姉妹書出版 225
自問自答 49, 58
ジャーナル 167
社会関係の主体的側面 14
社会関連性指標 193
社会正義 194
社会政策 194

社会調査 99, 215
社会調査協会倫理規程 101
社会的入院患者の退院・社会復帰 202
社会福祉学 52, 239
──における「政策」 194
──分野の参照基準 195
社会福祉研究 239
社会福祉士 viii, 182
社会福祉施設の施設長のリーダーシップ 213
社会福祉ニード論 195
社会福祉における理論と実践との乖離 242
謝金 205
尺度の開発 117
斜交回転 125
謝辞 165
主因子法 125
重回帰分析 119, 127, 185, 204
自由回答 97, 102
自由研究発表 147
集合調査 203
集合調査法 98
修士論文 xiii, 20, 162
修正後に掲載可 170
修正後に再査読 170
修正済み決定係数 127
修正版グラウンデッド・セオリー・アプローチ 35, 42, 47, 94, 112
重層的プサイシステム 214
従属変数 96, 119, 123
主観的健康感 192, 193
主観的幸福感 117
授業料 31
主成分分析 125
出典 90
主要文献 160
循環型のパートナーシップ 22
順序（順位）尺度 97, 118
純粋な変数 123

263

障害者就労移行支援事業 208
消極的不正 82
使用参考文献 234
少数事例 117
情報漏洩のリスク 76
抄録 .... xiii, 141
　——作成 141
　——の査読 147
初学者 110
職能団体 .... xi, 28, 45, 132
序文 160
緒論 184
事例教育法 110
事例研究 11, 30, 44, 46, 110, 175, 180, 220
　——会 23
　——法 110
事例検討 220
　——会 26
　——法 110
事例報告 224
シングル・システム・デザイン 203
シンポジウム 28, 202
信頼性 102, 103, 115, 229, 232

■す
スーパーバイザー 72, 79, 92
数量データ 109
数量化Ⅰ類 119
数量化Ⅱ類 119
数量化Ⅲ類 119
スタンディング・バイ・リーダーシップ理論 213
すでにわかっていることの上書き論文 158
スライド 139, 140, 148

■せ
正確性 229
生活困窮者自立支援 197
生活相談員 182
生活場へのアプローチ 244

生活保障 196
生活満足度尺度 K 193
成果を生産し発表する人 13
政策研究 180, 192, 195
政策実施 194
政策プロセス 194
精神科ソーシャルワーカー（PSW） 42
精神科看護学 54
精神障害者の生活支援にかかわる調査研究 202
精神保健福祉士 viii
生成されたコンセプト 214
精度 115
制度の狭間問題 109, 208
正の相関 121
整理・分類レベル 113, 114
設備備品 205
切片化 47
説明責任 129
セレクティブ・コーディング 216
先行研究 21, 111, 184
　——と対峙 7
　——とのかかわり 7
　——との対話 240
　——の批判的レビュー 162, 239
　——の文献研究 44
　——の文献レビュー 49
　——レビュー 23, 36, 63, 64, 204, 231, 232
前後研究 96, 99
潜在的変数 125
先進事例 26
先人達による先行研究から学ぶ 244
全数調査 99
全体像の図示 114
専門ゼミナール担当教員 63

■そ
相関関係 109
相関係数 11, 118, 121
相関分析 11, 117

操作的な定義 117
ソーカル事件 173
ソーシャルアクション 194
ソーシャルキャピタル論 199
ソーシャルサポート 193
ソーシャルワーカー自身がエンパワー 8
ソーシャルワーカーは実践者であり研究者でもある 241
ソーシャルワーク
　——教育学校連盟 35
　——研究 176, 249
　——実践の質の向上 206
　——実践の理論化 137
　——専門職のグローバル定義 241
　——と東アジア地域研究 225
　——の専門職アイデンティティ 231
　——の「日本モデル」............ 243
　——の歴史研究 247, 250
　——理論 13, 22
卒業論文 20, 162

■た
退院支援 37, 48, 54
大学院生 13
大学院中間報告会 ix
大学院の進学相談会 47
大学院の選択と受験 31
大学院博士課程の合同ゼミ 48
第三査読 170
第三者の立場から評価 71, 72
対照群 99
　——実験 96
対人援助専門職 26
対人関係能力尺度 255
タイトル 233
　——の選択肢 161
タイムキーパー 139, 152

題名 58
大容量のデータ 133
対立仮説 130
多元配置分散分析 124
多次元尺度法 119
多重比較 124
脱人格化 125
妥当性 102, 115, 232
多文化社会における社会的リスク問題 226
多変量解析 193, 204
多変量分析 185
ダミー変数 118, 127, 130
単一回答 97
単一事例研究 223
探索的な研究 117
単純集計 120
単変量解析 193

■ち
地域医療支援病院 4
地域共生社会の構築 33
地域子育て支援拠点事業 221
地域包括支援センター viii
チェックリスト 168
逐語記録 93, 111
逐語録化 42
注 165
中央値 121
注記 160
抽象的な概念図式 117
長期入院 43, 54
長期履修 viii
聴講生 38
　——制度 34
調査関係 86
調査協力者 x, 199
調査研究のデザイン 42
調査対象者
　——に対する謝礼 74
　——の人権の尊重 75
　——の同意 238
　——の秘密保持 76
　——の保護 73, 74, 75

調査対象フィールド 199
調査に関連するすべてのデータの処分 76
調査票 xi, 95, 184
調査への協力依頼文 184
調査への参加の取りやめ 73
調査報告 ix, 175
調査方法 163, 184
聴衆 136
著作権法 83
直交回転 125

■つ
通信制の大学院 34
通信費 59
通訳費 227

■て
提出期限 160
定性的データ 118
定量的データ 118
データ 111
　——が語る 132
　——が何を物語っているのか 49
　——クリーニング 120
　——収集の精度 88
　——消去ソフト 76
　——の管理 75
　——の逆利用 112
　——の収集 216
　——ベース 54, 244
テーマの基本文献 239
テーマを絞り込む 27
テキスト分析 198
電子媒体 28
電話を使った調査 99

■と
問い 13
　——はブラッシュアップ 7
　——を発する 5
同意書 74
統計学的仮説検定 10
統計処理 xii, 35
統計ソフト 126, 133

統計的手法 103
統計的調査 44
統計的な検定 103
統計的な方法で解析 10
統計的に有意 130
投稿締め切り 160
投稿チェックリスト 168
投稿論文査読報告書 169
当事者主体の支援 237
当事者の知 241
当事者へのインタビュー調査 162
統制 130
　——群 128
　——された情緒的関与 vi, 14
　——変数 119
透明性 115
盗用 81
読書ノート 55
特定の介入や方法に関する有効性の大きさ 129
匿名化 75, 111
匿名性の担保 102
独立変数 96, 119, 123
度数分布 120
どのような視点で分析するか 200
留置法 98

■な
内的妥当性 102
ナラティブ研究 11
何のために研究論文を書くのか 158
ナンバリング 111

■に
2群の母平均値 188
二次集計 10
二次資料 238, 248
二次データ 97, 105
西日本 M-GTA 研究会 48
二重投稿 176
日誌から分析 248

■に

日誌全体のデータベース化
　……………………… 249
日本学術会議 ……………… 195
日本学術振興会 ………… 37, 205
日本学術振興会科学研究費
　……………………… 225
日本社会学会「倫理綱領にも
　とづく研究指針」……… 69
日本社会福祉学会 ………… 168
日本社会福祉学会の研究倫理
　規程 …………………… 69
日本社会福祉系学会連合
　…………………… 34, 138
日本心理学会「倫理規程」
　………………………… 69
日本ソーシャルワーク学会
　………………… 37, 205
　──研究倫理指針 ‥70, 240
日本的なソーシャルワークの
　必要性 ……………… 242
ニュルンベルク綱領 ……… 68

■ね

捏造 ………………………… 81
年代的データ ……………… 249

■は

バーンアウト
　………… ix, 117, 125, 198
　──尺度 …………… 125
媒介変数 …………………… 119
バイステックの原則 ……… vi
配布資料 …………… 148, 155
パイロットケース ………… 87
パイロット調査 ………… 199
博士号 ……………………… 167
博士論文 ……………… 20, 62
パス解析 …………………… 119
外れ値 …………………… 120
パスワード ………………… 76
発表原稿 …………… 150, 155
発表時間 …………… 139, 150
発表の精度 ……………… 151
場の文化 ………………… 243
　──に根ざした社会福祉援
　助 ……………………… 242

パワーポイント
　……………… xiii, 140, 148
半構造化面接 ………… 87, 94
ハンドアウト …………… 140
反応比率の検定 …………… 11
判別分析 …………………… 119

■ひ

ピアソンの積率相関係数
　………………………… 121
ヒアリング ……… 10, 204, 211
ピアレビュー …………… 200
非営利組織におけるリーダー
　シップ研究 …………… 215
比較研究 ………………… 180
非言語情報 ……………… 111
非言語データ …………… 92
ヒズ・ストーリー ……… 251
被調査者の協力 ………… 88
人の文章を無断で盗作する
　………………………… 81
ひとりよがりな結論 …… 163
人を対象とする研究上の倫理
　違反 …………………… 81
批判的検討 ……………… 222
秘密保持 ………………… 93
評価研究 ………………… 182
評価ツール ……………… 211
標準化係数 ……………… 127
標準偏回帰係数 ………… 127
標準偏差 ………………… 120
剽窃 ………………………… x
病棟のベッドコントロール業
　務 ……………………… 109
標本誤差 ………………… 99
標本抽出 …………… 99, 216
標本調査 ………………… 99
比率尺度 …………… 98, 118

■ふ

フィールドへの関与のレベル
　………………………… 89
フィールドワーク … 109, 228
　──的方法 …………… 193
フィデリティ尺度 ……… 209
フーコー理論 …………… 251

フォーカスグループインタ
　ビュー ………… 203, 204, 255
フォトボイス …………… 253
深い面接の構造 ………… 94
福祉計画策定のための基礎調
　査 ……………………… 101
福祉系学会 ……………… 176
複数回答 ………………… 97
符号付順位和検定 ……… 11
不適切な査読 …………… 173
負の相関 ………………… 121
プライバシー ………… 68, 88
プラクティショナー＝リ
　サーチャー ………… 15, 17
フラットファイル ……… 53
プリテスト ……… 87, 88, 105
プレインタビュー ……… 138
プログラムゴール ……… 211
プログラムの効果評価 … 122
プログラム評価研究 …… 208
プログラムモデル ……… 208
プロジェクト研究 ……… 28
プロセス評価 …………… 209
プロセス理論 …………… 211
プロトコール分析 ……… 232
分科会 …………… 136, 140
文献 ……………………… 58
　──リスト ……… 160, 165
　──研究 …… 15, 180, 231,
　　237, 242, 244
　──検索 …………… 23, 235
　──検索サービス ……… 239
　──検討 …………… ix, 36
　──ノート …………… 234
　──の時代状況の制約 240
　──の整理法 ………… 234
　──発掘作業 ………… 235
　──レビュー
　　…………… 199, 238, 243
分散 ……………………… 120
　──分析 ……………… 123
　──分析法 …………… 188
分析手法 ………………… 164
分析的レベル …………… 114

分析モデル 118
分析枠組み 163, 200

■へ
平均値 120
ヘルシンキ宣言 68
ベルモントレポート 68
偏回帰係数 127
編集委員 164, 171
編集委員会 167
変数 130, 214
　──値 130

■ほ
防御的 164
報告要旨 28
保護者や後見人などの代諾者からの同意 75
ポジティブなフィードバック 254
母集団 91, 99
ポスター 140, 150
　──作成 155
　──発表 17, 28, 139, 140
補足データ 90
ホット・スタンバイ 214
母分散 124
本文 160
翻訳費 227

■ま
マスキング 168
まとめ 164

■み
見える化 115
ミクロからマクロまでの視点を同時に持つソーシャルワーカーの必要性 233
「ミクロ─メゾ─マクロ」の俯瞰図 240
ミクロ・メゾ・マクロレベルでのソーシャルワーク実践 137
見せかけの相関 102
未達成課題 240
未知への問い 5
ミックス法 256

三菱財団 37
ミャンマー人移住労働者問題 226

■む
無記名の質問紙（アンケート）調査 74, 102
無作為制御調査 128
無作為抽出 99, 184
無修正で掲載可 170

■め
名義尺度 97, 118
迷惑調査 101
メタアナリシス 119, 129
面接調査 203

■も
モニタリング 93
物事の実態を明らかにする研究活動 21
文部科学省科学研究費補助 165

■や
夜間大学院 viii
ヤングケアラー 161

■ゆ
有意差 xii, 122
有意性検定 127
有効回収件数 185
有効回収率 185
郵送法 98

■よ
要旨 xiv
予行演習 151, 155
予測式 126
予備調査 95, 105
より深い解釈を行うレベル 113
4件法 184

■ら
ライフストーリー 46, 110
ライフヒストリー 110, 238
ライフワーク的な研究テーマ 32
ラポール 100, 106
ランダム化比較試験 78

■り
リアリティのなかから意味を取り出す 22
リサーチクエスチョン x, 8, 13, 16, 43, 44, 46, 62, 64, 95, 105, 108, 159, 161, 198, 200, 204, 244
　──の「種」 62
リサーチデザイン 205
リセット可能な挑戦 214
略奪調査 101
領域密着型の理論生成の研究方法 110
領域密着の理論生成 109
料金交渉 229
量的アプローチ 256
量的研究 10, 63
　──法 108
量的調査 xi, 183, 204, 245
旅費 59
理論 163
理論研究 245
理論生成研究 213
理論知 241
理論的サンプリング 213, 216
理論的メモ 214, 217
理論的枠組み ix
リングファイル 53
臨床研究に関する倫理指針 69
臨床心理学 52
倫理ガイドライン 164
倫理規定 68, 71, 164
倫理審査 59, 93, 224
倫理審査委員会 x, 68, 70, 71, 78
倫理的課題 79
倫理的ジレンマ 78
倫理的妥当性 72, 77
倫理的配慮 15, 70, 105, 115, 164, 205, 224
倫理に反する研究の規制 77

267

■る
類型化 24
累積寄与率 186

■れ
歴史研究 16, 180, 247, 250
歴史資料に基づく文献研究 248
レジュメ 139, 148
レジリエンス ix
レフェリー 167
連結可能匿名化 75
連結不可能匿名化 76

■ろ
老研式活動能力指標 193
労働者の移住 225
ローデータ 132
ロジスティック回帰分析 119, 185
ロジスティックモデル 193
論集 176
論証過程 240
論文
　——構成 234
　——作成 183
　——執筆 244
　——執筆の作法 159
　——提出の期限 28
　——の独自性 161
　——を推敲 xiv
論理チェック 120

■わ
ワークショップ 253

欧文

■A
Accountability 206
ACT 204

■C
CBPR 252
CiNii 36, 183, 233
　——Articles 53
　——Dissertations 36
Cronbachのα係数 186
CSWEによる10項目のソーシャルワーカーのコンピタンシー 232

■E
End Note 55

■F
FFP 82
F検定 11, 98
F値 123
F値の検定 124

■G
Google Scholar 36, 53, 245

■I
IASSW 227
ICレコーダー xii, 92
IFSW国際会議 227

■J
J-GLOBAL 科学技術総合リンクセンター 36
JREC-IN 36
J-STAGE 53, 162, 183

■K
KAKEN 53
KJ法 35

■M
Mendeley 55
M-GTA 62

■O
OJT 209

■P
PsycINFO 233

■Q
QOL尺度 204

■R
RCT 128
reserchmap 36

■S
Scopus 183
SST 14

■T
Tukeyの検定 124
t検定 11, 98, 122, 185, 188, 193

■U
U検定 11

■W
WAMNET 184
Webcat Plus 36
Web of science 183
Write or die 158

人名索引

明石芳彦 158, 163	I.C.Geertz 94	マイケル・ポランニー 24
バイスティック 14	石井十次 247, 250	三浦文夫 195
ボルノー 7	J. アダムズ 250	宮川公男 195
カー 247	ジャービス 17	宮本常一 101
C. ポープ 94	ジョージ・ミュラー 247	Padgett 73, 74, 77
クレスウェル 11	川崎 剛 159, 160	リッチモンド 10
Dodd & Epstein 79	萱間真美 115	Shaw 77
Flick 70, 77	木下康仁 47	Shaw & Gould 79
藤田 徹 60	Kurt Lewin 252	Simons 70
古川孝順 195	マスラック 125	ストラウス 215
ガーフィンケル 46	松田真一 195	太郎丸博 173
グレーザー 91, 94, 215	Merriam 109	山室軍平 250
ハートマン 250	Morris 233	Yin 102

監修・編集・執筆者一覧

監修

日本ソーシャルワーク学会

編集委員（五十音順）

池田雅子（いけだ・まさこ）
　北星学園大学社会福祉学部教授

小山　隆（こやま・たかし）
　日本ソーシャルワーク学会会長・同志社大学社会学部教授

佐藤俊一（さとう・しゅんいち）
　淑徳大学総合福祉学部教授

白川　充（しらかわ・みつる）
　仙台白百合女子大学人間学部教授

長崎和則（ながさき・かずのり）
　川崎医療福祉大学医療福祉学部教授

保正友子（ほしょう・ともこ）
　日本福祉大学社会福祉学部教授

牧里毎治（まきさと・つねじ）
　関西学院大学人間福祉学部名誉教授

執筆者及び執筆分担（五十音順）

浅野貴博（あさの・たかひろ） ……………………………… 第5章1・2
　ルーテル学院大学総合人間学部専任講師

池田雅子（いけだ・まさこ） ………………… 第2章2、第7章本章のポイント
　北星学園大学社会福祉学部教授

石田博嗣（いしだ・ひろし） ……………………………………… 第10章1
　恩賜財団済生会広島県済生会特別養護老人ホームたかね荘

稲垣美加子（いながき・みかこ） ………………………………… 第6章1
　淑徳大学総合福祉学部教授

大島　巌（おおしま・いわお） ………………………………… 第10章5
　日本社会事業大学社会福祉学部教授

岡田まり（おかだ・まり） ……………………………………… 第10章4
　立命館大学産業社会学部教授

川島ゆり子（かわしま・ゆりこ） ……………………… 第9章1、第10章3
　愛知教育大学福祉講座教授

木原活信（きはら・かつのぶ） ………………………………… 第10章12
　同志社大学社会学部教授

空閑浩人（くが・ひろと） ……………………………………… 第10章11
　同志社大学社会学部教授

久保美紀（くぼ・みき） ………………………………………… 第10章10
　明治学院大学社会学部教授

黒木保博（くろき・やすひろ）　　　　　　　　　　　　　　　　　　　　第10章8
　同志社大学名誉教授

小山　隆（こやま・たかし）　　　　　　　　　　　はじめに、第1章3、第5章本章のポイント
　日本ソーシャルワーク学会会長・同志社大学社会学部教授

佐藤俊一（さとう・しゅんいち）　　　　　　　　　　　　　　第1章1、第6章本章のポイント
　淑徳大学総合福祉学部教授

志水　幸（しみず・こう）　　　　　　　　　　　　　　　　　　　　　　　　第10章2
　北海道医療大学看護福祉学部教授

志村健一（しむら・けんいち）　　　　　　　　　　　　　　　　　　　　　　第10章6
　東洋大学社会学部教授

白川　充（しらかわ・みつる）　　　　　　　　　　　　　　　第3章1、第8章本章のポイント
　仙台白百合女子大学人間学部教授

白澤政和（しらさわ・まさかず）　　　　　　　　　　　　　　　　　　　　　第10章1
　国際医療福祉大学大学院教授

新藤健太（しんどう・けんた）　　　　　　　　　　　　　　　　　　　　　　第10章5
　群馬医療福祉大学社会福祉学部助教

杉野聖子（すぎの・せいこ）　　　　　　　　　　　　　　　　　　　　　　　第10章7
　江戸川学園おおたかの森専門学校専任教員

髙木健志（たかき・たけし）　　　　　　　　　　　　　　　　　　　　　　　第4章1～3
　山口県立大学社会福祉学部准教授

高橋信行（たかはし・のぶゆき）　　　　　　　　　　　　　　　　　　　　　第6章2
　鹿児島国際大学福祉社会学部教授

武田　丈（たけだ・じょう）　　　　　　　　　　　　　　　　　　　　　　　第10章13
　関西学院大学人間福祉学部教授

長崎和則（ながさき・かずのり）　　　　　　　　　　　　　　第1章2、第4章本章のポイント
　川崎医療福祉大学医療福祉学部教授

保正友子（ほしょう・ともこ）　　　　　　　　　　　　　　　　　　読み方ガイド、第3章2
　日本福祉大学社会福祉学部教授

牧里毎治（まきさと・つねじ）　　　　　　　　　　　　　　　第2章1、第9章本章のポイント
　関西学院大学人間福祉学部名誉教授

三島亜紀子（みしま・あきこ）　　　　　　　　　　　　　　　　　　　　　　第9章2
　同志社大学嘱託講師

村山くみ（むらやま・くみ）　　　　　　　　　　　　　　　　　　　　　　　第8章1・2
　東北福祉大学総合福祉学部講師

横山登志子（よこやま・としこ）　　　　　　　　　　　　　　　　　　　　　第7章1・2
　札幌学院大学人文学部教授

渡部律子（わたなべ・りつこ）　　　　　　　　　　　　　　　　　　　　　　第10章9
　日本女子大学人間社会学部教授

和気純子（わけ・じゅんこ）　　　　　　　　　　　　　　　　　　　　　　　第7章3・4
　首都大学東京人文社会学部教授

（以上）

ソーシャルワーカーのための研究ガイドブック
──実践と研究を結びつけるプロセスと方法──

2019年 4月 5日発行

監　修	日本ソーシャルワーク学会
発行者	荘村　明彦
発行所	中央法規出版株式会社

　　　　　〒110-0016　東京都台東区台東3-29-1　中央法規ビル
　　　　　営　　業　TEL 03-3834-5817　FAX 03-3837-8037
　　　　　書店窓口　TEL 03-3834-5815　FAX 03-3837-8035
　　　　　編　　集　TEL 03-3834-5812　FAX 03-3837-8032
　　　　　https://www.chuohoki.co.jp/

印刷・製本　株式会社ジャパンマテリアル

定価はカバーに表示してあります。
ISBN978-4-8058-5861-5

本書のコピー、スキャン、デジタル化等の無断複製は、著作権法上での例外を除き禁じられています。また、本書を代行業者等の第三者に依頼してコピー、スキャン、デジタル化することは、たとえ個人や家庭内での利用であっても著作権法違反です。
落丁本・乱丁本はお取り替えいたします。